湖南工业大学出版基金资助

湖南省自然科学基金项目"基于信息审计的我国企业反倾销机制研究（2015JJ3061）"

湖南省哲学社会科学基金项目"游说竞争下我国反倾销对企业生产率的作用机理及提升策略研究"（17YBA139）

国家社科基金项目"基于企业应诉反倾销的会计证据生成及效力维系研究（13CGL035）"

# 基于会计支持的企业应对反倾销协调机制研究

刘锦芳　著

中国财经出版传媒集团

经济科学出版社

Economic Science Press

图书在版编目（CIP）数据

基于会计支持的企业应对反倾销协调机制研究/刘锦芳著．—北京：经济科学出版社，2017.9

ISBN 978 - 7 - 5141 - 8467 - 9

Ⅰ.①基…　Ⅱ.①刘…　Ⅲ.①反倾销法 - 研究 - 中国②企业管理 - 财务会计 - 研究 - 中国　Ⅳ.①D922.294.4②F279.23

中国版本图书馆 CIP 数据核字（2017）第 232884 号

责任编辑：李　雪
责任校对：杨　海
责任印制：邱　天

**基于会计支持的企业应对反倾销协调机制研究**
刘锦芳　著
经济科学出版社出版、发行　新华书店经销
社址：北京市海淀区阜成路甲 28 号　邮编：100142
总编部电话：010 - 88191217　发行部电话：010 - 88191522
网址：www. esp. com. cn
电子邮件：esp@ esp. com. cn
天猫网店：经济科学出版社旗舰店
网址：http://jjkxcbs. tmall. com
固安华明印业有限公司印装
710 × 1000　16 开　15 印张　290000 字
2017 年 9 月第 1 版　2017 年 9 月第 1 次印刷
ISBN 978 - 7 - 5141 - 8467 - 9　定价：52.00 元
（图书出现印装问题，本社负责调换。电话：010 - 88191510）
（版权所有　侵权必究　举报电话：010 - 88191586
电子邮箱：dbts@ esp. com. cn）

# 前　　言

　　企业应对反倾销的成败，从某种意义上讲，主要取决于企业、行业协会和政府"三体联动"协同应对的制度安排和会计信息的支持效力。因此，运用战略贸易理论、机制设计理论、反倾销会计理论、信号博弈等基本理论与方法，从企业战略层面及相应的制度配置与协调上，基于会计支持视角研究与应对反倾销相适应的协调机制，不仅是应对经济全球化大环境下日益激烈的贸易摩擦和纠纷，提升我国国际竞争力的客观要求，同时对于拓展会计理论创新、完善我国企业应对反倾销的战略支持体系，优化宏观政策层决策，为我国企业应对反倾销提供新的战略思路和理论支持，都将具有十分重大的理论价值和现实指导意义。

　　本书首先阐明了研究背景及意义，并从提起反倾销的动因、反倾销应对模式、贸易政策优化及反倾销会计相关理论与实务等四个方面进行了动态追踪与归纳分析。研究发现，会计支持下企业、行业协会和政府应对反倾销的协调机制构建，实施保障与机制效率评价等问题是当前理论界与实务界关注的焦点。为此，作者设计了由九大部分组成的研究框架，并针对不同研究内容选择了规范型、描述型、解释型、统计分析及实证检验等相应的研究方法，采用战略贸易理论、机制设计理论、信号博弈理论和反倾销会计理论为本书的研究和拓展创新提供理论支持。接着，对企业应对反倾销影响因素主要从主体视角和制度层面进行了分析，并针对企业、行业协会和政府在实地调查的基础上，进行了问卷调查与分析。企业应对反倾销影响因素的聚类分析及问卷调查的分析结果显示，应当关注企业、行业协会和政府合作应对反倾销的具体模式，重视合作应对中的困境及规避措施的研究。然后对反倾销税率政策优化展开分析。在此基础上，从行业协会应诉协调、政府引导协调和战略制衡协调三个层面，构建了会计支持下企业应对反倾销的协调机制的理论架构；并运用时间轴、空间轴、方法轴三维度分析框架对协调机制的运行机理进行了分析。接着研究反倾销会计信息响应机制及反倾销游说竞争行为。然后，运用logit实证回归分析、案例归纳分析和个案论证分析，对应对反倾销协调机制进行了实证分析，验证了其有效性。最后，从5个方面构建了会计支持下企业应对反倾销协调机制的保障体系，包括协调机制的评价体系、应诉反倾销的成本模块化管理、反倾销应对支持的会计准则国际趋同、应对反倾销的内部控制建设和反倾销举证支持的审计制度安排等。主要创新和学术价值如下。

（1）通过设计支持反倾销应对的企业成本核算制度、内部控制制度、会计准则和审计制度，从决定反倾销应对外在表象的内在整体性制度安排入手，构建基于会计支持的应对反倾销协调机制及其保障体系，并运用时间轴—应对流程、空间轴—协调层次、方法轴—协调策略三维度的分析框架，详细地分析具体的协调内容和方式，给出切实可行的协调策略与措施，为我国企业应对反倾销的战略决策和实务工作提供了系统化的新思路。

（2）通过分析出口国企业、进口国企业、出口国政府和进口国政府的四方信号博弈，得出我国企业和政府应积极配合进口国政府的成本审计，真实反映生产经营中的环境成本，土地占用费和政府给予的补贴，以争取有利税率，这为我国企业的会计应对工作提供了科学的新思路。

（3）在 Brander 和 Krugman 相互倾销模型的基础上，构建应对反倾销的战略制衡机制，指出我国通过产业链升级、学习运用 WTO 争端解决机制、引导企业跨国投资并购、积极推进会计准则国际趋同，可以有效发挥战略制衡作用，抑制他国频繁发起的反倾销。这对我国宏观政策层的经济发展规划、贸易法规的制定和会计准则的完善均具有较强的参考价值。

（4）采集 1979~2009 年的欧盟对华机械冶金业反倾销案件相关数据，运用 logit 回归模型实证检验会计协调机制的有效性，并通过案例归纳分析和个案论证分析加以补充论证，使用定量与定性相结合的方式验证机制运行的效果，既是研究思路也是研究方法上的创新。

（5）通过信号博弈，分析涉案企业的成本伪装行为对裁决当局反倾销税率政策制定的具体影响，分别从两期和多期博弈，解析博弈活动参与各方的利益抉择，推导出反倾销税率优化模型。为合理的反倾销税率政策制定，提供理论参考。

（6）研究反倾销涉案企业的游说竞争行为，分析"搭便车"行为、信息传递对最终均衡状态的影响，并引入裁决当局的决策偏好，分析在了解裁决当局偏好的背景下，涉案企业如何展开游说竞争，分析结果为深入理解我国反倾销游说活动的方式、影响因素和可能结局提供了分析思路。

# 目 录
contents

# |第1章|
# 导　论

## 1.1　选题背景与研究意义

严峻的对华反倾销形势和糟糕的应对现状是中国经济发展之痛，1995～2016年6月的反倾销案件统计结果显示，全球有104个WTO成员发起了5132起反倾销立案调查案件，其中针对中国的就达1170起（占22.8%，名列第1）。而且我国被反倾销数占全球反倾销发起总数的比重居高不下，见图1-1。

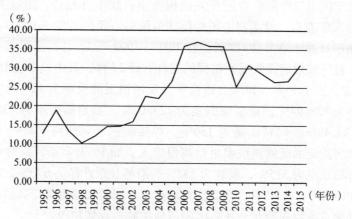

**图1-1　中国在全球反倾销立案中所占比例的变化趋势**

资料来源：https：//www.wto.org/english/tratop_e/adp_e/adp_e.htm，WTO反倾销数据库。

中国不仅是全球遭受反倾销立案调查最多的国家，而且也是被实施反倾销措施最多的国家。1995～2016年6月各国实施反倾销调查措施3316起，其中，针对中国实施的反倾销措施840起，占全球反倾销措施总数的25.33%，位居世界第一，远远高于排在后面的韩国、中国台湾和美国。

日益严峻的对华反倾销形势还呈现出涉诉产品广、裁定税率高、涉及金额大、立案频率强的特点。

1. 中国遭受反倾销指控的行业和产品范围广

20 世纪 90 年代以前，各国对中国出口产品的反倾销范围还比较小，大多数反倾销案件主要集中在糖精、棉布、食品罐头、化工及冶金原料等为数不多的初级产品上，涉及金额也不大。但从 90 年代以后，各国对中国出口产品的反倾销指控范围越来越广，已由单个产品扩展到高附加值和资本、技术密集型产品，包括纺织、服装、轻工、家电、五金、化工、矿产品、农药、医药、农产品等各大类 4000 多种产品都不同程度地受到反倾销指控。1993 年 4 月，墨西哥对中国实施大规模反倾销调查，涉及 10 大类 4500 种产品，成为迄今为止世界贸易史上最大的反倾销案。阿根廷对中国实施反倾销调查涉及的产品既包括餐具、烟花、挂锁、纸牌等低附加值产品，也包括机电、化工等高附加值的产品和纺织品、服装、玩具等大宗出口产品。美国针对中国出口的铅笔进行反倾销调查，把所有"以某种硬质材料为外壳，可在某种表面作记号"为物理特征的产品全部纳入指控范围，尤其是美国的特别 301 条款和超级 301 条款相继把保护的范围由一般产品扩展到劳务、投资、知识产权等领域，使其对中国产品的可诉范围进一步扩大。

2. 中国出口产品被裁定征收的反倾销税率高

外国对中国出口产品征收的反倾销税率呈直线上升趋势，由过去平均 20% 左右上升到 50% 左右。欧美对中国的反倾销税率一般在 50% ~ 100%，而美国的反倾销税率明显高于欧共体/欧盟。自 1980 ~ 1994 年 12 月，美国对中国的反倾销立案中，最终被裁定征收反倾销税的案件共计 27 件，其中税率在 100% 以上的案件有 10 起，占 1/3 多。如球磨铸铁管件反倾销案的税率为 127.38%，高锰酸钾案的税率为 128.94%，猪鬃漆刷案为 127.07%，石蜡蜡烛案为 135.73%，金属硅案为 139.49%，钨精矿案为 150%，焊接碳钢管案的税率高达 182.9% 等。发展中国家所裁定的反倾销税率更是高得惊人。如 1993 年墨西哥对中国的玩具征收的反倾销税率为 315%，服装为 537%，有机化学产品为 673%，鞋类竟高达 1105%。2016 年 11 月 12 日，欧委会对原产于中国的无缝钢管产品做出反倾销调查初裁，并决定征收为期 6 个月高达 81.1% 的临时反倾销税。

3. 中国出口产品遭受反倾销涉及金额大

中国出口企业遭遇反倾销调查时，涉案金额不断上升，一次涉案金额高达上亿美元已属平常，如在 1990 ~ 1999 年，国外针对中国出口产品的反倾销涉案金额超过 1 亿美元的案件共计 15 起，占这一时期国外对中国反倾销立案总数的 4.8%。其中，欧共体/欧盟 9 起、美国 3 起、加拿大 1 起、印度 1 起、波兰 1 起。1990 年欧共体/欧盟对产自中国的焦炭提起反倾销调查，涉案金额为 2.3 亿美元；1995 年针对中国的鞋类提起反倾销调查，涉案金额为 3.42 亿 ECU（欧洲货币单

位）；1996 年针对中国的旅行箱包提起反倾销调查，涉案金额更是高达 6.46 亿
ECU；1990 年美国针对中国的电风扇提起反倾销指控，涉案金额为 2 亿美元；
1995 年针对中国的自行车提起反倾销调查，涉案金额近 2 亿美元；1996 年加拿
大对产自中国的碳钢材提起反倾销调查，涉案金额为 1 亿美元；1995 年印度对中
国向其出口的冶金级焦炭提起反倾销调查，涉案金额也超过了 1.35 亿美元。
2009 年 12 月 30 日，美国国际贸易委员会最终批准对中国产石油钢管征收约
10%~16% 的关税，涉及中国钢企 90 多家，金额 27 亿美元。这是迄今为止美国
对华贸易制裁的最大一起案件。欧盟委员会 2012 年 9 月 6 日宣布，对从中国进
口的光伏板、光伏电池以及其他光伏组件发起反倾销调查，涉案金额达 210 亿欧
元（约 1600 亿元人民币）。这是中欧双方迄今为止最大的贸易纠纷，也是全球涉
案金额最大的贸易争端。

**4. 针对中国的反倾销立案频率强**

国外针对中国出口产品的反倾销立案频率和强度相当高。为了对这一强度进
行量化，笔者设计了两个指标用来衡量反倾销立案强度。

第一个指标是"反倾销份额—出口份额"的比率，这一比率被定义为一国在
世界反倾销案件所占份额除以其在世界出口所占份额。如果一国的"反倾销份额
—出口份额"的比率大于 1，即该国在世界反倾销案件中所占的份额超过了其在
世界出口中所占的份额。那么，针对该国的反倾销立案强度就比较高。在 2001
年，中国在世界出口中的份额是 4.3%，而反倾销案件的份额为 17%，这说明中
国在世界反倾销调查中所占的份额是其在世界出口所占份额的 4 倍。而 2015 年，
中国占世界出口份额达到 13.8%，这是 1968 年美国曾经达到的水平，之后再无
其他国家达到，直至 2015 年被中国超越。2015 年中国反倾销案件的份额为
30.87%，反倾销调查份额相比出口份额比率降为 2.24。但从被反倾销总量来看，
中国被反倾销无论是数量，还是比率都不断达到新的高度。

第二个指标是"肯定裁定率"：被定义为反倾销肯定裁定的数量除以反倾销
立案调查的数量。在 1995~2016 年 6 月，中国的反倾销肯定裁定率高达 72%，
比美国、印度、泰国和韩国分别高 8%、15%、5% 和 12%，比全球平均肯定裁
定率高 7%。而且从时间段看，中国反倾销肯定裁定率是不断升高的，1995~
2009 年为 70%，至 2016 年则总体上升为 72%，而同期全球平均肯定裁定率并未
上升。

由于外国对我国频繁发起反倾销，随着遭受反倾销指控的产品和行业范围及
涉案的金额越来越大，被裁定征收的反倾销税率和立案强度越来越高，迫使我国
的出口产品部分退出或完全退出该国市场，严重损害了我国企业利益和经济发
展，我国成为反倾销的最大受害国。为什么其他国家会将中国视为反倾销主要目
标国呢？其原因在于：①各国加入世贸组织之后，为抵制外国产品对本国产业的

冲击，都竞相采用反倾销手段，对本国产业实行贸易保护。由于我国产品质优价廉，在国际市场上对外国同行造成巨大压力，其纷纷要求本国政府对中国产品发起反倾销，这是我国频遭反倾销的宏观层面原因。②我国没有建立完善有效的协调应对反倾销机制，并且企业的会计核算落后，缺乏应对反倾销的一整套会计制度安排，应对反倾销的准备不足。这些造成了企业的应诉率低、胜诉率更低①，给对方以软弱可欺的印象，认为对中国提起反倾销，一般都会胜诉，而且花费成本不大，所以频频对中国产品发起反倾销，这是我国被反倾销的微观层面原因。③外国对我国的"非市场经济地位"歧视，以及由此造成的反倾销判定中的一系列苛刻要求是导致我国企业放弃应诉和应诉不力的外部环境原因。而按照中国当初加入世贸组织的约定，15 年后将自动获得"市场经济地位"，但在 2016 年，15 年到期后，美国、欧盟和日本纷纷声明，拒不承认中国的"市场经济地位"，该行为与他们不愿意放弃在反倾销中运用"替代国成本"这一"诉讼利器"有关。反倾销实质上体现国家间深层次的经济政治斗争。④我国长期以来奉行的是出口导向的经济发展模式。中国的县域经济竞争体制造成了各地竞相以低廉的土地和劳动力吸引外资，加工出口以获得本地 GDP 的高速增长。这样很容易给外国造成中国政府补贴企业倾销的印象，招致频繁的反倾销，这是我国产品被反倾销的内部制度层面原因。综上所述，外国将中国作为反倾销主要目标国是由多个层面的原因造成的，应对反倾销如果仅凭单个企业应诉或单打独斗是难以取得成功的，必须从多个层面入手，调动具有应对需求的企业、行业协会和政府的积极性，促使其开展多层面协作配合，才能取得应对反倾销的胜利。由于反倾销的应诉涉及大量的会计举证，会计对反倾销应对的支持作用至关重要。因此，从会计的支持作用出发，研究设计企业应对反倾销的协调机制是当前要务。刘爱东和陈林荣研究了应对反倾销的会计联动机制，但如何协调企业、行业协会和政府合作应对反倾销则有待进一步研究探索。

有鉴于此，笔者乘前人研究而进，从会计的支持作用出发构建起应对反倾销的协调机制，不仅是应对经济全球化大环境下日益激烈的贸易摩擦和纠纷、提升我国国际竞争力的客观要求，同时对于拓展会计理论创新、完善我国企业应对反倾销的战略支持体系，优化宏观政策层的决策，为我国企业应对反倾销提供新的战略思路和理论支持，都将具有十分重大的理论价值和现实指导意义。

---

① 在 2000 年之前，只有 1/2 的反倾销案中国企业进行了应诉，虽然在 2000 年之后，基本上每次反倾销均有企业应诉但被裁定为反倾销的比率高达 71%，远远高于世界平均水平 65%。

## 1.2　文　献　综　述

关于反倾销的文献很多，但只有刘爱东、陈林荣作过应对反倾销会计联动机制的研究。笔者为了研究基于会计支持的反倾销协调应对机制，阅读了大量与反倾销相关的文献，将对本研究有启发的文献归纳为四类，分别为关于反倾销影响因素的研究、反倾销应对的研究、贸易政策优化及反倾销游说的研究和反倾销会计的研究。

1. 反倾销动因的相关研究

反倾销、反补贴以及保障措施这些 WTO 所允许的非关税贸易壁垒，已成为各国保护本国产业的工具。近年来，全球反倾销争端不断增加，究其原因有外部和内部两大类影响动因，外部包括经济增长率、汇率、反倾销立法体系变更以及政治冲突等宏观环境影响因素（Blonigen & Prusa，2003；Prusa T. J. & Susan Skeath，2001；Alberto Martin & Wouter Vergote，2008；Ben Zissimos，2009；李坤望、王孝松，2008），内部为企业市场势力的微观环境影响因素（Sabry，2000；Blonigen B. A.，2004）。

2. 反倾销应对模式的相关研究

我国对于反倾销的应对，既有从政府、行业协会和企业各方联合应对入手开展研究的，也有就行业协会、企业单个主体如何应对开展研究的（张华，2009；余晖，2002）。还有学者认为应建立应对反倾销的整体机制框架（陈秋彦、徐柳，2003，汤定娜，2004）。

3. 贸易政策优化及反倾销游说的研究

关于反倾销政策优化的研究，主要集中在不完全信息下最优贸易政策的研究（彭立志、王领，2006；Kohler & Moore，2001；Matschke & Schöttner，2009）和最优税率政策的研究（刘爱东、刘锦芳，2009；姚洪心、三品勉，2007）。

研究企业游说获取贸易保护的文献中具有里程碑意义的当属 Grossma 和 Helpman（1994）提出了保护代售模型，许多学者基于此展开研究（Chang，2005；Bennedsen & Feldman，2006）。

4. 反倾销会计理论与实务的相关研究

对反倾销会计的研究大致集中在以下几个方面：①反倾销会计的概念研究（孙铮，2004；周友梅，2003；颜延，2003）；②应诉反倾销会计信息平台的研究（袁磊，2004；冯巧根，2004；吴国灿，2004）；③应诉反倾销的会计准则影响研究（孙铮，2005；袁继安、孙凤英，2007，2008；刘爱东，2008）；④关于产业损害的研究（Moore，1992；周友梅，2004）；⑤应对反倾销会计理论的构建研究

（王仲兵，2006）；⑥反倾销会计的拓展研究，分别为反倾销对分析师盈余预测的影响（Bsayah & Hartigan，2007）；反倾销下的企业内部会计控制建设研究（孙芳城，2007）；反倾销下的产品成本核算问题研究（刘凯越、孙凤英，2009；张亚连、孙凤英，2009）。

综上可见，对于反倾销的研究成果已相当丰富，从反倾销的成因，反倾销应对策略，贸易政策优化，反倾销的游说，反倾销效应到反倾销会计，学者们进行了大量的研究，对于我国如何应对反倾销，给予了有益的启示。可以看出，反倾销的应对，单靠企业、行业协会或政府，都是无法胜任的，需要三方协调联动，而且会计预警、会计举证、会计抗辩、会计规避在反倾销应对中起着至关重要的支持作用，亟须对会计协调应对反倾销开展研究。可目前仅有寥寥数篇文献涉及应对反倾销会计联动机制的构建，且不够完善，而对于会计支持下协调机制的研究则更是空白。有鉴于此，笔者乘前人研究而进，尝试构建出完善的基于会计支持的应对反倾销协调机制，这对于我国的反倾销应对具有重大的理论价值和现实的指导意义。

# 1.3　研究内容、方法与技术路线

## 1.3.1　研究内容与方法

本书综合运用战略贸易理论、机制设计理论、反倾销会计理论、信号博弈等基本理论与方法，从企业战略层面及相应的制度配置与协调上，深入剖析企业、行业协会和政府应对反倾销的现状，从会计支持视角研究与应对反倾销相适应的协调机制，并运用定量和定性相结合的方法验证其有效性，同时从企业层面全面地构建起机制的保障体系。主要研究内容如下。

（1）本书首先归纳总结对华反倾销的特点、成因，并在此基础上阐述本研究的背景和意义，接着对本研究相关的反倾销应对研究进行动态追踪分析，然后提出本文的研究内容、方法和可能的创新。

（2）应对反倾销协调机制的理论基础分析。战略贸易理论、机制设计理论、信号博弈理论和反倾销会计理论，这些理论为我国企业应对国外反倾销实践提供强大的理论支撑，为构建应对反倾销的协调机制奠定理性逻辑基础。

（3）企业应对反倾销现状的调查与分析。首先通过应对反倾销的制度和主体影响因素分析，界定反倾销应对的环境约束；其次运用实地调研和问卷调查分析，结合已有文献研究，笔者概括出企业、行业协会和政府合作应对反倾销的基本模式，其基本表征是行业协会协调联动、基本动力是三体利益共赢、基本保证是三体激励约束；最后指出该模式存在的不足，并提出解决对策——构建应对反倾销的会计协调机制，说明了协调机制构建的必要性。

（4）通过信号博弈，分析涉案企业的成本伪装行为对裁决当局反倾销税率政策制定的具体影响，分别从两期和多期博弈，解析博弈活动参与各方的利益抉择，推导出反倾销税率优化模型。从而为合理的反倾销税率政策制定，提供理论参考。

（5）应对反倾销的协调机制设计。由于现实中企业、行业协会和政府合作应对反倾销中存在着主体间利益冲突、信息不对称，反倾销保护的政治性，以及合作的动力机制与保障机制不完善这五项问题。通过构建应对反倾销的行业协会应诉协调机制、政府引导协调机制和应对反倾销的战略制衡机制，对合作应对反倾销中存在的五项问题予以解决，并由这三个子机制构成应对反倾销的协调机制，以保证企业、行业协会和政府高效协调配合，合力应对反倾销。

（6）应对反倾销的行业协会应诉协调机制的构建。首先分析不同企业在反倾销应诉中出于自身利益最大化考虑，分别扮演组织者、跟随者和"搭便车"者的行为选择，然后建立由行业协会收取应诉费用充当组织者，政府通过应对反倾销专项计划提供资助的应诉协调模式，并说明该模式可以获得最佳协调应诉效果。笔者接着以我国打火机生产企业联合应诉为例，说明协调应诉机制的运作机理，并以数值代入的方法证明其有效性。行业协会应诉协调通过优化应对反倾销专项计划的运作模式，化解主体间利益冲突，克服信息不对称，约束企业的"搭便车"行为，从而取得最佳应诉效果。

（7）应对反倾销的政府引导协调机制的构建。首先对出口国企业、进口国企业、出口国政府和进口国政府四方反倾销博弈进行分析，得出进口国企业有动机向本国政府主管当局提供自身和外国企业的虚假成本报告，以获得有利的反倾销保护；而进口国政府主管当局则会通过对企业成本进行审计来获得真实的成本状况，以征收最优反倾销税，实现国家福利最大化。鉴于此，政府应对反倾销的最优策略为：督促企业出具自身真实的成本报告，并通过有效的企业内部控制和强有力的外部审计监管，来证明其成本报告的真实性，以利于进口国政府据以核对进口国企业出具的外国企业成本报告，从而争取到有利的反倾销税率。进一步分析得出，由于进口国政府倾向于对低成本的外国企业征高反倾销税，对高成本的外国企业征低反倾销税，因此，我国企业应将生产经营中的土地成本、环境成本、政府各项补贴计入成本。一方面真实地反映实际生产经营成本；另一方面显示自己是高成本企业，以争取到最优反倾销税。这样，根据现有的应对反倾销政府协调模式，笔者推导出应对反倾销的政府引导协调机制。即通过商务部发布法规，明确在反倾销应对中，政府、行业协会和企业各自的具体职责，强调在应对过程中，提高会计举证信息的可信度，从而为我国企业应诉成功争取有利地位。

（8）应对反倾销的战略制衡机制的构建。首先，在 Brander 和 Krugman 相互倾销模型的基础上，建立了战略制衡机制，说明通过发布反倾销法，运用 WTO 争端解决机制，实施与国际会计准则等效的新会计准则，促进跨国投资规避等一系列措施，可以提高企业应对反倾销的报复威慑能力，克服反倾销保护的政治性，进而抑制对方对我国频繁发起的反倾销。其次，指出我国战略制衡能力不强的主要原因在于中国目前处于全球产业链的低端，出口的劳动密集型产品，与其他发展中国家的产品重合，竞争激烈，易遭受对方的反倾销。而对进口的技术资本密集型产品，因为需要而不会轻易对其提起反倾销，也就无法对其形成有效的报复威慑。战略制衡能力不强的次要原因包括：运用 WTO 争端解决机制能力不强；跨国投资规避尚处于起步阶段；会计准则国际趋同还在进行中；效益显现尚需时日。最后提出对策：我国应在稳步发展现有产业的同时，促进技术进步和创新，学习 WTO 争端解决机制的运用，提高跨国投资能力，积极推进国际会计准则趋同。

（9）会计支持的协调机制运行机理分析。为清晰地描述企业、行业协会和政府在会计支持下应对反倾销的协调过程，笔者从立体维度视角，将协调机制按空间维度、方法维度展开为协调层次、协调策略。协调层次包括行业协会应诉协调、政府引导协调和战略制衡协调；协调策略分为基于工作的协调、基于技术的协调、群体关系协调和流程设计协调四类协调手段与方法。再结合应对流程的应诉活动，分析行业协会应诉协调、政府引导协调和战略制衡协调这三个协调层次的相互配合、相互支持，以及各种协调策略在具体应对环节中的运用。

（10）应对反倾销的会计信息响应机制设计。分别构建反倾销信息需求分析系统、反倾销信息生成机制、反倾销信息传导机制及反馈系统，从四个层面组成反倾销会计信息响应机制，并从具体措施和监控手段两方面设计信息响应机制的保障体系。从而有效应对反倾销提供及时的信息举证支持。

（11）研究反倾销涉案企业的游说竞争行为，分析"搭便车"行为、信息传递对最终均衡状态的影响，并引入裁决当局的决策偏好，分析在了解裁决当局偏好的背景下，涉案企业如何展开游说竞争，分析结果为深入理解我国反倾销游说活动的方式、影响因素和可能结局，提供分析思路。

（12）协调机制的实证分析。笔者首先通过欧盟对华机械冶金产品的反倾销案例的实证分析，从总体上证明会计协调机制的有效性，然后运用案例归纳分析进行更为全面的实证检验，最后通过两个经典案例——欧盟对华塑料袋反倾销案和美国对华彩电反倾销案进行个案论证分析，运用个体说明一般，证明会计协调机制能有效地协调企业、行业协会和政府的合作应对。

（13）协调机制的保障体系构建。通过模糊综合评判法构建出协调机制的评价体系，并对我国的反倾销应对现状予以评价，指出会计应对工作上的不足是协调应对效果不佳的重要原因。鉴于此，笔者从产品成本模块化管理、会计准则体系建设、企业内部控制优化和外部审计制度安排这四个方面加强保障效力，此四方面的强化措施与评价体系一起构成了会计协调机制的保障体系。

在对应诉反倾销中产品成本管理问题剖析之后，笔者提出应按生产成本管理模块、销售成本管理模块、差异化成本管理模块和环境成本管理模块四个模块对生产成本进行模块化管理。

在研究新会计准则对会计信息质量的影响中，笔者主要分析了新的《存货》《固定资产》《政府补助》准则对反倾销应对的影响，发现按新准则生成的会计信息，更符合国际会计准则要求，从而在应对反倾销中具有更好的举证效力。

在对内部控制影响会计信息质量的分析中，笔者从内部环境、风险评估、控制活动、信息及沟通和监督检查这内控五要素出发，分析了应对反倾销的方法，以增强反倾销应对能力。

在研究审计监管影响会计信息质量的部分，为防范合谋，笔者对委托人、经理和审计师三方博弈做深入分析，发现利用审计师的"囚徒困境"，运用以一定概率派出"第二个审计师"的双重审计制度，可以阻止合谋，实现有效的监管。我国证监会对上市公司的抽查，审计署对重大项目资金运用的审计等，都是这一理论的实践运用，这对于提高我国企业会计信息的可信度，争取企业的市场经济地位和单独税率待遇，成功应对反倾销，具有积极意义。

应对反倾销的会计协调机制设计是一项复杂的系统工程，为保证设计的科学、合理，本研究综合使用会计、战略贸易、机制设计、信号博弈等理论，针对于不同研究内容、不同研究阶段采用不同的具体研究方法，关于应对反倾销的会计协调机制总体研究内容及其对应的研究方法见图 1 - 2。

从图 1 - 2 可以看出，本书针对不同的研究内容采取了不同的研究方法，具体如下：

（1）对本书的理论基础、相关重要概念的界定和诠释，运用规范型研究和解释型研究方法，以确定本项目研究的整体理论支撑和研究问题的确切内涵。

（2）为了解我国企业应对反倾销的现状，运用了实地调研和问卷调查等方法，揭示反倾销的应对需要企业、行业协会和政府三体合作，并运用规范分析的方法描述企业、行业协会和政府合作应对反倾销具体模式，接着通过信号博弈分析如何制定最优的反倾销税率政策。

（3）对于应对反倾销会计协调机制的设计，以及反倾销会计信息响应机制构建和反倾销游说竞争分析，则采取综合的研究方法，包括会计、战略贸易、机制设计和信号博弈等经济理论与方法。

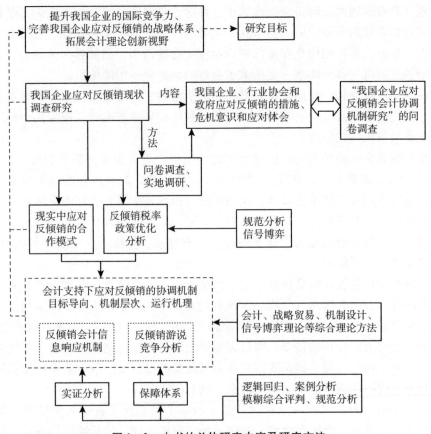

图 1-2　本书的总体研究内容及研究方法

（4）运用欧盟对华机械冶金行业 1979~2009 年的数据，逻辑回归实证检验了协调机制的有效性，并运用案例归纳分析和个案论证分析这一规范研究方法进行补充性验证，对于协调机制评价体系的构建运用了模糊综合评判法，对协调机制的保障体系设计则主要运用规范比较分析的方法。

## 1.3.2　研究的技术路线

为研究企业应对反倾销的会计协调机制，所采用的具体技术路线如图 1-3 所示。

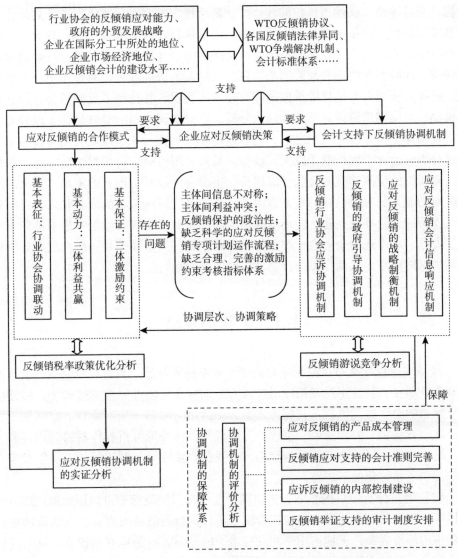

**图 1－3　会计支持下企业应对反倾销协调机制研究的技术路线**

从图 1－3 可以看出，企业在国际分工中所处的地位、企业的市场经济地位等主体因素，以及反倾销法律框架、WTO 争端解决机制等制度因素，共同影响着企业的反倾销应对。为了更好地应对反倾销，笔者在分析影响因素的基础上，通过实地调研和问卷调查，揭示出企业、行业协会和政府协同应对反倾销是胜诉的保证，并根据调查研究和已有文献，得出现实中企业、行业协会和政府合作应对反倾销的具体模式，其基本表征是行业协会协调联动，基本动力是三体互惠共赢，基本保证是三体激励约束。由于应对反倾销的合作模式存在着主体间信息不对称、利益冲突、反倾销保护的政治性、缺乏科学的应对反倾销专项计划运作流程和激励约束考核指标体系等五项问题，笔者从行业协会应诉协调、政府引导协调和战略制衡协调三个层面设计出应对反倾销的会计协调机制，通过行业协会应诉协调、政府引导协调和战略制衡协调三个层面的协调配合，对合作困境予以克服、解决，从而有力地保障反倾销应对效率的实现，并构建了反倾销会计信息响应机制，对反倾销游说竞争活动深入分析，以对协调机制的有效运行予以补充完善。在构建了会计协调机制之后，笔者运用 logit 回归分析、案例归纳分析和个案论证分析对会计协调机制予以实证检验，最后运用模糊综合评判法建立起评价体系，对我国的反倾销应对现状予以评价，指出会计应对工作上的不足，是会计协调机制功能无法有效发挥的重要原因，进而通过应对反倾销的成本管理、反倾销应对支持的会计准则完善、应诉反倾销的内部控制建设和反倾销举证支持的审计制度安排，从微观的企业会计层面加强保障作用，与保障体系一起构成会计协调机制的保障体系，从而保障会计协调机制的有效运行。

## 1.4　主要创新点

（1）通过设计支持反倾销应对的企业成本核算制度、内部控制制度、会计准则和审计制度，从决定反倾销应对外在表象的内在整体性制度安排入手，构建应对反倾销的会计协调机制及其保障体系，并运用时间轴—应对流程、空间轴—协调层次、方法轴—协调策略三维度的分析框架，详细地分析具体的协调内容和方式，给出切实可行的协调策略与措施，为我国企业应对反倾销的战略决策和实务工作提供了系统化的新思路。

（2）通过分析出口国企业、进口国企业、出口国政府和进口国政府的四方信号博弈，得出我国企业和政府应积极配合进口国政府的成本审计，真实反映生产经营中的环境成本，土地占用费和政府给予的补贴，以争取有利税率，这为我国企业的会计应对工作提供了科学的新思路。

（3）在 Brander 和 Krugman 相互倾销模型的基础上，构建应对反倾销的战略制衡机制，指出我国通过产业链升级、学习运用 WTO 争端解决机制、引导企业跨国投资并购、积极推进会计准则国际趋同，可以有效发挥战略制衡作用，抑制他国频繁发起的反倾销。这对我国宏观政策层的经济发展规划、贸易法规的制定和会计准则的完善均具有较强的参考价值。

（4）采集 1979～2009 年的欧盟对华机械冶金业反倾销案件相关数据，运用 logit 回归模型实证检验会计协调机制的有效性，并通过案例归纳分析和个案论证分析加以补充论证，使用定量与定性相结合的方式验证机制运行的效果，既是研究思路也是研究方法上的创新。

（5）通过信号博弈，分析涉案企业的成本伪装行为对裁决当局反倾销税率政策制定的具体影响，分别从两期和多期博弈，解析博弈活动参与各方的利益抉择，推导出反倾销税率优化模型。为合理的反倾销税率政策制定，提供理论参考。

（6）研究反倾销涉案企业的游说竞争行为，分析"搭便车"行为、信息传递对最终均衡状态的影响，并引入裁决当局的决策偏好，分析在了解裁决当局偏好的背景下，涉案企业如何展开游说竞争，分析结果为深入理解我国反倾销游说活动的方式、影响因素和可能结局提供分析思路。

# | 第 2 章 |
# 企业应对反倾销现状的调查与分析

社会需求对科学技术的推动胜过建设 100 所大学。同理，日益严峻的对华反倾销形势是推动我国反倾销应对研究的强大动力。从反倾销案例可以看出，反倾销应对单靠企业、行业协会或者政府都是无法取得胜利的，而企业、行业协会和政府三方联合、协调应对，是获胜的必然选择。由于倾销判定的依据是售价是否低于产品的正常价值，而正常价值的计算必须通过会计核算，并且反倾销调查问卷里的问题大多涉及会计信息，所以，会计预警、会计举证、会计抗辩、会计规避在反倾销应对中发挥着重要的支持作用。为研究会计支持下企业、行业协会和政府协调应对反倾销的最优方式，需要分析现实中企业、行业协会和政府的合作应对情况。鉴于此，笔者通过分析应对反倾销的影响因素、开展实地调研和问卷调查，揭示现实中企业、行业协会和政府应对反倾销的现状，得出企业、行业协会和政府应对反倾销的合作模式，并指出其不足，为会计支持下应对反倾销协调机制构建奠定基础。

## 2.1 企业应对反倾销的影响因素

企业应对反倾销的决策行为受各种因素影响，所以调查反倾销应对活动，理解现实中的各种反倾销应对现象，需要分析影响反倾销应对的因素。影响反倾销应对的既有法规、制度层面的因素，也有应对主体（企业、行业协会和政府）自身的因素。法规、制度因素主要包括：WTO 反倾销协议、WTO 争端解决机制、各国反倾销法律和我国的新会计准则。而政府的外贸发展战略，行业协会和企业的应对现状等，则是应对主体自身的因素。下面分别对制度因素和主体因素的影响作用予以分析。

## 2.1.1　应对反倾销的制度影响因素分析

1. WTO 反倾销协议对反倾销应对的影响

各国的反倾销法均依照 WTO 反倾销协议制定，所以，WTO 反倾销协议影响着各国反倾销法，进而影响各国实际的反倾销裁决程序。WTO 反倾销协议包括实体法和程序法。实体法对反倾销三要素（倾销、损害及其因果关系）的确认标准以及反倾销措施的实施予以规范；程序法则对反倾销调查的申请、立案、调查取证与裁定等程序步骤问题予以明确。

首先，我们看实体法。实体法规定实施反倾销要满足三个要求：①倾销成立。即一成员方以低于正常贸易过程在本国消费的可比价格将产品出口到另一成员方，亦即以低于其正常价值进入另一方的商业；②对国内产业造成损害；③必须作出证明，进口方受到的产业损害是由进口产品倾销造成的，即产业损害与进口倾销间存在直接的因果关系，若二者不存在因果关系则不能征收反倾销税。在这三个要求中，第三个要求最为重要。我国许多反倾销应诉就是通过证明倾销与对方国家产业损害无关，对方国家的产业损害是其他原因所致，从而成功免于被征收反倾销税。实体法规定进口方可以通过临时反倾销措施、价格承诺、最终反倾销措施，这三种方式对国内产业实行救济。

其次，我们分析程序法。程序法主要涉及调查程序，《反倾销协议》规定了反倾销调查的具体程序：包括反倾销调查的发起、立案调查、证据审核、初裁与终裁以及行政复审和司法审议等。在调查发起阶段，要求提交申请的产品必须具有代表性，如果其合计产量已占到国内产业同类产品总产量的一半以上，则该申请可被看作由国内产业或其代表提出，进口方当局可正式立案，发起反倾销调查。如果提起反倾销的国内产业的合计产量低于总产量的四分之一，则申请将不被受理。此项规定使得发起反倾销变得不那么容易。因为，并不是所有企业都赞成反倾销，有些竞争力强的企业反而更希望自由贸易，不愿意用反倾销保护本国市场和拉高售价。所以，在应对反倾销时，可以考虑争取这部分力量，将反倾销发起遏制于萌芽之中。

2. 各国反倾销法律异同对反倾销应对的影响

各国的反倾销法各不相同，如按照美国的反倾销法，倾销的损害裁定和倾销幅度裁定分别由产业损害调查局和商务部负责，这样可以做到两个部门互相牵制，避免误判。由于起决定性作用的是损害裁决，所以，应诉美国的反倾销时，重点放在证明倾销并非造成损害的原因上。而欧盟和我国均由一个部门来做倾销和损害判定，这样，虽然应诉时企业需要面对的政府部门减少，但却容易形成部门专权。按照反倾销法，在反倾销执行 5 年后，被诉企业可以申请停止征收反倾销税，企业可以利用这一点来争取反倾销的终止。美国对于已开征的反倾销税，在每年末做管理复审，即按照企业实际的倾销幅度对税率进行调整，我国企业可以运用这一点，争取减少被核定倾销幅度，获得税率的降低。显然，熟悉不同国家的反倾销法律，利用其中的合理程序，可以争取到有利的税率。

3. WTO 贸易争端解决机制对反倾销应对的影响

贸易争端解决机制被公认为"世界贸易组织最独特的贡献"。是在总结关贸总协定近半个世纪实践经验的基础上，通过不断克服争端解决机制中存在的缺陷，根据国际贸易关系的新发展，建立起来的一种全新的、具有突破性和开创性的国际制度，是世贸成员方间处理贸易纠纷的主要途径之一。在这个多边机制中，无论成员方的大小强弱，都一视同仁，均都可以用争端解决机制来为自己谋求公正。反之，任何成员一旦违反确定的协议开展贸易，也将会受到其他成员运用争端解决机制予以质疑和纠正。因此，争端解决机构是世贸组织的核心机构之一。

入世以来，中国很少运用争端解决机制处理贸易争端。与巴西、印度、墨西哥等其他发展中大国相比，我国运用世贸争端解决机制的技巧明显不足，集中表现在：①由于不熟悉多边体制下的法律规则，缺乏 WTO 相关问题的专家，我国在贸易争端的谈判中时常处于劣势；②缺少快捷有效从事世贸争端解决的政府交涉机构，而且国内立法与国际规则尚存差距；③行业协会组织发育滞后，无法满足解决国际贸易争端的需要，这些都制约了我国运用 WTO 争端解决机制来处理贸易摩擦的积极性。因此，建立应对反倾销的协调机制必须要考虑这些实际情况，提出合理的改进措施。

4. 新会计准则对反倾销应对的影响

我国已于 2007 年在所有上市公司中实行了新会计准则，目前，在全国所有大、中型企业中也实行了新准则。由于反倾销的抗辩其实是一场会计论争，无论是决定倾销幅度的出口价格和正常价值间差额的核算，还是判定损害程度的利润、销量的计算均涉及会计。而新准则除在资产减值损失的转回、关联方关系及其交易的披露上与国际会计准则尚存差异外，其余部分均已实现了与国际会计准则的趋同。这样在应诉反倾销时，我国企业的会计举证就更容易为对方所接受。

国际会计准则委员会和世界银行对我国新会计准则的执行情况给予了高度评价，认为中国新会计准则执行情况良好，与国际会计准则实质趋同。欧盟则承认中国的新会计准则，允许中国企业在进入欧盟境内市场时用新准则编制报表。中国香港于 2007 年底与中国内地签署了两地会计准则等效声明。上述情况说明，中国企业会计准则与国际财务报告准则已实现了趋同，并在上市公司有效实施，得到了国内外认可。我国下一步的工作就是积极参与国际会计准则的制定，使国际会计准则在具体核算细则上尽可能地考虑中国等新兴市场国家经济的实际情况，如关联方交易的披露、公允价值计量和同一控制下的主体合并等。

## 2.1.2　应对反倾销的主体影响因素分析

1. 政府外贸发展战略的影响分析

由于我国长期以来实行的是出口导向型的外贸政策，对于出口型企业自改革开放之初，就给予了很多优惠政策，特别是对外向型企业在建厂、批地和出口退税等方面提供更多优惠，甚至靠出口拉动地方 GDP 的增长。这种对出口型企业的种种优惠非但没能提高本国福利，反而被指责为有补贴倾销之嫌。当前，我国出口下滑表面上看是全球经济危机带来的，其实是我们补贴外贸企业，扩大出口的发展模式难以为继的表现。所以，我国需要取消和调整对出口型企业的扶持政策。一方面取消那些会被认为属于禁止性的补贴，避免给对方留以口实；另一方面通过其他非补贴的形式完善出口鼓励和进口替代政策，将更多资源投入到本国的高新产业培养上来。

2. 行业协会的反倾销应对能力影响分析

行业协会作为同业企业自愿加入的、非营利性的、以增进共同利益为目的的自律性社团法人。具有自愿性、非营利性、自律性、互益性、中介性等特点和自律、协调、互助、服务、交流、调解和制衡的功能。与企业科层组织、政府等治理机制相比，它是非营利性社会团体，不存在一体化的企业科层组织结构，可以避免企业内部官僚性管理成本。由于协会与会员企业委托代理关系更直接，相对会员企业的协调成本要小于政府的管制成本，效率也高于政府。同时行业协会的内在制度约束也往往比外加的、靠政府执行的法律约束有效得多。因为，行业成员的自我监督和正式执行是由通晓特定时间、特定地点和该行业情况的人来承担的，而外部裁判者一知半解，很可能在其裁决过程中引发意外的不良后果（柯武刚，2000）。因此，行业协会在反倾销应对中，可以很好地发挥联系企业和政府的桥梁作用，在应诉反倾销时，由行业协会联而后动，共同协调应对反倾销。

从应对反倾销的角度分析，我国的行业协会存在以下问题：①行业协会的代表性不足。由于我国行业协会多由一些政府专业经济管理部门改制而来，协会成员多为原部门或本系统的企业，以国有企业为主，会员企业一般只占到全行业企业的40%。大部分民营企业还游离在行业协会之外，致使其难以有效地发挥信息服务和协调功能。因此，要打破所有制壁垒，广泛吸收各类同行业企业加入，使行业协会真正成为全行业的代表，提高其社会合法性。此外，政府职员在协会内兼职，往往将协会作为自己政治升迁的跳板，这样流动性大，不利于协会为应对反倾销做长远准备。所以，需要聘请专职工作人员，以保证协会工作的持续稳定性。②协会经费筹集困难。虽然协会可以收取会费的形式筹集运转经费，但不少入会企业拖欠会费，导致协会运转困难。尤其在应诉反倾销时耗费巨大，如果缺乏资金来源，协会也是心有余而力不足，因此需要建立有效的资金筹集方式，保证应诉资金的供给。

3. 我国企业在国际分工体系中所处地位的影响分析

我国企业频遭反倾销的大宗商品，如纺织品、自行车、彩电、计算机软盘、电风扇、布鞋、服装等，均为劳动密集型或附加值不高的产品；近年来反倾销扩散到的机电、化工等高附加值产品，大部分在我国也仅做产品组装，只是赚取低廉的加工费。显而易见，我国在国际分工体系中尚处于低端的制造环节，制造环节的比较优势主要体现为价格优势。技术创新能力不足、资源消耗大、产品附加价值低、经济效益差，这种中国制造的廉价商品出口模式，是我国企业频遭反倾销的原因之一。因此，提高中国在国际分工中的地位、增强企业的国际竞争力、增加产品的附加价值，实现由"中国制造"到"中国创造"的跨越，是中国今后一个时期的重要任务。为了实现这一跨越，中国一方面需要增强自主创新能力、提高企业和产品的技术水平；另一方面则要通过营销活动提升中国、中国企业和中国产品在国际市场的形象。

4. 企业的市场经济地位影响分析

作为加入 WTO 的一个让步，欧美等国在我国入世后 15 年内将把我国视为"非市场经济国家"，在核算我国产品正常价值时采用"替代国价格"。这种歧视政策给我国企业的反倾销应诉带来很大的困难。因为，他们通常采用比中国经济发展水平高的发达国家作为"替代国"，或是用制造成本本来就高于我国的国家，如把印度、墨西哥等国作为"替代国"。这样核算出来的正常价值必然远高于真实成本，从而造成高额倾销成立。因此，现阶段我们应对反倾销，首先是做好"替代国"的准备，了解哪些国家与我国经济发展相近，适合做"替代国"，然后在对方选择"替代国"时，争取其选用对我们有利的"替代国"，以获得反倾销应诉的胜利。

5. 企业反倾销会计建设水平的影响分析

目前我国企业既没有对反倾销设置相应的会计科目，也没有专门人员负责反倾销会计举证工作。仅仅是在应诉反倾销时临时抽调人手，加班加点，在规定时间内填写调查表。也有部分企业把反倾销应诉工作完全交给行业协会来处理。如我们走访湖南涟源钢铁集团得知，他们将反倾销应诉工作完全交给钢铁行业协会，自己只负责缴纳会费，除了企业高层领导之外，其余的工作人员均不了解反倾销应诉的情况。这样一种会计工作现状，毫无疑问是不利于反倾销应对的，所以亟须建立一整套应对反倾销的会计工作体系，做到有备无患。

通过分析应对反倾销的制度与主体影响因素，明确企业应对反倾销的环境约束，不仅为会计协调机制的构建提供依据，而且有利于我们设计有效的调查问卷，开展调查，了解企业、行业协会和政府应对反倾销的现状。

## 2.2　实地调研的设计与实施

经济理论一定要符合现实经济情况，且能解释现实的经济现象，我们提出的反倾销应对理论能否指导现实的反倾销应对活动，需要实际的经济活动来验证，这就要求我们向亲身参与反倾销应对的企业、行业协会和政府工作人员进行实地调查，了解具体的反倾销应对活动，以便总结、提炼出符合实际的应对理论。为达此目的，需要我们设计并实施实地调查。

1. 调查的目标

我们调查的目标是期望通过实地走访调研，了解企业、行业协会和政府协调应对的现状，以及他们对于协调应对反倾销和会计信息支持作用的认识。

2. 调查对象和调查方式

基于上述目的，在导师的带领下，笔者一行来到中国商务部、中国钢铁协会、中国五矿集团和涟源钢铁等单位做现场访问调查。

3. 实地调研的体会

在访谈中，获得了政府、行业协会和企业对于反倾销应对的大量的实战心得、体会，归纳总结为以下 8 点。

①无论是商务部，还是钢铁行业协会、五矿集团、涟源钢铁等单位，均认为应对反倾销需要靠企业、行业协会和政府三方联合协调，单靠一方是不足以应对反倾销的。这与我们的认识不谋而合，说明无论是学术上的思辨，还是实务工作的应对，大家的基本认识一致，即反倾销的应对，需要政府、行业协会和企业三体协调联动。

②商务部强调的是"一体两翼"，即企业为主体，政府、行业协会为两翼。他们认为应对反倾销的主体应由企业来担任，因为政府面对全国那么多的行业、企业，那么复杂的反倾销局势，无法做到充分掌握信息，制定最佳方案。而企业则不同，对于针对本企业发起的反倾销，企业了解自身情况，也清楚行业竞争对手情况，对于是否应诉？如何应诉？有一个清醒的认识，由企业为主进行应对，政府和行业协会协助应对，可以取得更好的效果。

③需要建立一种利益共赢机制，能够让企业、行业协会和政府部门通过该机制，在应对反倾销中实现互惠共赢，我们在商务部公平贸易局访谈中得知在目前的应对工作中，企业、行业协会和政府往往各自为战，缺乏一种协调各方行动，实现互惠共赢的机制。反倾销应对所带来的利益，是企业、行业协会和政府合作的动力，但正是由于缺乏有效的利益共赢机制，导致各方在应对反倾销时合作动力不足。

④在应对反倾销中，企业从自身实际出发，会选取能实现自身利润最大化的策略。如五矿集团，由于他既从事矿产开采冶炼加工出口，又经销矿产品进出口，既是生产商，又是经销商，所以在当他所经销的产品被反倾销时，可能更多地会通过变更出口国或代理其他出口产品来规避反倾销，而不是去积极应诉，因为毕竟应诉需要耗费大量的人力、物力，对于经销商而言，换个国家出口或换种产品销售，成本更低。可以看出，设计基于会计支持的应对反倾销协调机制必须分析各应对主体的理性逐利行为，不能期望企业背离其逐利本性，在无利可图的情况下去做一些符合公共利益的事情，应实事求是，做到企业的职责安排符合其自身的利益选择，让它在追逐自身利益的同时，实现应对反倾销的总体目标。同样的道理也适用于行业协会和政府的工作安排，如果不顾行业协会和政府本身有利用职权谋取利益的动机，给他们增加过多权力而不加监管，则必然会导致权力寻租。现在被曝光的行业协会滥用惩罚权，对本行业企业随意罚款、降级、开除、过高收取会费等腐败行为均是权力过高，失去监管所致。所以对协调机制的设计必须服从市场竞争规律，按照经济规律办事，不能盲目给予行业协会和政府过多权力，给企业增加不必要的负担，造成好心办坏事的局面。

⑤需要建立并完善企业、行业协会和政府的反倾销应对考核指标，督促企业、行业协会和政府应对反倾销，在反倾销应对中，如果没有相应的激励约束机制，企业、行业协会和政府均会采取能最大化自身利益的行为，难以实现整体应对效益最大化。在商务部公平贸易局访谈中，我们了解到由于反倾销的应对成效关系政府官员的政绩，所以政府部门有动力去组织、引导企业和行业协会应对反倾销，而且政府部门通过对积极应诉反倾销的行业协会和企业予以嘉奖、支持，来激励企业、行业协会认真应对反倾销。可见，现实应对活动中，存在一定的激励约束考核机制，但由于考核指标单一、片面，未能有效地保障合作应对反倾销。

⑥有些企业将反倾销的应对完全交给行业协会，自己仅负责缴纳会费和提供应诉资料，如涟源钢铁就是这样做的。虽然这样企业可以省去不少事情，但是笔者认为反倾销的应对是需要企业亲力亲为的，企业竞争就像战场厮杀，生死可能在毫厘间决定，有时反倾销裁决当局仅凭企业提供的资料中的一点差错，就可全盘否定企业所提供资料的真实性，而改以估算价格核定倾销幅度，进而判定高额倾销成立。例如，1999年我国一家公司在应对欧盟的反倾销诉讼中，因为财务制度不健全，会计工作混乱，不符合国家的财务会计制度，错误地对一小部分无形资产采用了加速折旧法计提折旧，虽然这个错误只占该企业整个销售成本的0.004%，完全不影响整个财务数据的准确性和可靠性，但是，欧盟委员会反倾销调查官却以此为由拒绝给予该企业的市场经济地位。所以，反倾销应对要求企业必须认真对待，而不能全盘托付给行业协会。

⑦企业应对反倾销的会计基础工作薄弱。企业的会计基础工作不足主要反映

在成本核算制度、内部控制制度、档案保管制度等操作制度与规范不健全，没有设计能满足反倾销应对的需要，及时、准确提供会计举证数据与资料的会计管理体系，一旦被反倾销，企业往往要耗费大量的人力、物力，仍无法在规定时间内提供所调查当局所需的资料，致使应诉失利。

⑧缺乏应对反倾销的协调机制。目前我国缺乏一个协调企业、行业协会和政府共同应对反倾销协调机制，三个应对主体各自为战，导致在反倾销贸易战中处于被动挨打的局面。反倾销的应对，需要协调企业、行业协会和政府的应对活动，整合三个主体的会计资源，实现联合应对的效益最大。

## 2.3　应对反倾销的问卷调查分析

### 2.3.1　研究假设

根据实地调研，企业、行业协会和政府"三体"合作应对反倾销的主要沟通协调方式是行业协会协调联动①，而互惠共赢的实现机制是"三体"合作应对的动力保证，基于反倾销应对的激励约束考核体系则是"三体"合作应对的保障机制，鉴于此，本书提出如下假设：

H1：行业协会协调联动是企业、行业协会和政府合作应对反倾销的主要沟通、协作形式；

H2："三体"互惠共赢机制是企业、行业协会和政府合作应对反倾销的动力保证；

H3：基于反倾销应对的企业、行业协会和政府的激励约束考核体系是合作应对的基本保障。

倾销的确认和反倾销的裁定，从某种意义上说，是在既定法律程序下的会计论争，所以会计信息的支持力度对于反倾销应诉的成败意义重大，而且在实地调研中，反倾销涉案企业、行业协会和政府部门的工作人员均反映企业的会计工作对于成功抗辩极为重要，因此，提出如下假设：

H4：会计信息的支持效力对于反倾销应对的胜诉极为关键。

根据所做的假设，得出反倾销的合作应对和各种作用要素的逻辑关系如图2-1所示。

---

① "三体"是指企业、行业协会和政府这三个应对反倾销的主体。

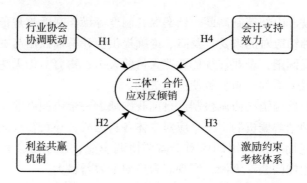

**图 2 - 1  "三体"合作应对反倾销与各种作用要素的逻辑关系**

## 2.3.2  问卷调查的数据收集

1. 问卷的设计

问卷调查法是目前国内外实证研究常用的数据获取方法，这种方法的优点是简便、灵活，能够获得翔实可靠的第一手资料。为了解企业、行业协会和政府对于反倾销应对的认识，以及实际应对工作中分工协作的具体情况，我们采用问卷调查的方法来获取实际应对工作的真实信息，以便为应对反倾销的理论机制构建提供现实依据。

在多次小组讨论和小规模发放问卷的基础上，经过多次修改最终形成正式的调查问卷①。正式的调查问卷分为两个部分：第一部分是问卷填写人的基本情况，具体包括问卷填写人的工作单位、工作性质；第二部分是问卷调查的内容，对企业、行业协会和政府合作应对反倾销的作用要素进行测度。量表题项采用 Liken - 5 进行测量，要求问卷填写人按照"非常不同意、不同意、中性、同意、非常同意"进行选择。

①对行业协会在合作应对中的协调作用，主要从三个方面来测量：

a. 行业协会和出口商会等中介组织的协调力度；

b. 行业协会和出口商会等中介组织在信息发布、价格监控和反倾销预警等方面的工作情况；

c. 行业协会等中介组织的会计协调效率，如指导企业会计应诉抗辩，影响政府部门的会计准则、制度的制定，实现政企互动等方面的工作情况。

②互惠共赢方案对合作应对成效的影响，主要从三个方面来测量：

a. 应对反倾销中企业、行业协会和政府的合作效率；

b. 互惠共赢资金渠道实现的合理性；

---

① 具体的调查问卷见附录 A。

c. 互惠共赢沟通渠道实现的合理性。

③应对反倾销的激励约束考核体系对合作应对的作用，主要从三个方面衡量：

a. 建立基于反倾销应对的企业利益共享和补偿机制对于企业积极地应对反倾销的激励作用；

b. 建立基于反倾销应对的行业协会资质等级指标设置对于调动行业协会的积极性，协调应对反倾销的作用；

c. 建立基于反倾销应对的政府绩效考核指标体系对于约束政府部门的行为，促使其认真地辅导企业应对反倾销的作用。

④应对反倾销的会计支持效力，主要从三个方面衡量：

a. 应诉企业快速响应的态度和所提供会计信息（或会计数据）的支持效力对反倾销应对成败的影响；

b. 反倾销会计的特殊会计信息质量要求对反倾销应对胜诉的作用；

c. 会计管理制度体系设置和会计标准的国际化程度，以及成本会计信息的可采性对反倾销应对胜诉的影响。

根据上述分析，影响合作应对反倾销的各种相关变量及其对应符号如表 2-1 所示。

**表 2-1　　　　　影响合作应对的相关变量及其对应符号**

| 研究变量 | 变量测项 | 变量符号 |
|---|---|---|
| 行业协会应对反倾销的协调效力（XH） | 行业协会和出口商会等中介组织的协调力度 | XH1 |
| | 行业协会和出口商会等中介组织在行业信息发布与价格协调，建立行业出口企业国家交易行为监控与反倾销预警体系等方面的工作情况 | XH2 |
| | 行业协会等中介组织的会计协调效率，如指导企业会计应诉抗辩，影响政府部门的会计准则、制度的制定，实现政企互动等方面的工作情况 | XH3 |
| 应对反倾销互惠共赢机制的动力效力（GY） | 应对反倾销中企业、行业协会和政府的合作效率 | GY1 |
| | 互惠共赢资金渠道实现的合理性 | GY2 |
| | 互惠共赢沟通渠道实现的合理性 | GY3 |
| 应对反倾销的激励约束考核体系的保障效力（KH） | 建立基于反倾销应对的企业利益共享和补偿机制对于企业应对反倾销的激励作用 | KH1 |
| | 建立基于反倾销应对的行业协会资质等级指标设置对于激励行业协会协调应对反倾销的作用 | KH2 |
| | 建立基于反倾销应对的政府绩效考核指标体系对于约束政府部门的行为，促使其认真地辅导企业应对反倾销的作用 | KH3 |

续表

| 研究变量 | 变量测项 | 变量符号 |
|---|---|---|
| 应对反倾销的会计支持效力（KJ） | 应诉企业快速响应的态度和所提供会计信息（或会计数据）的支持效力对反倾销应对成败的影响 | KJ1 |
| | 反倾销会计的特殊会计信息质量要求对反倾销应对胜诉的作用 | KJ2 |
| | 会计管理制度体系设置和会计标准的国际化程度，以及成本会计信息的可采性对反倾销应对胜诉的影响 | KJ3 |

2. 问卷的发放与回收

我们总共发放调查问卷 500 份，最终收回 322 份，回收率 64.4%，具体发放和回收问卷情况如下。

①委托在企业、行业协会或政府工作的校友、朋友、同学等，他们工作的单位均涉及反倾销应对活动，让他们代为向其工作单位的同事发放问卷并负责回收问卷，由于利用了人脉关系，这部分问卷回收率很高，发放 230 份，收回 220 份。

②通过各种途径，如中国贸易救济网、涉案企业和行业协会的网站等，收集行业协会、商会、会计师事务国、律师事务所等中介机构、反倾销涉案企业、政府相关职能部门的联系方式，然后通过电子邮件和纸质信件向他们发放调查问卷，此种方式发放问卷 190 份，回收 28 份。

③对中南大学的 MBA 学员、在职攻读博士和硕士的研究生进行现场发放、现场回收，在确定发放对象时，要求填写问卷的学员应有涉及反倾销的企业、行业协会或政府部门工作经历，此种方式发放 80 份，回收 74 份。

### 2.3.3 问卷调查的结果分析

1. 描述性统计分析

（1）调查对象单位性质分布。

根据表 2-2，可以看出调查对象来自制造企业、出口贸易企业、中介机构（行业协会、会计师事务所和律师事务所等）、政府机关和高校，调查对象来源范围广，且均为涉及反倾销应对的企业、行业协会、政府和研究机构，问卷收集的数据具有一定的代表性，问卷填写的质量在相当高的程度上得到保证。

（2）调查对象工作性质分布。

根据表 2-3，调查对象大部分是从事财务会计工作的，占 38%，也有 22% 从事贸易工作，20% 从事法律工作。由于调查对象大部分从事与会计、贸易、法律相关的工作，因而获得的问卷调查结果具有较高的可采信度。

表 2 - 2　　　　　　　　　　　调查对象单位性质分布统计

| 单位性质 | 样本量 | 百分比（%） |
|---|---|---|
| 制造生产企业 | 61 | 18.94 |
| 出口贸易企业 | 42 | 13.04 |
| 会计师事务所/律师事务所 | 33 | 10.25 |
| 行业协会/商会 | 52 | 16.15 |
| 政府机关 | 42 | 13.04 |
| 高校 | 81 | 25.16 |
| 其他 | 11 | 3.42 |
| 总计 | 322 | 100.00 |

表 2 - 3　　　　　　　　　　　调查对象工作性质分布统计

| 工作性质 | 样本量 | 百分比（%） |
|---|---|---|
| 财务会计工作 | 121 | 37.58 |
| 贸易工作 | 71 | 22.05 |
| 法律工作 | 64 | 19.88 |
| 行政事务性工作 | 56 | 17.39 |
| 其他 | 10 | 3.11 |
| 总计 | 322 | 100.00 |

**2. 问卷的效度检验**

效度即有效性，它是指测量工具或手段能够准确测出所需测量的事物的程度。效度分为三种类型：内容效度、准则效度和结构效度。鉴于本研究的设计，需要对问卷的内容效度和结构效度进行检验。

（1）内容效度。

量表能够涵盖研究主题的程度称为内容效度。调查问卷的内容是在文献研究和实地调研的基础上确定的，为保证问卷的科学性，本问卷在经过小组多次讨论和小规模发放的基础上，经过多次修改最终形成正式的调查问卷，以做到全面地考虑了各种问题，确保内容的完整、合理。

（2）结构效度。

结构效度（construct reliability，CR）是指测量结果体现出来的某种结构与测值之间的对应程度，反映了每个潜变量中所有题项是否一致性地解释该潜变量，当该值高于 0.70 时表示该潜变量具有较好的结构信度。效度分析最理想的方法是利用因子分析来测量量表的结构效度，在进行因子分析之前，首先需要通过 KMO 检验和 Bartlett 球度检验判断用于验证的指标是否适合做因子分析。我们用 SPSS17.0 对量表进行 KMO 检验和 Bartlett 球度检验，得到表 2 - 4。

**表 2 - 4**　　　　　　**量表的 KMO 检验和 Bartlett 球度检验结果**

| KMO 抽样适度测定值 | | 0.701 |
|---|---|---|
| Bartlett 球度检验 | 卡方值 Approx. Chi - Square | 420.304 |
| | 自由度 | 66 |
| | 显著水平 Sig. | 0.000 |

如表 2 - 4 所示，KMO 检验统计量等于 0.701，大于 0.7；Bartlett 球度检验的卡方值等于 420.304，自由度为 66，显著性水平为 0.000，拒绝零假设，认为相关矩阵不太可能是单位矩阵，原有数据适合做因子分析。

我们利用 SPSS17.0 统计软件做主成分分析，并使用方差最大正交旋转法，抽取特征值大于 1 的因子，获得四个公共因子，方差分解结果见表 2 - 5。

**表 2 - 5**　　　　　　　　　**因子提取与旋转结果**

| 成分 | 初始值 | | | 主成分分析提取结果 | | | 总方差分解 | | |
|---|---|---|---|---|---|---|---|---|---|
| | 总计 | 方差（%） | 累积（%） | 总计 | 方差（%） | 累积（%） | 总计 | 方差（%） | 累计（%） |
| 1 | 5.294 | 44.12 | 44.12 | 5.294 | 44.12 | 44.12 | 2.782 | 23.18 | 23.18 |
| 2 | 2.113 | 17.612 | 61.732 | 2.113 | 17.612 | 61.732 | 2.647 | 22.061 | 45.241 |
| 3 | 1.602 | 13.352 | 75.085 | 1.602 | 13.352 | 75.085 | 2.543 | 21.188 | 66.429 |
| 4 | 1.487 | 12.389 | 87.474 | 1.487 | 12.389 | 87.474 | 2.525 | 21.045 | 87.474 |
| 5 | 0.376 | 3.135 | 90.609 | | | | | | |
| 6 | 0.372 | 3.104 | 93.713 | | | | | | |
| 7 | 0.251 | 2.092 | 95.805 | | | | | | |
| 8 | 0.169 | 1.405 | 97.21 | | | | | | |
| 9 | 0.143 | 1.19 | 98.4 | | | | | | |
| 10 | 0.098 | 0.818 | 99.217 | | | | | | |
| 11 | 0.059 | 0.495 | 99.712 | | | | | | |
| 12 | 0.035 | 0.288 | 100 | | | | | | |

从表 2 - 5 可以看出，特征值大于 1 的四个公共因子的方差贡献率达到了 87.47%，说明因子提取的总体效果较为理想，接着通过最大方差法对因子载荷矩阵进行正交旋转，得出各因子对测量指标的载荷量，以观察各指标的归类及因子提炼是否与假设的结构模型中的变量结构一致，运用方差最大旋转法得到的结果见表 2 - 6。

如表 2 - 6 所示，各公共因子在相应的测量指标的载荷量均比较高，而在其他测量指标上的载荷量比较小，这说明量表的设计具有一定的合理性，达到效度要求。

表 2 - 6　　　　　　　　　方差最大正交旋转因子分析结果

| 指标 | 成分 | | | |
| --- | --- | --- | --- | --- |
| | 因子 1 | 因子 2 | 因子 3 | 因子 4 |
| XH1 | 0.925 | 0.204 | 0.114 | 0.111 |
| XH2 | 0.906 | 0.174 | 0.198 | 0.128 |
| XH3 | 0.899 | 0.160 | 0.112 | 0.114 |
| GY1 | 0.109 | 0.041 | 0.019 | 0.945 |
| GY2 | 0.066 | 0.102 | 0.354 | 0.829 |
| GY3 | 0.173 | 0.157 | 0.200 | 0.880 |
| KH1 | 0.352 | 0.803 | 0.133 | 0.089 |
| KH2 | 0.081 | 0.949 | 0.086 | 0.112 |
| KH3 | 0.173 | 0.942 | 0.171 | 0.090 |
| KJ1 | 0.038 | 0.165 | 0.921 | 0.086 |
| KJ2 | 0.232 | 0.230 | 0.817 | 0.204 |
| KJ3 | 0.183 | 0.008 | 0.862 | 0.229 |

3. 问卷的信度检验

信度即可靠性，它是指采用同样的方法对同一对象重复测量时所得结果的一致性程度。信度测量方法包括重测信度法、复本信度法、折半信度法和 Cronbach α 系数法。由于 Cronbach α 系数是目前最常用的测度系数，所以本研究中采用这一系数测定。

如果 Cronbach α 系数大于 0.7，说明问卷的信度很高；该系数介于 0.5 ~ 0.7，那么问卷就在可接受的范围内，但当系数低于 0.5 时，则认为问卷的设计有问题，需要重新设计问卷。我们用 SPSS17.0 对问卷进行信度分析，得到问卷的 Cronbach α 系数，见表 2 - 7。

表 2 - 7　　　　　　　　　问卷的 Cronbach α 系数

| 变量 | 指标个数 | Cronbach α 系数 |
| --- | --- | --- |
| 行业协会应对反倾销的协调效力（XH） | 3 | 0.943 |
| 应对反倾销互惠共赢机制的动力效力（GY） | 3 | 0.905 |
| 应对反倾销的激励约束考核体系的保障效力（KH） | 3 | 0.929 |
| 应对反倾销的会计支持效力（KJ） | 3 | 0.893 |
| 整个量表 | 12 | 0.880 |

根据表 2 - 7，总体问卷的 Cronbach α 系数为 0.88，行业协会应对反倾销的协调效力、应对反倾销互惠共赢机制的动力效力、应对反倾销激励约束考核体系

的保障效力、应对反倾销的会计支持效力的系数值均大于0.89，说明问卷设计的各变量题项之间具有良好的内部一致性，总体信度高，符合问卷设计的信度要求。

4. 问卷结果的统计分析

根据回收的问卷，统计对于"三体"合作应对反倾销作用要素的认同度，得到表2-8。

表2-8                合作应对反倾销作用因素的认同度分析

| 指标 | 问题项 | 认同度（%） | |
| --- | --- | --- | --- |
| | | 同意 | 非常同意 |
| XH1 | 我国企业、行业协会和政府合作应对反倾销的成效，取决于行业协会和出口商会等中介组织的协调力度 | 72.5 | 17.5 |
| XH2 | 行业协会和出口商会等中介组织应该拥有行业最重要的话语权，是行业信息的权威发布者与价格协调者，可以成为企业的代言人，应当建立行业出口企业国家交易行为监控与反倾销预警体系 | 71 | 18 |
| XH3 | 应对反倾销胜诉的关键，最重要的应为行业协会等中介组织的会计协调效率，如指导企业会计应诉抗辩，衔接、影响政府部门的会计准则、制度的制定等 | 73 | 20 |
| GY1 | 应对反倾销中企业、行业协会和政府要实现有效合作，必须依靠互惠共赢，让三类主体在应对活动中获得正的经济或期望效应 | 52.5 | 27.5 |
| GY2 | 通过由政府财政划拨设资金设立应对反倾销专项基金，再由行业协会按企业出口量收取应诉经费，筹建后续经费，可以实现风险分担、利益共享 | 65 | 25 |
| GY3 | 企业、行业协会和政府间的磋商机制（如应对反倾销专项计划、部门联席会议等）可以有效地实现平衡冲突、实现互惠共赢 | 55 | 27.5 |
| KH1 | 建立基于反倾销应对的企业利益共享和补偿机制有利于激励企业积极地应对反倾销 | 62.5 | 25 |
| KH2 | 建立基于反倾销应对的行业协会资质等级指标设置有利于调动行业协会的积极性，协调应对反倾销 | 60 | 24 |
| KH3 | 建立基于反倾销应对的政府绩效考核指标体系能约束政府部门的行为，促使其认真地帮助、指导企业的反倾销应对 | 63 | 27 |
| KJ1 | 在相关法律框架下，企业应对（包括规避）反倾销的成败，从某种意义上讲，取决于应诉企业快速响应的态度和所提供会计信息（或会计数据）的支持效力 | 67.5 | 10 |
| KJ2 | 反倾销会计的特殊会计信息质量要求，一般体现在相关性、可靠性、可比性、可采性、重要性等方面 | 72.5 | 5 |

| 指标 | 问题项 | 认同度（%） | |
|------|--------|------|------|
| | | 同意 | 非常同意 |
| KJ3 | 会计管理制度体系设置和会计标准的国际化程度，以及成本会计信息的可采信是应对反倾销胜诉的关键 | 70 | 12 |

从表2-8可以看出，无论是企业、行业协会、还是政府部门，无论是财务会计人员、法律工作者，还是进出口商，均认同行业协会应对反倾销的协调效力、应对反倾销互惠共赢机制的动力效力、应对反倾销激励约束考核体系的保障效力、应对反倾销的会计支持效力是决定合作应对反倾销的重要因素，这些作用要素支持效力的高低直接决定了合作应对反倾销的成效，因此，假设H1、H2、H3、H4得证。

## 2.4　实地调研和问卷调查的启示

根据实地调研和问卷调查，行业协会应对反倾销的协调效力、应对反倾销互惠共赢机制的动力效力、应对反倾销激励约束考核体系的保障效力和应对反倾销的会计支持效力可以有效地保障各主体合作应对反倾销，鉴于此，笔者在阅读大量案例和相关文献的基础上，得出企业、行业协会和政府具体的应对反倾销合作模式，下面予以详细阐述。

### 2.4.1　企业、行业协会和政府应对反倾销的合作模式

应对反倾销从预警信息收集、律师聘请，到应诉抗辩、投资规避等，诸多活动均需企业、行业协会和政府三个主体协同配合，正如系统功能发挥必须各元素相互作用、相互依赖、协同配合一样，成功应对反倾销需要各应对主体分工协作，联合行动。据此，刘丁有提出应通过强化和整合政府、行业协会、地方商贸主管部门和涉诉企业"四体联动"的反倾销应诉工作和信息传递机制来应对国外反倾销，张华更进一步给出应对反倾销的"四体合作机制"。受其启发，基于环境约束、依据问卷调查、结合案例分析，笔者对各主体合作应对现状加以总结、归纳、提升，得出企业、行业协会和政府应对反倾销的合作模式，其基本表征是主体联动，基本动力是互惠共赢，基本保证在于激励约束。

1. 合作模式的基本表征：行业协会协调联动

"凡是现实存在的，都是合乎理性的"，这是黑格尔的名言。经济活动之所以

按这样的方式运作，是由其背后的合理性决定的。应对反倾销合作模式的基本表征是行业协会协调联动也是由其自身的合理性所决定的。在进口国企业发起反倾销后，进口国政府主管当局通知我国驻进口国大使馆，要求涉案的中国企业填答问卷；我国大使馆将这一信息传递给中国商务部，由商务部通知被调查企业准备填答问卷；在获知被反倾销调查之后，首先由行业协会牵头组织涉案企业联合应诉。在应诉过程中，行业协会衔接协调企业和政府，联合行动共同应对反倾销，起到了联而后动的作用。在现实应对活动中，政府可以作为牵头人，通常采取召开应对贸易摩擦交流会形式，如每年一届的由商务部召开的中国贸易救济与产业安全会议。在这个全国性的会议中，商务部官员、学者、企业家和行业协会负责人等各界人士探讨应对方法，达成共识，提出切实可行的应对反倾销的政策措施。这是由国家商务部牵头，组织发动企业、行业协会共同应诉的联动模式。另外，企业也可以主动发起和联合本行业内的企业、行业协会和政府共同应对反倾销，具备此种动机和实力的企业一般是行业的龙头企业。

显而易见，除行业协会联合各主体共同应对反倾销外，政府和企业均可以成为联合各利益主体，共同应对反倾销的主导力量。所以，联动模式可以灵活多样。但其宗旨是要联合各应对主体的力量，做到统筹资源、有效配置，实现成功应对反倾销。由于反倾销应对在行动上不应该是某一类主体的孤立行为，在义务上也不是某类主体的单独职责，在时间上更不是短期或阶段性行为。因此，应对反倾销必须三体联动，而行业协会作为连接企业和政府桥梁纽带的天然优势，决定了由行业协会协调联合各主体共同应对是最适合的。实践证明：由行业协会来联合企业、政府的力量应诉，也是各种联动模式中交易成本最小的，所以被普遍采用。

以行业协会为中介枢纽"先联后动"的联动应对中，会计预警联动、会计应诉联动发挥着重要作用。应对反倾销的会计预警联动是指企业、行业协会和政府分别建立微观、中观和宏观层次的反倾销损害预警信息库，检测对方可能的反倾销发起行为，及时调整、规范自身的出口行为，将反倾销遏制在萌芽之中。应对反倾销的会计应诉联动是指企业做好会计基础工作，在对方发起反倾销调查时，及时、准确地提供会计举证资料，进行应诉申辩；行业协会对企业的会计应诉予以辅导、协助；政府积极推动会计准则的趋同，促使对方国家认可我国按国际趋同的会计准则生成的会计信息。政府从宏观层面为企业应诉增强会计信息可信度；行业协会从中观层面培训、辅导企业及时生成有力的会计申辩信息；微观层面企业做强自己的会计基础工作，配合宏观层面、中观层面的活动，协同努力，争取最优的反倾销应对结果。显然，无论是预警联动，还是应诉联动，行业协会发挥着重要的"承上启下""居中协调""联而后动"的作用。所以，利用行业协会作为连接企业和政府的纽带，联而后动，协同应对反倾销是"三体"合作的主要方式，即合作模式的基本表征为行业协会协调联动。

2. 合作模式的基本动力：三体互惠共赢

合作是一种人类基本的经济行为。它是两个或两个以上的主体之间从各自的利益出发而自愿进行的协作性和互利性的关系，其最基本的特征在于自利性和互利性统一，是不同主体之间的协作关系。应对反倾销中企业、行业协会和政府要想实现有效合作，必须坚持互惠互利。实现三体利益共赢，其目的就是要让三类主体在应对活动中获得正的经济或期望效应，这种正效应对生产经营者是经济利益增加；对行业协会是协调成本降低、协会声誉提升；对政府是产业持续发展，国家福利提高。按照这个目的要求，成功实现应对反倾销的三体利益共赢的关键是要在政府、行业协会和产业界之间建立一个有吸引力的共同利益区。在现实的反倾销应对活动中，虽然企业、行业协会和政府存在一定的利益交集，但在互惠共赢的利益共同区建设上尚显不足，需要设计出科学、合理的利益共赢方案。

为应对日益严峻的对华反倾销，2010 年全国工商业联合会向全国人大提出：①应建立健全应诉指导机构，国务院相关部门应指导或协助行业组织建立行业反倾销保障措施和信息中心；②明确政府、行业组织、企业三方在应对反倾销中的权利义务；③设立反倾销专项基金，政府按照产业政策导向和行业的紧迫性，由财政划拨一定经费，启动专项基金，再由行业协会按企业出口量收取应诉经费，组织筹集后续经费；④建立健全高效、符合贸易规则的应对反倾销调查机制。这些举措正是为实现三方利益共赢而进行的探索实践。

3. 合作模式的基本保证：三体激励约束

这里的激励和约束其实含义相同，反向的激励就可以被看作约束。反倾销应诉的三体激励约束的目的在于保障三体合作的持续、稳定和高效运行。激励约束实现的关键在于设置对于参与合作的三方主体具有较高利益相关度的激励约束指标体系。把三体合作的力度和效度同这些高利益敏感度指标进行有机结合，从而引导、控制和督促三方主体以求真务实的态度、高涨的热情、持久的动力相互合作，协调联动。具体的关联指标为：基于反倾销应对的政府绩效考核指标体系；基于反倾销应对的行业协会资质等级指标设置；基于反倾销应对的企业利益共享和补偿机制等，通过这样的考核指标约束，确保高效的合作应对。根据笔者在商务部访谈所得到的资料，在实际应对工作中，我国政府、行业协会和企业均有一定的相关考核指标，激励企业、行业协会和政府积极投入反倾销应对之中，但不够全面、完善，需要依靠理性推导、分析，完善考核指标体系。

应对反倾销的行业协会协调联动、三体利益共赢和三体激励约束协同保证了合作模式的互动介入性、目标一致性、相对稳定性和合作的高效性。据此，笔者绘出企业、行业协会和政府应对反倾销的合作模式示意图，如图 2 - 2 表示。

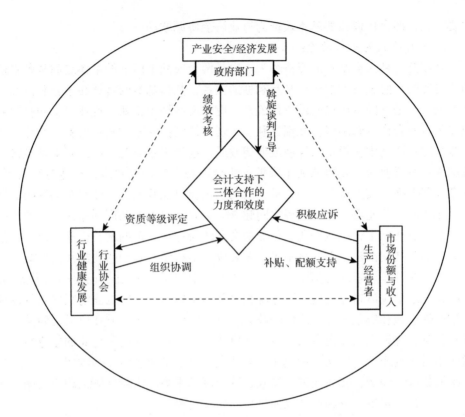

**图 2 - 2   企业、行业协会和政府应对反倾销的合作模式**

在图 2 - 2 中，三个粗线条方框分别代表政府、行业协会和生产经营者三类主体，其外侧的三个细线条小方框则分别代表上述三类主体各自的动机或目标；各主体通过将它们彼此相连接的虚线箭头展开合作，通过互惠共赢的共同利益吸引实现有效地协调、合作，箭头为双向意味着讨论协商是民主平等相互的而不是命令或被动单调的；中间的菱形方框中会计支持下三体合作的力度和效度反映企业、行业协会和政府联合应对反倾销中投入的力度和应对的效果，根据问卷调查，会计作为重要手段与工具，在反倾销应对中发挥着预警、应诉、举证、抗辩等支持作用，所以会计支持力度的强弱，决定着应对的成败。三类主体参与联动的力度和效度，体现出各方合作的态度和结果，三类主体参与合作的力度越大，说明应对态度越积极主动，反之，说明态度越消极被动；应对反倾销效果越好，获得的应诉反倾销税率越低，越有利于企业市场份额的保持、行业的健康发展、国家的经济增长，反之则对企业、行业和国家不利。用菱形表示带有判断评估之意；三类主体朝向菱形的箭头代表它们在合作过程中的表现（包含前面提及的态度和绩效等）即政府部门斡旋谈判引导、企业积极应诉、行业协会组织协调本行业企业应诉三类主体均积极参与到反倾销的应对中。而由菱形方框指向三类主体的箭头则代表着依据其参与力度和效度相应会给主体带来的效应回馈，这种回馈不仅仅是过程性的，更是结果性的，对政府部门的绩效考核，行业协会的资质等级评定，生产经营者的补贴、配额支持均与合作的力度和效度挂钩。换言之，它既构成了对三方参与主体积极、高效合作的动机强化和利益激励机制，也构成了对三方参与主体消极懈怠合作的约束和惩处机制。

## 2.4.2　合作应对困境及其规避措施

根据前面的分析，可以清楚地看到，企业、行业协会和政府合作应对反倾销存在着不足，需要深入分析问题所在，并给出相应的解决方案，下面予以详细阐述。

1. 合作应对反倾销的困境

企业、行业协会和政府应对反倾销的合作模式是否能让企业、行业协会和政府有效地联合行动，确保宏观层面政府会计准则的完善、中观层面行业协会会计服务的提升和微观层面企业会计基础工作的推进协调一致，充分发挥会计的支持效力呢？答案是否定的。因为主体间利益冲突、信息不对称和反倾销保护的政治性以及主体间合作的动力机制与考核体系本身的不足会影响应对反倾销合作模式的有效运行。下面，我们来具体分析这些阻碍因素。

①主体间利益冲突。应对反倾销合作模式中企业、行业协会和政府，三个应对主体的利益最大化目标与反倾销应对效益最大化目的并不完全一致。因为，应诉结果具有公共产品的特征，有的企业选择"搭便车"，节省自己的应诉开支，导致企业利益最大化目标与反倾销应对效益最大化的目的相背离。而且不同企业之间，企业与行业协会之间，企业、行业协会与政府之间又存在一定的利益冲突，这直接导致了企业合作应诉的困境和政府对企业应对活动引导乏力。

②主体间信息不对称。各应对主体掌握的信息资源和信息资源来源的渠道不同，导致主体间信息不对称。如会计信息资源，政府掌握着会计准则、审计制度、内部控制规范的制定和发布，控制着宏观层面的会计资源；行业协会拥有行业会计预警信息库，采取聘请会计师、律师等为企业的会计举证、会计抗辩提供各项应诉辅导、支持与服务，掌握着中观层面的会计资源；企业核算自己的产品成本，建设企业会计预警信息库，进行会计举证、抗辩，掌握着微观层面的会计资源。三个应对主体间信息不对称，如果在反倾销应对中各行其是、各自为战，无法形成合力，就难以发挥出"1+1+1>3"的理想效果。

③反倾销保护的政治性。反倾销的最终裁决实质上是进口国政府操控的结果，反倾销保护本身具有极强的政治性。我国众多产品被裁决存在倾销，处以高

额的反倾销税，实质上是对方国家政府出于政治、经济目的实施贸易保护的表现。所以说反倾销的最终裁决结果已非单个企业或行业协会所能影响，需要我国政府出面介入、干涉，运用战略制衡的措施和手段，才能影响最终的反倾销裁决。

④应对反倾销合作模式的动力机制和考核体系不足。应对反倾销合作模式的动力机制不足，缺乏实现利益共赢的有效途径，在面临反倾销时，企业、行业协会和政府虽有协同应对的利益诉求，但苦于缺乏有效的利益共赢实现方式，在具体应对中，无法确保行动的协调一致，不能形成合力，导致反倾销应对不力；同时，企业、行业协会和政府的反倾销应对考核指标不够完善，亟须运用经济博弈的方法，严格推导出更全面、合理的考核指标。

2. 困境规避措施

针对企业、行业协会和政府合作应对反倾销的现实困境，我们需要按照客观事物发展的内在要求，通过建立有效的协调机制，综合运用各种手段和方法，依靠科学的组织管理，协调解决各主体应对活动中的矛盾问题，使其达最佳的应对效果。有鉴于此，笔者在第5章构建应对反倾销的行业协会应诉协调机制、政府引导协调机制和战略制衡机制。通过行业协会应诉协调、政府引导协调解决各主体间利益冲突和信息不对称的问题；通过战略制衡协调克服反倾销保护政治性的困难。同时依据经济博弈理论，推导出科学、合理的利益共赢实现机制，建立应对反倾销专项计划，并设计合理的执行流程，同时得出全面、系统的考核指标体系，从而克服企业、行业协会和政府合作应对反倾销的困境，实现反倾销应对效益最大化。

# 2.5 本章小结

通过分析应对反倾销的制度影响因素和主体影响因素，明确企业应对反倾销活动的约束条件，并进一步开展实地调研和问卷调查，了解在实际的反倾销应对活动中，企业、行业协会和政府是如何协调合作、应对反倾销的，接着，依据调查资料分析和已有文献研究，得出企业、行业协会和政府应对反倾销的合作模式，其基本表征是行业协会协调联动，基本动力是三体利益共赢，基本保证是三体激励约束，并指出合作模式存在的不足，最后提出有效的解决措施：基于会计支持构建应对反倾销协调机制。笔者通过影响因素和问卷调查分析论证应对反倾销协调机制构建的必要性，通过合作困境的解决方式说明协调机制构建的必需性，必要加上必需就是必然，这一详尽的企业应对反倾销现状的理性剖析，为应对反倾销协调机制的构建了奠定坚实基础。

# | 第 3 章 |
# 反倾销税率政策优化分析

如何制定合理的反倾销税是裁决当局需要反复斟酌的重要问题，不同的税率可以产生不一样的贸易保护和产业培育效果。因此，政府在确定反倾销税时会仔细权衡，综合分析，制定最优税率。为实现政府、行业协会和企业协同应对的效果优化，需要分析政府制定反倾销税过程中各方力量博弈，以及均衡税率的形成机理，为合理设计协同策略提供依据。

本章首先将分析限定于裁决当局与涉案企业间两期信号博弈，剖析企业在面临反倾销时的策略选择，以及最优反倾销税率，然后引入时间贴现因子，分析多期信号博弈时企业的策略选择，及最优反倾销税率。

## 3.1  两期博弈下的反倾销税率优化分析

### 3.1.1  不完全信息动态博弈下的反倾销税率优化

钟根元等（2006）运用 stackelberg 博弈模型，分析了当国内企业为销量领导者时，进口国政府的最优反倾销税率。我国入世已有 8 年，企业面对的已是全球性的竞争，因此引入古诺模型，分析国外企业与国内企业同时制定决策下的最优反倾销税率更符合实际情况。假设在国内市场上只有两个厂商：一个是国内企业；另一个是国外企业，都追求利润最大化，他们的决策行为同时进行。而且，国外企业和国内企业对双方信息的了解具有不完全对称性。假定国内企业具有不变的单位边际成本，为 $C_d$，是共同知识；而国外企业具有两种可能的不变单位边际成本，分别为 $C_f^l$ 及 $C_f^h$ 且 $C_f^l < C_f^h$，即假定国内企业的成本是单类型的，国外企业的成本是双类型的。国外企业知道自己的成本是 $C_f^l$ 还是 $C_f^h$，而国内企业只知道国外企业的不变单位边际成本为 $C_f^l$ 的概率为 $\mu$，为 $C_f^h$ 的概率是（$1-\mu$），其中 $\mu$ 为国内企业对国外企业的成本信念，它根据国外企业的出口量进行判断得

出，一般认为高效率的国外企业出口量高，而低效率的国外企业出口量低。假定国内政府对国外企业成本判断与国内企业一致，也认为国外企业的不变单位边际成本为 $C_f^l$ 的概率为 $\mu$，为 $C_f^h$ 的概率是 $(1-\mu)$，对国外企业征收的对应于 $C_f^l$ 及 $C_f^h$ 的反倾销税分别为 $T_d^l$ 和 $T_d^h$ （为了研究方便，假定无关税）。同时，为了研究方便，假定国内市场的反需求函数为 $P = a - b(Q_f^t + Q_d)$，这里 $t$ 代表国外企业的成本类型，$t = l$ 代表低成本，$t = h$ 代表高成本。这样，这两个企业就形成了在国内政府监督下的不完全信息动态博弈，即国内政府、国内企业和国外企业三方之间的动态博弈。国外企业的利润函数为

$$\pi_f^t = Q_f^t[a - b(Q_f^t + Q_d)] - C_f^t Q_f^t - T_d^t Q_f^t$$

则国外企业的反应函数为

$$Q_f^t = (a - bQ_d - C_f^t - T_d^t)/2b$$

由于国内企业面对成本不确定的国外企业，只能求其利润的期望值

$$E\pi_d = \mu Q_d[a - b(Q_f^t + Q_d)] + (1-\mu)Q_d[a - b(Q_f^h + Q_d)] - C_d Q_d$$

由 $\partial\pi_d/\partial Q_d = 0$ 得

$$Q_d = [a - b\mu Q_f^t - b(1-\mu)Q_f^h - C_d]/2b$$

结合国外企业的反应函数，可得古诺均衡产量解

$$Q_d = [a + \bar{C}_f(\mu) + \bar{T}_d(\mu) - 2C_d]/3b$$

$$Q_f^t = [2a - 3C_f^t - \bar{C}_f(\mu) - 3T_d^t - \bar{T}_f(\mu) - 3T_f^t + 2C_d]/6b \qquad (3-1)$$

这里 $\bar{C}_f(\mu) = \mu C_f^l + (1-\mu)C_f^h$，$\bar{T}_d(\mu) = \mu T_d^l + (1-\mu)T_d^h$。把 $Q_d$，$Q_f^t$ 代入国内外企业的利润函数，可得古诺均衡利润解为

$$E\pi_d = [a + \bar{C}_f(\mu) + \bar{T}_d(\mu) - 2C_d]^2/9b \qquad (3-2)$$

$$E\pi_f^t = [2a - 3C_f^t - \bar{C}_f(\mu) - 3T_d^t - \bar{T}_d(\mu) + 2C_d]^2/36b \qquad (3-3)$$

对式 $(3-2)$、式 $(3-3)$ 分别对 $\mu$ 求导，可得

$$\partial E\pi_d/\partial\mu = 2Q_d(C_f^l - C_f^h + T_d^l - T_d^h)/3 \qquad (3-4)$$

$$\partial E\pi_f^t/\partial\mu = -Q_f^t(C_f^l - C_f^h + T_d^l - T_d^h)/3 \qquad (3-5)$$

在我们的模型中，假设反需求函数中的 $a$ 足够大，有 $Q_f^t > 0$，$Q_d > 0$，因此根据公式 $(3-4)$，当 $T_d^l - T_d^h > C_f^h - C_f^l$ 时，即针对不同类型外国企业的反倾销税收差异超过了不同类型企业的成本差异时，国内企业的利润随着其对国外企业为低成本企业的信念增大而增加。否则它的利润会随着信念的增大而降低。根据公式 $(3-5)$，当 $T_d^l - T_d^h < C_f^h - C_f^l$，即针对不同类型外国企业的反倾销税收差异小于不同类型企业的成本差异时，国外企业的利润随着国内企业对其为低成本企业信念的增大而增加。否则其利润会随着信念的增大而降低。这告诉我们，国外企业在何种情况下倾向于被国内企业看作何种成本类型的企业，当面对的税收差异大于不同类型企业的成本差异时，它愿意被看作高成本企业，这时它会考虑缩减出口量，以此作为一个可信的信号，向国内企业表明自己是高成本企业；而当税收

差异小于成本差异时，它倾向于被当作低成本企业，此时它会扩大出口，做出高效率企业的姿态，谋取短期的高利润。所以，这里决定国外企业行为的一个重要因素是国内政府对不同类型企业征收的反倾销税，而决定反倾销税高低的则是政府对国内社会福利的考虑，下面我们来分析国家福利。国内社会福利由国内消费者剩余、国内企业的利润和征收的反倾销税组成，即

$$w = \frac{b(Q_d + EQ_f)^2}{2} + E\pi_d + ET_d \times EQ_f$$

$$\Rightarrow w = \frac{(2a - \bar{C}_f(\mu) - \bar{T}_d(\mu) - C_d)^2}{18b} + \frac{a + \bar{C}_f(\mu) + \bar{T}_d(\mu) - 2C_d}{9b} +$$

$$\frac{\bar{T}_d(a - 2\bar{C}_f(\mu) - 2\bar{T}_d(\mu) + C_d)}{3b} \tag{3-6}$$

令 $\partial w/\partial \mu = 0$，得

$$\{(C_f^h - C_f^l)[-\bar{C}_f(\mu) - 3\bar{T}_d(\mu) + C_d] + (T_d^l - T_d^h)$$

$$[a - \bar{C}_f(\mu) + \bar{T}_d(\mu)]\}/3b = 0 \tag{3-7}$$

设 $T_d^l - T_d^h = k(C_f^h - C_f^l)$，代入公式（3-7）中，得

$$k = \frac{\bar{C}_f(\mu) - 3\bar{T}_d(\mu) - C_d}{a - \bar{C}_f(\mu) + \bar{T}_d(\mu)} \tag{3-8}$$

同时，由 $\partial w/\partial \mu = (C_f^h - C_f^l)[Ka - (1+k)\bar{C}_f(\mu) - (3-K)\bar{T}_d(\mu) + C_d]/3b$ 可知

当 $K=1$ 时，有

$$\partial w/\partial \mu = (C_f^h - C_f^l)[a - 2\bar{C}_f(\mu) - 2\bar{T}_d(\mu) + C_d]/3b$$

$$= (C_f^h - C_f^l)Q_f/3b > 0 \tag{3-9}$$

根据公式（3-8）、公式（3-9），有当 $k > \dfrac{\bar{C}_f(\mu) - 3\bar{T}_d(\mu) - C_d}{a - \bar{C}_f(\mu) + \bar{T}_d(\mu)}$ 时，$\partial w/\partial \mu > 0$，否则 $\partial w/\partial \mu < 0$。所以当对国外不同类型企业征收的反倾销税差异与其成本差异之比大于 $\dfrac{\bar{C}_f(\mu) - 3\bar{T}_d(\mu) - C_d}{a - \bar{C}_f(\mu) + \bar{T}_d(\mu)}$ 时，国内社会福利随着对国内政府对国外企业是低成本信念的增加而增大，根据公式（3-9），只要 $T_d^l - T_d^h > C_f^h - C_f^l$，国家福利是随着对国外企业低成本信念的升高而增加的。因为对低成本的国外企业征收高反倾销税，可以保护本国产业，免受国外廉价产品的冲击，而对高成本的国外企业征较低的反倾销税，甚至不征税，可以让国内企业在可接受的范围内与国外企业竞争，提高其竞争能力。

接着，我们来分析优化的反倾销税率，根据公式（3-7），令 $\partial w/\partial \bar{T}_d(\mu) = 0$，可得

$$\bar{T}_d(\mu) = \frac{a - \bar{C}_f(\mu)}{3} \tag{3-10}$$

根据公式（3-10），最优反倾销税率与进口国市场的产品价格需求弹性①、国外企业单位边际成本 $\bar{C}_f(\mu)$ 成反比。因为当国内市场上消费者价格需求弹性大时，征收高的反倾销税将使国外产商退出，减少国内市场竞争，造成市场上价格上涨，由于消费者价格敏感，会大量减少该产品的消费，从而造成消费者福利的更快下降；国外企业单位边际成本的高低代表着企业规模化生产的能力，如果成本低，说明国外企业已具备规模化生产能力，市场的扩大将迅速增加它的盈利，此时应对它征以高的反倾销税，可以阻止其庞大的生产能力对国内产业的冲击。

对影响反倾销税率的因素作进一步分析：

（1）在相同的均衡销量和均衡价格的情况下，国内市场上消费者的需求弹性越小时，$a$ 值越大，所以，优化的反倾销税率是国内市场上消费者的需求弹性的减函数，即随着消费者的需求弹性的增加而减少，因此，当国外企业对国内市场的倾销幅度等条件基本相同的情况下，如果国内消费者对倾销产品的需求弹性很小，那么我国政府就应对该进口产品征收较高的反倾销税率；反之，如果国内消费者对倾销产品的需求弹性很大，那么我国政府就应对该进口产品征收较低的反倾销税甚至不征收反倾销税。

（2）按照现行倾销幅度的计算公式，倾销幅度 =（出口企业在本国市场的正常价值－CIF 出口价格）÷CIF 出口价格×100%。反倾销税率的大小与国外企业的单位边际成本无关，但是，根据上述推导的反倾销税率的优化模型，可以知道优化的反倾销税率的确定与对国内市场进行销售的国外企业生产产品的单位边际成本有关。当国外企业为高成本类型的概率越大，也就是国外企业的竞争力弱的可能性越大时，应征收的反倾销税率越低；当国外企业为低成本类型的概率越大，也就是国外企业的竞争力强的可能性越大时，应征收的反倾销税率越高。

### 3.1.2　信号博弈分析

根据上面的分析，外国企业的单位边际成本影响着最优税率的确定，而企业是高成本还是低成本并不为政府所知，成本信息是它的私有信息。根据垄断厂商的最佳产量理论，其得到最大利润的出口额为 $q_i = (a - c_i)/2$，$a$ 为市场上购买者的最大购买意愿，$c_i$ 为产商 $i$ 的成本，当企业为高成本时 $i = h$，当企业为低成本时 $i = l$。由于从垄断产量偏离会造成利润损失，所以企业的出口量可以看作其成本的真实可信的反映，所以政府会通过观察企业的出口量来判断它的成本类型，制定反倾销税。

---

① 在相同的均衡销量和均衡价格的情况下，国内市场上消费者的需求弹性越大，$a$ 值越小。

可见高成本的厂商的最优出口量低，低成本厂商的最优出口量高，因而如果企业出口量高，政府可据此判断其为低成本企业，对它征高的反倾销税。所以高效率外国企业有动机通过降低出口量，使进口国政府认为它是低效率的企业，从而获得低反倾销税率。如果企业本身就是低效率的，那么根据公式（3-10），它将采取能获得最大利润的出口量来显示它真实的成本，因为它明白进口国政府将通过它的出口量判断它是高成本企业，从而对它征低的反倾销税。因此，为了简化分析，我们在本书中只讨论高效率外国企业和进口国政府之间的信号博弈，因为这种博弈更普遍些，在此博弈中，低成本的外国企业有伪装与不伪装两个策略，如果进行伪装，降低出口量将使它的收益减少，这里假设国外企业通过自己的出口量决策来影响进口国政府对其成本的信念 $\mu$，从而获得对自己有利的税率，因为偏离自己的最优出口量是需要耗费成本的，所以进口国政府可以把国外企业的出口量作为可信的信号，进而决定自己的反倾销税率，我们假设从最优出口量偏离造成了企业的损失为 $c_m$。由于考虑到国外企业会进行成本伪装，进口国政府就有执行差别税率和单一税率这两种策略，如果执行差别税率，政府通过外国企业的出口量判断它的类型，根据公式（3-10）制定对它的最优反倾销税率，考虑到低成本的外国企业会降低出口量，伪装成高成本企业来获得低的反倾销税率，执行差别税率会使国家福利受损，于是进口国政府将会执行单一税率，即不管外国企业是低成本还是高成本，统一按固定税率 $T_d \in (T_d^h,\ T_d^l)$ 征税。这样如果外国企业进行伪装，它得到的收益将少于不伪装时，从而促使外国企业表现出真实的成本类型。信号博弈矩阵见表 3-1。

表 3-1　　　　　　　　　　进口国政府与外国企业的信号博弈矩阵

| 低成本的外国企业 | 进口国政府 | |
| --- | --- | --- |
| | 差别税率 | 单一税率 |
| 伪装 | $\pi_{f1}^l - c_m,\ w_{d1}$ | $\pi_{f2}^l - c_m,\ w_{s1}$ |
| 不伪装 | $\pi_{f3}^l,\ w_{d2}$ | $\pi_{f2}^l,\ w_{s2}$ |

首先分析政府的效用，当政府选单一税率时，如果企业选择伪装时，国家福利为 $w_{s1}$，如果企业选择不伪装时，国家福利为 $w_{s2}$，显然 $w_{s1} > w_{s2}$；当政府选择差别税率时，如果企业选择伪装，因为政府对本应征高反倾销税的企业给予过低的税率，导致本国福利受损，得益少于实行单一税率时，在此设定为 $w_{d1}$，如果企业不伪装，实行差别税率可以达到国家福利最大化，福利为 $w_{d2}$，显然 $w_{d2} > w_{s1} > w_{s2} > w_{d1}$。接着我们分析企业的效用，当企业选择伪装时，需要减少出口额，发出自己是高成本企业的信号，其成本为 $c_m$，在进口国政府实行差别税率时，它可以获得低反倾销税率，得益 $\pi_{f1}^l - c_m$，如果政府实行单一税率，那么企

业要按统一税率 $T_d \geq T_d^h$ 缴税，因而得益 $\pi_{f2}^l - c_m$，这里 $\pi_{f1}^l > \pi_{f2}^l$；当企业选择不伪装，在进口国政府实行差别税率时，它被征高反倾销税，得益仅为 $\pi_{f3}^l$；如果进口国政府实行单一税率，它的得益将高于在单一税率情况下企业进行伪装，得益为 $\pi_{f2}^l$，显然也高于差别税率情况下企业不伪装的得益，有 $\pi_{f2}^l > \pi_{f3}^l$。

很明显，低成本企业是否伪装，取决于它的信号成本 $c_m$ 和进口国政府的策略，如果进口国政府实行单一税率，那么不伪装将是它的最优策略，而如果实行的是差别税率，同时 $c_m \leq \pi_{f1}^l - \pi_{f3}^l$，那么企业偏好伪装。而当 $c_m > \pi_{f1}^l - \pi_{f3}^l$ 时，即减少出口使它的利益受损太大，不如它按符合自己利润最大化的垄断产量出口，此时，对于企业来说，无论进口国政府采取何种策略，对它来说不伪装都是最好的选择，这时存在一个唯一的纳什均衡（不伪装，差别税率）。这告诉我们，如果伪装的成本很大，或进口国政府辨别企业成本类型能力很强，那么企业进行伪装将得不偿失，它只有表现出它的真实成本。在外国企业选择不伪装时，政府可以通过采取差别税率，对高效率的外国企业征高反倾销税，对低效率的征低反倾销税，实现最大国家福利，所以提高辨别能力是政府取得最大利益的重要措施。

下面详细分析 $0 \leq c_m \leq \pi_{f1}^l - \pi_{f3}^l$ 的情况，当 $c_m$ 无限接近 0 时，即伪装成本很小时，企业选择伪装，此时无论进口国政府选何种策略，它的得益都至少比不伪装时大，那么政府考虑到企业的选择，它的策略就只能是单一税率，这种情况下有唯一的纳什均衡（伪装，单一税率）；当 $c_m$ 无限接近 $\pi_{f1}^l - \pi_{f3}^l$ 时，毫无疑问，不伪装是企业的最好选择；当 $c_m$ 处于 0 和 $\pi_{f1}^l - \pi_{f3}^l$ 之间时，企业首先会考虑选择伪装，而政府在企业伪装的情况下会选择单一税率，那么此时企业就会放弃伪装，而政府就会又选择差别税率，在这个博弈中任何一方都不能让对方知道或猜到自己的选择，因此必须在决策时利用随机性；而且他们选择每种策略时一定要恰好使对方无机可乘。现在推导这个博弈的混合策略纳什均衡，我们设 $M$, $N$ 分别代表外国企业选伪装和不伪装策略，$D$, $S$ 代表进口国政府选差别税率和单一税率策略，外国企业选 $M$ 的概率为 $P_M$，选 $N$ 的概率为 $P_N$，进口国政府选 $D$ 的概率为 $P_D$，选 $S$ 的概率为 $P_S$，当外国企业选 $M$ 和 $N$ 的概率为 $P_M$ 和 $P_N$ 时，一定要使进口国政府选 $D$ 和 $S$ 的期望得益相等，即

$$P_M \times w_{d1} + P_N \times w_{d2} = P_M \times w_{s1} + P_N \times w_{s2}$$

为简化分析，我们假设 $w_{s1} = w_{s2} = w_s$，又因为 $P_M + P_N = 1$，化简上式得 $P_M = \dfrac{w_s - w_{d2}}{w_{d1} - w_{d2}}$，$P_N = \dfrac{w_{d1} - w_s}{w_{d1} - w_{d2}}$，这是外国企业应该选择的混合策略，同理可得 $P_D = \dfrac{c_m}{\pi_{f1}^l - \pi_{f3}^l}$，$P_S = \dfrac{\pi_{f1}^l - \pi_{f3}^l - c_m}{\pi_{f1}^l - \pi_{f3}^l}$。所以当外国企业以 $\left( \dfrac{w_s - w_{d2}}{w_{d1} - w_{d2}}, \dfrac{w_{d1} - w_s}{w_{d1} - w_{d2}} \right)$ 的概率随机选择 $M$ 和 $N$，进口国政府以 $\left( \dfrac{c_m}{\pi_{f1}^l - \pi_{f3}^l}, \dfrac{\pi_{f1}^l - \pi_{f3}^l - c_m}{\pi_{f1}^l - \pi_{f3}^l} \right)$ 的概率随机选择 $D$ 和 $S$

时，由于谁都无法通过单独改变自己随机选择的概率分布改善自己的期望收益，因此这个混合策略组合是稳定的，这就是本博弈唯一的混合策略纳什均衡。当双方采用该策略组合时，虽然不能确定单独一次博弈的结果究竟是四组得益中的哪一组，但双方进行该博弈的期望得益，也就是多次独立博弈的外国企业的期望收益应该为

$$u_f^e = P_M \times P_D \times u_f(M, D) + P_M \times P_S \times u_f(M, S) + P_N \times P_D \times u_f(N, D) +$$

$$P_N \times P_S \times u_f(N, S) = \frac{w_s - w_{d2}}{w_{d1} - w_{d2}} \times \frac{c_m}{\pi_{f1}^l - \pi_{f3}^l} \times (\pi_{f1}^l - c_m) + \frac{w_s - w_{d2}}{w_{d1} - w_{d2}} \times$$

$$\frac{\pi_{f1}^l - \pi_{f3}^l - c_m}{\pi_{f1}^l - \pi_{f3}^l} \times (\pi_{f2}^l - c_m) + \frac{w_{d1} - w_s}{w_{d1} - w_{d2}} \times \frac{c_m}{\pi_{f1}^l - \pi_{f3}^l} \times \pi_{f3}^l + \frac{w_{d1} - w_s}{w_{d1} - w_{d2}} \times$$

$$\frac{\pi_{f1}^l - \pi_{f3}^l - c_m}{\pi_{f1}^l - \pi_{f3}^l} \times \pi_{f2}^l = \pi_{f2}^l - \frac{c_m(\pi_{f2}^l - \pi_{f3}^l)}{\pi_{f1}^l - \pi_{f3}^l}$$

同理得进口国政府期望收益为 $u_g^e = w_s$，综合以上分析看出，当 $0 < c_m < \pi_{f1}^l - \pi_{f3}^l$，企业的期望收益 $\pi_{f2}^l - \frac{c_m(\pi_{f2}^l - \pi_{f3}^l)}{\pi_{f1}^l - \pi_{f3}^l}$，政府的期望得益为 $w_s$，即单一税率其实是政府的最优选择，那么企业选择不伪装是占优策略；当 $c_m \geq \pi_{f1}^l - \pi_{f3}^l$ 时，企业会放弃伪装，政府此时的最优选择为差别税率。所以只有当伪装成本足够高时，政府实行差别税率才能保证达到预期效果。

如果高成本企业发出能清楚将它与低成本企业区分开来的信号，那么它就可以免于被进口国政府按单一税率征较高的反倾销税，这个信号可以理解为出口国企业积极配合反倾销调查，如实填写问卷，显示自己是高成本企业，否则会因为政府采取单一税率而缴纳高的反倾销税。

### 3.1.3 小结

通过对国际贸易中出口国企业，进口国企业和进口国政府的三方博弈分析，发现进口国企业和政府对出口国企业的成本信念影响着他们的产量决策和反倾销税率决策，进而左右出口国企业的利润，为了自身的利益，出口国企业有动机发出虚假的成本信号来影响对方的信念判断，以获得对自己有利的进口国政府的税率决策，在分析了这一信号博弈之后，得出以下结论。

（1）对于国内政府来说，当国外企业对国内市场的倾销幅度相同的情况下，如果国外企业在国内市场上销售产品的单位边际成本越低，即竞争力越强时，则应征收较高的反倾销税率，反之亦然；如果国内消费者对该进口产品的需求弹性较小，则应征收较高的反倾销税率，反之亦然。对于出口企业来说，当我国企业出口的产品的单位边际成本较小时，即竞争力较强时，应适当提高产品的出口价

格，以免遭受国外的反倾销调查，反之亦然；当国外市场上的消费者对我国企业的出口产品的需求弹性较小时，我国企业应适当提高出口产品的出口价格，以免遭受国外的反倾销调查，反之亦然。

（2）进口国政府和国内企业对国外企业成本类型的信念左右着各方的得益，所以出口企业会通过调整自己的出口量来发出信号，影响进口国政府和国内企业对其成本的判断，以获得满意的利润。当对不同成本类型企业的征税差异超过其成本差异时，对进口国政府和国内企业来说，他们更希望国外企业是低成本企业，这样他们能有效地保护国内的产业，而对国外企业来说，他们此时希望被看作高成本的企业，为了达到这一目的，他们会降低产量来发出可置信的信号，表明自己的成本类型。

（3）根据最优反倾销税率公式，由于进口国政府倾向于对单位边际成本低的国外企业征收高反倾销税，所以我国出口企业应向进口国政府发出可信服的信号，证实自己反映的是真实的成本信息，即没有进行伪装，自己是高成本企业，从而争取到低反倾销税率。

（4）伪装成本 $c_m$ 的高低（即调整出口量给外国企业带来的损失）决定了外国企业和进口国政府的策略选择，当伪装成本足够大时，外国企业将放弃伪装，显示其真实成本信息，进口国政府可以按最优税率模型制定反倾销税。而如果伪装成本不是很高，那么低成本企业有动力去伪装成高成本企业来获得低税率，此时进口国政府倾向于按单一税率征税，外国企业会发现诚实反映符合自身利益最大化，此时外国企业选择不伪装、进口国政府执行单一税率成为博弈的纳什均衡。

# 3.2　多期博弈下反倾销税率政策优化分析

## 3.2.1　引言

如果政府完全掌握外国供应商的成本信息，他可以对不同成本类型的外国企业开征不同的反倾销税，对竞争力强、成本低的外国企业征高反倾销税，削弱其竞争优势，保护本国产业，而对竞争力弱、成本高的外国企业征低反倾销税，这样，既通过引入外部竞争，激发国内企业活力，又不至于因为过度竞争而导致国内产业萎缩，甚至消亡。但通常情况下，企业的成本信息是其私有信息，政府难以观察到企业真实的成本信息，并且外国企业能洞察政府的内在意图，为了让进口国政府确信它是低效率企业，从而获得有利的反倾销裁定，它有动机调整自己的出口行为，伪装成高成本类型的企业。对此不完全信息下的最优税率制定问题，许多学者进行了研究，Katrak（1977）；Brander 和 Spencer（1984）在分析了当只有一个外国垄断厂商供应国内市场时，如何制定最优税率。Hwang 和 May（1991）进一步发展了 Katrak（1977）的观点，他们发现关税的大小与外国供应商的效率直接相关：垄断厂商效率越高，最优税率越大。为揭示反倾销涉案企业的真实成本信息，彭立志、王领（2006）提出不完全信息下出口国政府应依据进口国国内要求保护压力的大小，采用不同的出口征税和一次性转移支付政策组合，激励出口企业如实报告成本类型，并使国家整体福利最大化。一些学者则引入审计手段，研究如何设计能揭示涉案企业成本信息的反倾销政策机制（Kohler & Moore，2001；刘锦芳，2012；Matschke & Schöttner，2013）。

本章关注的是如何设计最优反倾销税率来克服信息不对称，实现国家福利最大化。不少学者对此问题展开了研究。钟根元等（2006）建立了在不完全信息动态博弈下的反倾销税率定价的优化模型，发现反倾销税率的确定与产品正常价值无关，与出口价格有关，且受国内市场上消费者的需求弹性、国内外企业生产产品的单位边际成本影响。奚俊芳等（2007）研究了垂直市场结构下继发性反倾销税率优化机制。Schmitz 和 Seale（2004）分析美国的 Byrd 补充条款下对关税的影响，推导出税收收益最大化、反倾销效益最大化和国家福利最大化这三种情况下的税率，并比较了不同税率下的税收、生产者剩余和消费者剩余，得出三种情况下反倾销效益最大化下征收的税率最高，它可以让生产者剩余达到最大。Blonigen 和 Park（2004）研究了面对反倾销的情况下出口企业对销往进口国的产品的动态定价模型。Wu 等（2014）研究了反倾销税和价格承诺这两种贸易保护措施的福利效应，发现当出口国企业的正常价值较高，提升价格的代价比被征反倾销税更大时，出口国企业宁愿被征反倾销税；当正常价值较低时，采取价格承诺的代价较小，出口国企业会选择价格承诺。我们（刘爱东，刘锦芳，2009）先分析了国外企业与国内企业在国内市场的古诺竞争，并得出此条件下的进口国政府的最优反倾销税率，再考虑到企业为获得有利的税率，可能进行成本伪装，进一步分析了进口国政府与外国企业的信号博弈。在本节中我们将信号博弈从两期扩展至多期，引入贴现因子，考虑通货膨胀预期对企业行为的影响，建立歧视性反倾销税率政策优化模型，这是一种新尝试。

本节中要强调的主要问题是如果进口国政府对外国企业成本信息不清楚时，它采取歧视性反倾销税率政策能否实现国家福利最大化。为了回答这个问题，我们建立了一个多期间模型，在模型中，外国企业的效率是它的私有信息。通过观察外国公司第一个时期的出口量，进口国政府决定接下来的贸易期间的反倾销税。这个模型本质上是一个信号博弈，我们将判断博弈结果是混同均衡还是分离均衡，歧视性反倾销税率政策是否比采取单一税率政策更优。

我们有几个重要的发现。首先，此博弈存在一个唯一的纳什均衡，而且均衡的类型（混同或分离）依赖于通货膨胀预期—贴现因子。如果贴现因子足够大，混同是唯一的均衡；如果贴现因子相对小，分离是唯一的均衡。其次，歧视性反倾销税率可能降低国家福利，这意味着只有在政府完全了解外国企业成本信息的条件下，歧视性反倾销税率才可能保证国家福利最大化（Katrak，1977；Spencer，1984；May，1991）。我们证明了混同均衡将在贴现因子足够大时产生，此时单一反倾销税率政策最优。最后，我们发现我们的模型属于 Kolev（1995）定义的"双交叉"的信号博弈范畴。双交叉，意味着观察到的分离均衡是十分脆弱的，唯一可能自我实现的结果是混同均衡。

### 3.2.2　基本假设

许多学者对贸易政策的分析建立在国内市场由一个外国垄断厂商供应的假设之上，这样可以简化分析过程，得出清晰的结论，所以我们的分析也是建立在只有一个跨国公司供应国内市场假定之上。设该跨国企业的边际成本在集合 $\varphi = \{c_l, c_h\}$，$c_l < c_h$ 中，且其分布的概率是已知的，其为高效率公司（即成本为 $c_l$）的概率为 $\mu$，真实的成本情况是企业的私有信息。为便于分析出口商决策制定，假定其边际成本在长期内是稳定的。

企业出口在无限连续的时期内不断进行，第一个时期公司是在没有反倾销税的情况下决定自己的出口量。进口国政府通过观察进口量，判断向本国供应产品的外国公司的成本类型，并据以征收单位产品反倾销税 $\tau$。我们假定政府不会中途改变政策，在博弈中反倾销税是固定的。在给定的反倾销税 $\tau$ 下，跨国公司决定以后每一期的最优出口量。

基于 Katrak（1977）经典贸易政策分析模型，我们运用信号博弈分析长期[①]反倾销税率政策优化模型。在模型中设进口国在时期 $t$ 对进口产品需求为 $q_t$，消费者的效用函数为 $U_{dt} = aq_t - q_t^2/2$，由于消费者的优化行为蕴含边际效用等于价格，所以反需求函数可以表示为：$p_t = a - q_t$，$t = 1, \cdots, \infty$。

### 3.2.3　完全信息下的最优反倾销税率

为了突出非对称信息造成的失真，我们首先分析当进口国政府拥有外国公司完全信息的情况。在时期 $t$，$t \geq 2$，跨国公司把反倾销税 $\tau$ 视为给定。它的盈利函数为：

---

① 引入贴现因子来反映资金时间价值。

$$\pi_{ti} = q_t(a - q_t) - \tau q_t - c_i q_t, \quad t = 2, \cdots, \infty$$

$i$ 为企业的实际成本类型，$i = l, h$。为了方便，我们设高成本公司为 $h$，低成本公司为 $l$。在每个时期对于类型 $i$ 的公司，它的最优产量和盈利函数为

$$q_i(\tau) = (a - c_i - \tau)/2 \text{ 和 } \pi_i(\tau) = (a - c_i - \tau)^2/4 \qquad (3-11)$$

进口国政府为了最大化国家福利的现值 $W = \sum_{t=2}^{\infty} \delta^{t-1} w_t$（$\delta$ 为引入的贴现因子），选择相应的反倾销税 $\tau$。我们在此定义国家福利为消费者剩余和反倾销税收入之和。给定线性需求，我们能写出时期 $t$ 的福利为

$$w_t = q_i(\tau)^2/2 + \tau q_i(\tau), \quad t = 2, \cdots, \infty \qquad (3-12)$$

既然最大化总福利（税后）等同于最大化每期的福利，我们把企业的最优产量反应 $q_i(\tau)$ 代入公式（3-12），得

$$w_t = (a - c_i - \tau)^2/8 + \tau(a - c_i - \tau)/2, \quad t = 2, \cdots, \infty \qquad (3-13)$$

求对应 $\tau$ 的公式（3-13）的最大值，得最优反倾销税率为

$$\tau_i^o = (a - c_i)/3 \qquad (3-14)$$

这一均衡反倾销税率与 Katrak（1977）得到结果一样，清楚地表明进口国政府有动机利用信息，并按出口商的效率征对应的反倾销税，即对高效率的企业征较高的反倾销税，对低效率的企业征较低的反倾销税。

假定政府能观察到企业的真实成本，并且企业在第一个时期的最优决策是按垄断产量 $q_{1i}^o = (a - c_i)/2$ 销售，则企业总盈利（所有时期）是

$$\pi_i^o = \pi_i(0) + \sum_{t=2}^{\infty} \delta^{t-1} \pi_i(\tau_i^o) = \frac{(a - c_i)^2(9 - 5\delta)}{36(1 - \delta)} \qquad (3-15)$$

## 3.2.4 不完全信息下的反倾销税率政策优化模型

我们现在返回到进口国政府无法观察到企业真实成本的假设。通过引入成本信息为企业私有的假定，我们来研究在第一期企业所能采取的战略行动，此行动将影响政府对企业类型的判断和后续将采取的反倾销税政策。由于从垄断产量偏离会造成利润损失，因此产量可以看作反映企业真实成本的一个可信信号。从公式（3-13）可以看出 $\partial w/\partial \tau$ 严格按 $c_i$ 递减，这意味着在一定范围内外国企业成本越高，进口国政府通过降低反倾销税率而增加的国家福利越大，因此进口国政府的最优征税策略是外国企业成本越高，征税越少。所以出口商将希望政府相信它是低效率的，以被征较低的反倾销税。

### 3.2.4.1 解决方法

我们采用 Kreps 和 Wilson（1982）提出的序贯均衡理论，并引入 Kreps 和 Sobel（1994）提出的具有连续策略的信号博弈来对此问题进行研究。实现序贯均衡需要：（ⅰ）两个博弈主体在给定对方策略和政府信念的条件下（序列理性），最大化各自的得益函数；（ⅱ）在每次博弈中，企业决定产量之后的政府信念都使政府行为按贝叶斯法则合理化。

显然在任何序贯均衡中，企业在每一期将按被征的反倾销税决定垄断产量并赚取相应的利润。如果进口国政府能正确的判断企业的成本类型并按最优反倾销税率征税，那么垄断厂商所能采取的最优策略是（把公式（3－14）代入公式（3－11）中）

$$q_{ti}^o = (a - c_i)/2, \ t = 1; \quad q_{ti}^o = (a - c_i)/3, \ t = 2, \ \cdots, \ \infty$$

和 $\pi_{ti}^o = (a - c_i)^2/4, \ t = 1; \quad \pi_{ti}^o = (a - c_i)^2/9, \ t = 2, \ \cdots, \ \infty$

由于政府对垄断厂商的成本类型的判断有很多种可能，所以博弈结果将是混同均衡、部分混同均衡和分离均衡的连续集合。我们采用 Cho 和 Kreps（1987）的 $D_1$ 精炼标准①（基于 Banks 和 Sobel（1987）的预测均衡之上）来进一步精炼本博弈的序贯均衡，它要求政府对最有可能生产非均衡产量的成本类型赋予可能性1。为了正式的阐述这一想法，我们给定序列均衡的结果（序贯均衡产生的各种博弈结果的可能分布），这里类型 $i$ 的出口商获得总利润为 $\pi_i^*$。对于非均衡的产量 $q_1$ 定义它的集合为

$$E_i^o(q_1) \equiv \{ \tau \in BR(\eta, q_1) : \pi_i(q_1, \tau) = \pi_i^* \}$$

这里 $BR(\eta, q_1)$ 是在给定 $q_1$ 时，进口国政府相信该出口量为某一类型企业的信念为 $\eta$ 时所采取的最优反倾销税。$E_i^o(q_1)$ 是企业 $i$ 在它的均衡产量和出口量 $q_1$ 之间无差别时的最优反应，它表示当企业 $i$ 出口 $q_1$，被征反倾销税 $\tau$ 时的利润与其初次博弈中获得的均衡利润相等。与此相似，能使 $i$ 状况更好的序列理性反倾销税反应集合可以写为

$$E_i(q_1) \equiv \{ \tau \in BR(\eta, q_1) : \pi_i(q_1, \tau) > \pi_i^* \}$$

它表示企业 $i$ 在出口 $q_1$，被征反倾销税 $\tau$ 时获得的利润大于初次博弈均衡状态的利润，此时，企业 $i$ 会偏离已有均衡产量，选择出口 $q_1$。序贯均衡要符合 $D_1$ 精炼标准，当且仅当在每一个非均衡产量 $q_1$，下面的等式（3－16）都能被政府信念 $\eta(i \mid q_1) = 0$ 支持

$$E_i^o(q_1) \cup E_i(q_1) \subseteq E_{i'}(q_1), \ \text{当} \ E_{i'}(q_1) \neq \{\phi\} \tag{3－16}$$

公式（3－16）的直观表现是无论何时 $i$ 想脱离特定均衡，$i'$ 也会那么做，这使得 $i'$ 是更有可能打破原有均衡的类型。换句话说，$q_1$ 是 $i'$ 更偏好的产量，因为可以获得比它以前均衡状态更高的利润，虽然 $q_1$ 也是 $i$ 偏好的产量，但由于 $i'$ 对

---

① 一种均衡精炼，在此信号接收方认为能通过偏离固有均衡获得收益的某类信号发出方将偏离已有均衡。

$q_1$ 更偏好，政府认为产量为 $q_1$ 的企业类型为 $i'$ 的可能性为 1，为 $i$ 的可能性为 0。

如果有两种类型的垄断厂商，它们的盈利函数只是单交叉，那么按照直觉标准，不存在混同均衡，这一点是广为人知的。实际上，直觉标准能选出博弈中能自我实现的均衡，而且这一均衡是分离均衡①。然而，正如我们将在定理 3.1 中所展示的，单交叉并非本博弈中垄断厂商盈利函数的唯一特征。由于直觉标准不再足以筛选出博弈中的稳定均衡，我们采用 $D_1$ 精炼标准。

如果我们假定购买者的最大支付意愿 $a$ 足够大，博弈中的双方，生产商的产量，政府征的反倾销税都将严格为正向。成本类型为 $i$ 的垄断厂商等利润曲线 $\overline{\pi}_i$，即不同的产量 $q_1$ 和反倾销税 $\tau$ 组合得到同样利润的曲线，可以表示为

$$\overline{\pi}_i = \pi_i(q_1, \tau) = q_1(a - q_1 - c_i) + \frac{\delta(a - c_i - \tau)^2}{4(1-\delta)} \qquad (3-17)$$

我们现在来证明我们的博弈属于双交叉的信号博弈这一子集（所有的证明都在附录 B 中）。

**定理 3.1**　任何两条等利润曲线 $\{\overline{\pi}_l, \overline{\pi}_h\}$ 在被 $\tau = 2q_1$ 划分的两个空间内至少会相交一次。如果两条等利润曲线在 $\tau = 2q_1$ 上有一交点，那么它们将在这一点正切。在由直线 $\tau = 2q_1$ 划分 $(q_1, \tau)$ 空间的图上，当 $\tau > (<)(=) 2q_1$ 时，$\overline{\pi}_h$ 的斜率分别大于（小于）（等于）$\overline{\pi}_l$ 的斜率。

定理 3.1 给出两种类型的厂商的偏离自己垄断产量的动机因 $\tau$ 和 $q_1$ 的相对大小而异。首先考虑 $q_1 > \tau/2$ 的情况（即高产量的情况）。这一情况的描绘可见图 3-1 的 $B$ 点。正如图所示，企业的偏好点位于等利润曲线的南面（给定产量时），当反倾销税下降时利润上升。在交点 $B$，成本类型 $l$ 的等利润曲线的斜率比低效率类型企业的等利润曲线斜率大。这可以简单地被理解为在 $B$ 点，$l$ 类型的企业出口量增加比 $h$ 类型企业出口量增加带来更大的利润②。

考虑当 $q_1 < \tau/2$ 时，这一情况可以用图 3-2 的 $C$ 点来描述。在此交点，高效率企业的等利润曲线的斜率比低效率企业的斜率要小——这意味着在点 $C$，$l$ 类型企业出口量增加所带来的利润要小于 $h$ 类型的企业。

最后，如果两条等利润曲线在直线 $\tau = 2q_1$ 上相交，那么它们一定在交点正切。这一情况可见图 3-3 的点 $E$。

---

①　对于信号博弈中单交叉的经典阐述见 Cho 和 Sobel（1990）的文章。
②　后面将成本类型为 $l$ 和 $h$ 的企业分别简称为 $l$ 和 $h$。

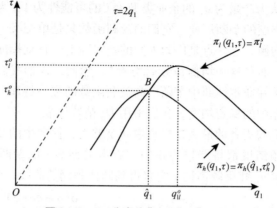

图 3 - 1　$D_1$ 分离均衡 ($\delta^m \leqslant \delta < \delta^p$)

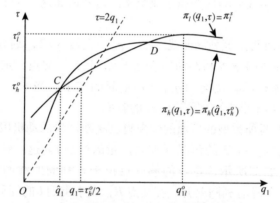

图 3 - 2　$D_1$ 分离均衡可能出现的特殊情况 ($\delta \geqslant \delta^p$)

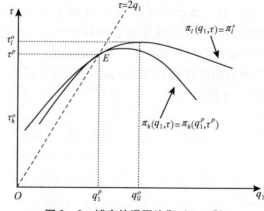

图 3 - 3　博弈的混同均衡 ($\delta \geqslant \delta^p$)

### 3.2.4.2　初次贸易时低成本企业的掩饰动机

在本节我们将分析 $l$ 类型企业改变初次贸易的出口量以获得更有利的反倾销税率的动机。如果 $l$ 不能掩饰自身成本类型，它的最优选择是按自己的垄断产量 $q_{1l}^o$ 出口——这会导致进口国政府对它采取 $\tau_l^o$ 的反倾销税，其他的策略都是次优的。这样它的第一时期的利润是 $\pi_{1l}^o = (a - c_l)^2/4$。根据公式（3 – 15），完全信息下企业 $l$ 的总利润（所有时期）为

$$\pi_l^s = \frac{(a - c_l)^2 (9 - 5\delta)}{36(1 - \delta)}$$

为了描绘 $l$ 有动机在贸易中掩饰自身类型这一特征，我们让 $\pi_l^s$ 与等式（3 – 17）相等，构造完全信息条件下产量—反倾销税的等利润曲线为

$$q_1(a - q_1 - c_l) + \frac{\delta(a - c_l - \tau)^2}{4(1 - \delta)} = \pi_l^s \tag{3 – 18}$$

这一等利润的描绘可见图 3 – 1。由于当反倾销税率下降时，企业的利润上升，它偏好所能达到的最低等利润曲线。在完全信息下，企业选择产量 $q_{1l}^o$，此时等利润曲线与 $\tau = \tau_l^o$ 线正切。

由于存在掩饰自身成本的动机，我们必须假定高效率企业宁愿出口 $q_{1h}^o$ 以被征 $\tau_h^o$，也不愿以反映自己完全信息的产量出口，因为这将使它面临较高的反倾销税率。运用公式（3 – 17），这相当于要求

$$\left(\frac{a - c_h}{2}\right)\left(a - \frac{a - c_h}{2} - c_l\right) + \frac{\delta(a - c_l - (a - c_h)/3)^2}{4(1 - \delta)} \geq \pi_l^s$$

对上式用 $(a - c_h)^2$ 求导，得

$$\frac{2A - 1}{4} + \frac{\delta(3A - 1)^2}{36(1 - \delta)} - \frac{A^2(9 - 5\delta)}{36(1 - \delta)} \geq 0 \tag{3 – 19}$$

在此我们用了对两种类型成本差异的一个度量数

$$A \equiv \frac{a - c_l}{a - c_h} > 1 \tag{3 – 20}$$

对方程（3 – 19）的 $\delta$ 求解，求得对所有

$$\delta \geq \delta^m \equiv \frac{9(A - 1)}{2(7A - 5)} \tag{3 – 21}$$

$l$ 将选择掩饰自身成本。并可以得到：（ⅰ）当 $A \to 1$ 时 $\delta^m$ 趋近于零；（ⅱ）当 $A \to \infty$ 时 $\delta^m$ 单调的趋向于 9/14。如果满足公式（3 – 21），我们假定成本模仿的条件就能被满足。如果与边际成本差异相比 $\delta$ 太小，那么成本模仿条件将被违背。因为当贴现因子低时，未来利润的权重变小了，此时高效率企业（$l$）通过模仿高成本厂商而获得的在未来利润中体现的收益与放弃垄断产量而牺牲的当期收益相比显得不划算。

我们进一步来分析等利润曲线双交叉对均衡结果的影响。这一问题很大程度上依赖于在点 $(q_1 = \tau_h^o/2,\ \tau_h^o)$，$l$ 模仿 $h$ 的意愿。根据公式（3－17），$l$ 可能偏好点 $(q_1 = \tau_h^o/2,\ \tau_h^o)$，当

$$\left(\frac{a-c_h}{6}\right)\left(a-\frac{a-c_h}{6}-c_l\right)+\frac{\delta}{4(1-\delta)}\left(a-c_l-\frac{a-c_h}{3}\right)^2 \geq \pi_l^s$$

对上式用 $(a-c_h)^2$ 求导，再将成本差异度量数 $A$ 代入，求得

$$\delta \geq \delta^p \equiv \frac{(3A-1)^2}{14A^2-12A+2} \tag{3－22}$$

很显然对于所有 $A$ 有 $\delta^p \geq \delta^m$。这一严格顺序使我们能容易把博弈按 $\delta < \delta^p$ 和 $\delta \geq \delta^p$ 分为两个部分。

### 3.2.4.3 当 $\delta^m \leq \delta \leq \delta^p$ 时的均衡

我们将证明，当 $\delta^m \leq \delta \leq \delta^p$ 时仅有分离均衡。初次贸易时，两种类型的企业按不同的产量出口，此时，真实的类型能通过产量反映出来。高效率企业（类型为 $l$）将按它的垄断产量生产，它的均衡利润是 $\pi_l^s$，分离均衡下的等利润曲线将由方程（3－18）给出。

方程（3－18）隐含的给定了一个内凹的 $q_1$ 函数，其在点 $q_{1l}^o$ 两边对称分布。等利润曲线在点 $q_{1l}^o$ 两边可求得一系列产量 $S = (\hat{q}_1,\ \bar{q}_1)$，在这些产量中，如果对应的反倾销税为 $\tau_h^o$，$l$ 将偏好这一均衡策略。区间的端点为

$$\hat{q}_1 = (a-c_l)/2 - (1/6)\sqrt{(c_h-c_l)(4a-5c_l+c_h)\delta/(1-\delta)}$$

$$\bar{q}_1 = (a-c_l)/2 + (1/6)\sqrt{(c_h-c_l)(4a-5c_l+c_h)\delta/(1-\delta)}$$

对于每一个出口量 $q_1 \in S$，我们有 $\pi_l^s < \pi_l(q_1,\ \tau_h^o)$。因此，在任何纯策略分离均衡中，低效率企业一定会出口 $q_1 \in S^c$（$S^c$ 是 $S$ 的完备集）。

注意到当 $\delta$ 趋向于 1 时，$l$ 有意愿模仿任何能使进口国政府征收 $\tau_h^o$ 的 $h$ 的产量，因此企业更重视的是未来的利润。还注意到因为：（ⅰ）$S$ 围绕点 $q_{1l}^o$ 对称分布；（ⅱ）$\hat{q}_1 < q_{1h}^o < q_{1l}^o < \bar{q}_1$；（ⅲ）$h$ 的利润函数关于点 $q_{1h}^o$ 对称（给定 $\tau_h^o$），所以 $h$ 在 $\hat{q}_1$ 处的利润比 $\bar{q}_1$ 高。实际上，因为 $h$ 的盈利在到达 $q_{1h}^o$ 前是单调上升，然后下降，$\hat{q}_1$ 是分离均衡产量中唯一的极大值点。所以我们得到

**推论 3.1** 在 $h$ 的分离均衡产量中，$q_{1h}^s = \hat{q}_1$ 是 $D_1$ 均衡中唯一的可能结果。

**推论 3.2** 当 $\delta < \delta^p$ 时，不存在任何 $D_1$ 混同均衡。

推论 3.1 说明 $\hat{q}_1$ 是 $h$ 在分离出口量的唯一的 $D_1$ 均衡策略，推论 3.2 排除了在稳定结果中可能存在混同均衡。我们将在下面阐述，$\hat{q}_1$ 是可被证明的能不断自我强化的企业行为。

**推论 3.3** 均衡结果是 $h$ 出口 $\hat{q}_1$，$l$ 出口 $q_{1l}^o$，政府的反应是分别对它们征收

反倾销税 $\tau_h^o$ 和 $\tau_l^o$，这就是 $\delta < \delta^p$ 时反倾销税博弈的唯一 $D_1$ 均衡。

在图 3-1 提供了对此均衡的图形描绘。除了完成对该博弈的唯一稳定均衡的描述，推论 3.3 阐明了另一个有趣的现象：在相关参数范围内，存在单交叉的单调信号博弈中出现分离均衡的必然性。Cho 和 Sobel（1990）指出如果单交叉是模型的一个总体特征，在正规假定下 $D_1$ 的唯一结果一定是分离均衡。我们已经阐明即使在有双交叉的模型中，如果在一定的参数范围内有单交叉，那么此参数范围内唯一的 $D_1$ 均衡也是分离的。我们将要说明，如果企业的利润函数满足双交叉条件（在定理 1 中定义），模型的结果也可能是在其他参数范围内有混同均衡。

### 3.2.4.4　当 $\delta \geq \delta^p$ 时的均衡

显然当 $\delta$ 增大时，$S$ 也变大。如果 $\delta$ 变得足够大，$l$ 将在点（$q_1 = \tau_h^o/2$，$\tau_h^o$）赚取比它在分离均衡时更大的利润。图 3-2 描绘了这一情况。正如所描绘的那样，点（$q_1 = \tau_h^o/2$，$\tau_h^o$）属于 $l$ 的完全信息条件下的弱偏好集。我们将证明混同均衡是该博弈唯一 $D_1$ 均衡结果的充要条件是：$\pi_l^s \leq \pi_l(q_1 = \tau_h^o/2$，$\tau_h^o)$。在 3.2.4.2 中已经说明，这一情况要求 $\delta \geq \delta^p$。

按照推论 3.1，我们知道 $D_1$ 分离均衡下唯一的可能结果是 $h$ 出口 $\hat{q}_1$，我们现在要说明，在非均衡出口量下的理性信念将导致这一结论被推翻。

**推论 3.4**　当 $\delta \geq \delta^p$ 时，不存在纯策略的 $D_1$ 分离均衡。

图 3-2 描绘了推论 4.4 的直观印象。点 $C$ 描述了 $D_1$ 分离均衡的唯一结果。假设垄断厂商考虑超过 $\hat{q}_1$ 稍微增加出口。在点 $C$ 这种偏离所带来的盈利增加，低效率公司要高于高效率公司。所以在出口层次的 $D_1$ 信念微高于 $\hat{q}_1$ 将导致 $h$ 偏离前定的分离均衡。因此如果 $\delta \geq \delta^p$，该博弈不存在一个纯策略分离均衡。

如果 $D_1$ 均衡存在，在第一个时期，产量一定涉及部分或纯混同均衡。在构造均衡之前，我们需要下面初步的结论：（i）如果两种类型企业的等利润曲线沿着 $\tau = 2q_1$ 有一个交点，那么 $l$ 的等利润曲线在任何位置都要高于 $h$ 的；（ii）混同均衡仅有可能发生在 $\tau = 2q_1$ 上。

**定理 3.2**　给定的 $D_1$ 均衡是两种类型垄断厂商在第一个时期都有正的可能性出口 $q_1^p$，进口国政府的相应反应是征反倾销税 $\tau^p$。一定有 $q_1^p = \tau^p/2$，并且 $\forall q_1 \neq q_1^p$，$\pi_l(q_1^p$，$\tau^p) = \pi_l(q_1$，$\tau)$ 和 $\pi_h(q_1^p$，$\tau^p) = \pi_h(q_1$，$\tau')$，意味着 $\tau' < \tau$。

推论 3.4 证明如果 $\delta \geq \delta^p$，那么 $D_1$ 均衡结果一定涉及混同均衡。定理 3.2 证实混同均衡的产量和对应的反倾销税一定在 $\tau = 2q_1$ 上。接下来我们明确地构造博弈的唯一的 $D_1$ 均衡结果。

**推论 3.5**　如果 $\delta \geq \delta^p$，那么存在一个唯一的涉及混同均衡的 $D_1$ 均衡结果。

$D_1$ 均衡的唯一结果描述见图 3-3。注意为了清楚地显示等利润曲线相切，

我们把 $l$ 的等利润曲线加粗。

如果进口国政府没有国外垄断厂商成本的完全信息，在折现系数足够大时，歧视性反倾销税政策将不能保证国家福利最大化。政府实行单一税率政策可能更优。

由公式（3－22）可得

$$(14\delta - 9)A^2 - (12\delta + 6)A + 2\delta - 1 \geq 0 \Rightarrow A \geq$$

$$[6\delta + 3 + 2\sqrt{\delta(2\delta+1)}]/[14\delta - 9] \tag{3-23}$$

即 $A \geq [6\delta + 3 + 2\sqrt{\delta(2\delta+1)}]/[14\delta - 9]$ 时，有 $\delta \geq \delta^p$，则无论出口企业为何种成本类型，它将可能选择同样的出口量（根据推论3.5）。假设 $\delta = 1$，即零贴现率，资金不存在贬值，根据等式（3－23），当 $A \geq 3.54$ 时，存在混同均衡，此时进口国政府应该采取单一税率政策，而不是歧视性反倾销税率政策；在通货膨胀严重，贴现率较高的情况下，如 $\delta = 0.9$，只有当 $A \geq 4.48$ 时，才会有混同均衡。可以看出，通货膨胀越严重，需要企业的成本差异相应的越大，才可能考虑按同一数量出口，但是成本差异的大小，不仅影响未来利润的大小，还也影响实行混同策略的高效率企业的利润损失；而且根据公式（3－23），混同均衡产生的条件中，高效率企业和低效率企业成本差异的大小和折现率间的关系是非线性关系，故分析通货膨胀和成本差异对企业出口决策的影响，还需要综合考虑企业盈利等其他因素。

### 3.2.5  不完全信息下不同税率政策对国家福利的影响

在不完全成本信息下，关于单一税率政策和混合税率政策对国家社会福利有什么样的影响，哪种政策更为有效的问题，分析如下：假设进口国政府实行单一税率政策，那么国外垄断厂商将会按垄断产量出口，根据公式（3－14），此时进口国政府采取的最优反倾销税率为

$$\tau^U = \mu(a - c_l)/3 + (1 - \mu)(a - c_h)/3$$

根据公式（3－13），此时的国家福利为

$$w^U = \mu[(a - c_l - \tau^U)^2/8 + \tau^U(a - c_l - \tau^U)/2]$$
$$+ (1 - \mu)[(a - c_h - \tau^U)^2/8 + \tau^U(a - c_h - \tau^U)/2]$$

如果进口国政府实行的是混合税率政策，其所获得的国家福利 $w^{pool}$ 需要分两种情况来讨论，一种是当 $\delta \geq \delta^p$ 时，此时国外垄断厂商会采取混同均衡产量出口，即会按同一产量 $q^e = \tau^e/2$ 出口，这里 $\tau^e = \tau^U$，那么根据公式（3－12），国家福利为

$$w^{pool} = (q^e)^2/2 + \tau^e q^e = 5(\tau^e)^2/8$$

此时两种税率政策下国家福利的之差为

$$\Omega(\mu,\ A) = w^{pool} - w^U = (a - c_h)^2(\mu - 1)(4\mu A^2 - 6\mu A + 8\mu + 7)/72$$

根据一元二次函数的性质，$4\mu A^2 - 6\mu A + 8\mu + 7 > 0$，所以对于任何 $(\mu,\ A)$ 有 $\Omega(\mu,\ A) < 0$，因此当 $\delta \geqslant \delta^p$ 时，单一税率政策获得的国家福利要大于混合税率政策。当 $\delta^m < \delta < \delta^p$ 时，根据 3.2.4.3 的分析，垄断厂商将按各自的垄断产量出口，此时采取混合税率政策可以更好地实现国家福利最大化，但在 $\delta \to \delta^p$ 时，混合税率政策对国家福利的有益作用将可能越来越少。

### 3.2.6　小结

当反倾销裁决当局完全了解外国企业的成本信息时，据此制定的反倾销税率能实现国家福利最大化，即对高成本外国企业征较低的反倾销税，对低成本外国企业征较高的反倾销税，这一策略能保证国内企业在外国企业竞争压力之下积极提高生产效率，增强核心竞争力，且竞争压力在企业能承受的范围之内，不至于因过度的低价倾销竞争而导致企业破产、消亡。

但企业的成本信息为其私有，外国企业有动力通过谎报自身成本信息来获得低反倾销税率，甚至零税率[①]，如低成本的外国企业会选择通常是高成本企业才会采取的低出口产量，让裁决当局相信自己是高成本企业，以获得有利的税率。此时，通过观察出口产量将无法获得企业的真实成本信息，为获取企业的真实情况，制定有效的反倾销税率政策，需明确外国企业成本信息披露的内在形成机理，由于反倾销裁决一般会影响未来五年甚至更长时间的征税税率，所以本文考虑资金的时间价值，引入贴现率来分析外国企业的信息披露决策。

研究发现，当贴现率在一个合理范围之内时，低成本企业会伪装成高成本企业，以获得低反倾销税率，此时由于无法通过企业的出口产量判断其成本类型，差异性的反倾销税率政策将难以达到预期目标，实行单一税率政策比实行差异性反倾销税率政策能取得更大的国家福利。而当贴现率增大时，低成本企业伪装成高成本企业的动力减弱，因为通货膨胀升高，伪装所带来的未来利润变小了，即高效率企业通过模仿低效率企业获得的在未来利润中体现的收益，与放弃垄断产量而牺牲的当期收益相比显得不划算。高成本企业将选择低产量，低成本企业会选择高产量，企业的出口产量真实反映了它的成本类型，差异性反倾销税率政策将有助于实现国家福利最大化。

美国大量发行美元购买本国国债，造成国际市场上美元严重过剩，加上我国

---

① 本书中假设外国垄断企业将通过出口产量的选择来向反倾销裁决当局发出可置信的成本信号，由于高成本企业的最优出口产量低于低成本企业，偏离自身最优产量会带来企业的利润损失，一般情况下，企业将按自身最优产量出口，出口产量可以视为可置信的信号，所以，反倾销裁决当局通过观察企业的出口产量来判断其成本类型。

现行的外汇政策和信贷政策，造成大量资金投放市场，使得国内房地产价格长期位于高位运行，生活必需消费品的价格处于上涨通道，通货膨胀预期已经形成，即贴现率增大。这对我国企业出口行为和外国企业向我国出口行为均将产生深刻影响，此时差别反倾销税率政策将会起到较好的效果。实现该差异化政策可以削弱涉案的外国出口企业谎报成本的动力，获取真实的信息报告，从而区别对待不同成本类型的企业，利用运营效率较低的外国出口企业形成国内企业的竞争压力，又不至于因为竞争过于激烈而造成国内企业的夭折，促使其健康发展，进而实现国家福利最大化，这种差异化政策在各国实际征收的反倾销税率上均得到体现。研究的不足在于假设进口国政府不会对反倾销税率做中途调整，固定的反倾销税对整个博弈过程都将起作用，若政府能在中途调整反倾销税，则在反倾销税率变化情况下的税率政策分析，应当会有不同推断，对此笔者将在后续研究中予以关注。

# 第 4 章

# 企业应对反倾销的协调机制设计

在明确总体目标、构建原则和机制内涵的基础上，笔者从行业协会应诉协调、政府引导协调和战略制衡协调三个层面构建出应对反倾销的协调机制，并运用协调层次、协调策略和应对流程三维度分析框架描述机制的运行机理。下面，对这一设计过程进行详细阐述。

## 4.1　应对反倾销协调机制构建的目标导向

无论做什么事，首先需要有一个目标，做到"有的放矢"，才能保证最后获得所期望的结果。我们研究应对反倾销的协调机制也需要首先确立目标，明白努力方向，做到设计出来的机制保证能满足需要。

### 4.1.1　应对反倾销协调机制的总体目标

我们建立应对反倾销的协调机制，目的就是要减少被反倾销数，提高胜诉率。机制的总体目标分为三个层次：第一个层次是提高应诉成功率，获得低反倾销税率。所以，应对反倾销协调机制的主要目标就是降低我国企业被裁定的反倾销税率；第二个层次是规避反倾销，减少对方向我国发起的反倾销数。为实现这个目标，需要认真做好几项工作：①做好预警工作，在对方可能发起反倾销前，就进行价格调整或价格承诺，将反倾销消除在萌芽之中；②引导中国企业跨国投资，以规避对华反倾销；③增强我国反倾销和 WTO 争端解决机制运用能力，做好国际贸易协商，战略制衡对方反倾销的发起；第三个层次是在保持我国现有规模化生产优势的同时，积极推进产品研发升级，拓展营销渠道，提高中国产品的议价能力，实现中国制造向中国创造转型，进而，从根本上减少对华反倾销。

### 4.1.2　应对反倾销协调机制的构建原则

应对反倾销协调机制旨在为企业、行业协会和政府联合应对反倾销提供合理的协同运作模式，尽可能地减少反倾销对我国造成的损害。应对反倾销协调机制的构建应符合以下原则。

1. 整体性原则

这是指为了实现整体功能大于各部分功能之和，而采取一种整合方式，使具有不同功能的部门相互协调、配合，共同为实现整体功能作出贡献。发挥会计信息的应诉反倾销支持作用，不仅依赖于宏观层面会计信息生成机制——会计准则能为进口国反倾销调查机构所接受，还依赖于微观层面企业的会计基础工作能否及时、准确、真实地提供调查所需的会计资料。首先，在宏观层面，需要推进会计信息生成机制——会计准则的国际趋同，让更多的国家认可我国的会计准则，从而，承认按我国会计准则生成的会计信息的真实、合理性，减少在反倾销应诉过程中企业会计信息的转换成本，提高会计信息的可采性和诉讼抗辩力。其次，在微观层面，需要企业做好会计基础工作，提高应对反倾销的快速响应能力，能及时、准确地提供反倾销调查所需的会计信息，满足进口国反倾销调查机构的要求。但是，无论是企业、行业协会，还是政府部门，都会从自身利益最大化出发，采取有利于自己的应对行为。单个企业可能从个体理性角度出发而放弃应诉；政府相关部门也可能忽视企业和行业协会的应诉需求。但应对反倾销缺少任何一方，都无法发挥出整体应对效力。所以，必须从全面、整体的高度，科学规划设计企业、行业协会和政府的协调应对机制。

2. 可操作性原则

构建应对反倾销协调机制应具备可行性，不但在理论上设计和提出应对反倾销的协调机制；而且在实践中要确保其有效运行，充分发挥作用。鉴于此，笔者结合机制设计理论的研究，提出企业、行业协会和政府应对反倾销的协调机制，同时将其置入现实的应对环境中，结合应对流程，分析其具体的运行机理，以确保应对反倾销协调机制的有效运行。

3. 激励相容原则

按照机制设计理论，任何一个经济机制的设计，在自由选择、自愿交换的分散化决策条件下，如果参与经济活动的个体在实现个人利益的同时，也实现了机制设计者既定的目标，那么机制的设计就满足激励相容原则。构建应对反倾销会计协调机制，也需要分析各应对主体的利益最大化行为，合理设计机制的运行模式，将个体的自利行为和机制的总体目标有机地统一起来，促使各应对主体在追求个体利益最大化的同时，实现既定目标。

4. 效益性原则

反倾销的应对既要重视过程，更要重视结果。应对反倾销协调机制构建的成功与否，不仅看其能否保证企业、行业协会和政府有效的沟通联系、协调配合，更重要的是看其能否减少被反倾销数，降低进口国的反倾销裁定税率，实现协调应对的效益最大化。为了确保其效益实现，就要以减少反倾销造成的损害为目标导向，合理安排企业、行业协会和政府的应对职责与协作方式，促使应对主体围绕降低反倾销损害这一目标协调行动，取得期望效果。同时，为减少可能的摩擦、误解、延误和混乱，要尽可能选用交易成本最小、信息传递最佳的协调模式，以降低成本提高效益。

### 4.1.3　基于会计支持的应对反倾销协调机制的内涵界定

由于反倾销涉及大量的会计问题，仅倾销确认中正常价值计算，就涉及哪些项目、费用应该加入计算？哪些不应该加入计算？国与国之间由于生产和销售条件的差别，应如何调节成本和费用？而对反倾销会计的研究方兴未艾，袁磊（2003）的博士论文是反倾销会计研究领域重要的开创性作品，他认为反倾销应诉的重要内容是会计框架问题，包括会计概念、会计方法。会计概念方面，他对反倾销应诉活动中会计信息使用者、会计目标、会计信息的质量特征、会计的确认和计量、会计假设等理论问题进行了重新审视。同时基于对调查问卷的仔细研究，提出了反倾销的表层次和深层次的会计方法。结合其多年的反倾销应诉实践，运用宝钢应诉反倾销的案例，给出了调查会计和管理会计在反倾销中的融通和运用的方式、措施。刘爱东（2007）构建了应对反倾销的会计理论体系，对反倾销应诉会计、反倾销规避会计和反倾销调查会计具体内涵予以界定。王仲兵（2007）尝试构建一个能解释企业真实贸易竞争力优势来源的会计理论框架，要求企业会计信息生成机制能够追溯反映其贸易竞争力形成过程，从产品形成的价值链全过程来分析贸易利润，证明自己定价的合理性。三位学者均从微观的会计核算层面，在理论和实践上阐述了具体的应对反倾销的方式、方法。

孙芳城（2009）提出"反倾销会计"的根本在于适应应对反倾销所需要的"控制与监督"，而不仅仅是"技术、方法、工具"，指出应在企业内部控制的基础上建立全面的反倾销应对机制，不但包括相应的应诉策略，更纳入了反倾销信息沟通和风险评估机制，以将可能的反倾销诉讼风险消除在萌芽之中，更好地维护企业利益。纵观会计学领域对于反倾销应对的研究，均局限于企业层面的会计对策研究。笔者通过分析大量的反倾销案例和查阅经济学关于反倾销应对研究得出，反倾销应对需要会计的支持，但仅靠企业会计工作无法取得理想的应对效果，还需要企业、行业协会和政府各应对主体的通力协作配合，如行业协会对行业企业的协调，政府为本国企业积极申辩等活动均是应诉成功的保障。所以，应对反倾销需要跳出企业来看会计问题，反倾销应诉既需要微观层面企业会计基础工作的推进，中观层面行业协会会计服务的提升，也需要政府宏观层面会计准则、内控制度、审计制度的完善，三者相互支持、相互依赖，缺一不可。

所以，笔者提出"基于会计支持的协调机制"，是指在会计支持下，企业、行业协会①和政府联合行动、协同应对反倾销的运作模式。会计支持效力的发挥，需要宏观、中观和微观三个层面的协调配合。在宏观层面，政府通过推进会计准则国际趋同，促使其他国家认可我国企业按会计准则生成的会计信息，同时规范内部控制、强化审计监管，提高会计信息的可采性；在中观层面，行业协会通过建设预警信息库，辅导企业进行会计举证，增强会计信息及时性和有效性，提升会计服务能力；在微观层面，企业以反倾销应对为导向，努力提高会计基础工作，为会计预警、会计调查、会计抗辩、会计规避提供及时、准确、真实的资料信息。企业、行业协会和政府的有效沟通、及时联系、相互配合、协同应对可以确保宏观、中观和微观层面的会计工作有效衔接，从而使会计支持效力最大化。会计支持的效力提高，又有利于企业、行业协会和政府的协调互动，获取反倾销应对的成功。应对反倾销会计协调机制就是这样一个全新的会计支持下的反倾销协调应对模式。在此模式下，主要研究如何有效整合分散在各主体的会计资源，使各应对主体有效地沟通联系，及时配合行动，实现减少被反倾销数、降低反倾销税率的反倾销应对目标。

综上所述，基于会计支持的应对反倾销协调机制是指在应对反倾销的过程中，企业、行业协会和政府协调行动，整合分散在各应对主体中的会计资源，运用会计预警、会计举证等多种手段与方式，通过行业协会应诉协调、政府引导协调和战略制衡协调，实现成功应对反倾销的一种协同运作模式。应对反倾销的协调机制包括三个层面：行业协会应诉协调、政府引导协调和战略制衡协调。据此，设计应对反倾销的协调机制的函数表达形式：Coordinate（GA（），GL（），SC（）），其中，Coordinate（）代表应对反倾销的协调机制函数，GA（）代表行业协会应诉协调机制（Guild Association Mechanism），GL（）代表政府引导协调机制（Government Lead Mechanism），SC（）代表战略制衡机制（Strategy Constraint Mechanism），下面逐一阐述各子机制。

## 4.2　应对反倾销的行业协会应诉协调机制

应诉是反倾销应对的基础与核心。要想成功应对反倾销，首先做好企业应诉的组织、协调工作②，这是成功应对反倾销的基础。要实现有效的联合应诉，必

---

① 由于本书主要研究行业协会在应对中起的协调作用，会计师事务所、律师事务所在应对中的作用不是本研究的重点，为集中于研究目标，本书略过对会计师事务所、律师事务所的作用分析。

② 应诉组织协调工作包括行业内企业应诉的发动、组织和协调，应诉经费的筹措，律师的聘请，会计举证数据的收集提供等。

须解决企业间利益冲突和反倾销信息不对称的问题,制约企业的"搭便车"行为,克服企业合作应诉的困境。而成熟的行业协会能为企业提供有效的信息沟通,协调企业联合应诉的各项活动①。所以,笔者尝试研究行业协会协调企业应诉的最佳模式,并依此构建应对反倾销的行业协会应诉协调机制。

行业协会是企业自愿组成的组织②。面对反倾销诉讼,行业协会并不能实施强制性权力来要求企业参与,企业会从自身的利益出发选择是否应诉。所以,在应诉反倾销时,行业里哪些企业会牵头组织应诉,哪些企业会采取"搭便车"行为,这取决于各方间的博弈。同时,行业协会和政府应采取何种措施,发挥什么样的作用,这是克服企业合作应诉困境、消除应诉中利益冲突、实现最佳应诉投入、取得理想应诉效果的关键。因为,反倾销应诉结果具有部分公共产品的性质,未参与应诉的企业可以分享一部分由应诉带来的收益。但由于目前反倾销裁决普遍采用"单独税率",未应诉的企业税率偏高,因而享受的收益有限。所以,反倾销应诉投入可以视为一种集体性物品供给。笔者通过对群体中异质性个体提供集体性物品的博弈分析,明确了集体行动过程中领导者和"搭便车"者角色的实现机制,指出企业的"搭便车"心理是造成应诉投入不足的主要原因;而应诉投入不足又是制约企业参与应诉的重要因素。行业协会协调企业应诉可以克服企业合作应诉的困境,一方面通过申请应对反倾销专项计划③,为企业应诉提供资助;另一方面,通过增加应诉投入,提高企业的应诉参与率,从而发挥行业协会组织应诉的天然优势,取得良好的应诉效果。

## 4.2.1  模型假设

行业内的企业均为异质性个体存在,所以,我们可以借鉴已有的异质性个体对集体行动结果影响的研究 (Dayton & Bardhan, 2002;Chan et al., 1999;朱宪辰、李玉连,2006,2007),分析企业的应诉博弈行为,设计最佳的行业协会协调应诉模式,进而构建应诉协调机制。下面运用 Chan et al. (1999) 的个体效用函数进行动态博弈分析,集中讨论群体自组织过程中异质性个体之间的策略互动过程,通过模型的进一步完善和深化,完整地得到关于异质性差异的不同导致的几种不同均衡结果,不但明确了集体行动过程中领导者与跟随者角色的实现机

---

① 冯巨章在《企业合作困境与商会规避机理——以反倾销为例》一书中对商会(行业协会)克服企业合作困境的方式与机理做了全面论述。

② 即使由政府组建的协会,执行各项行动时,也以企业自愿为主,不能直接下达行政命令,强制执行。

③ 应对反倾销专项计划是在我国企业遭受反倾销时,由政府依据涉案行业设立,便于企业、行业协会和政府依托此专项计划沟通信息、协调行动,实现利益共赢。

制，同时也得到无法实现集体行动自组织的理论解释，使得理论模型更加符合现实世界的集体行动发生、实施和维持的过程，更具现实说服力。模型作如下假设。

（1）群体由 $n$ 个人组成，$w_i$ 表示个体各自的收入，个体收入是外生给定的约束变量。

（2）除了个体间私人物品的获取与消费互相独立以外，群体内部还可以通过合作实现集体性物品的供给和消费。令 $G$ 表示集体性物品的产出，$G = \sum_i g_i$，$g_i$ 为个体的投入量，与私人物品消费是替代关系，即 $g_i + x_i = w_i$，$x_i$ 代表私人物品消费量。为了简化分析，假定每个人的集体性物品生产的投入需求皆为 $g$。即个体的参与决策为：要么供给 $g$，要么供给 0，即"搭便车"。

（3）个体效用是私人物品消费 $x_i$ 和集体性物品消费 $G$ 的总和。假定个体效用函数形式为：$u_i = u(x_i, G) = x_i + \alpha_i G + x_i G$。其中，参数 $\alpha_i$ 用以表征个体的偏好差异。

（4）实现集体性物品的生产需要一定的组织成本 $c$，表示为在群体内进行联系与沟通工作、组织谈判、收集信息、起草契约、聘请律师以及收集会计举证信息等初期的固定投入，$c$ 一旦投入则为沉没成本。

## 4.2.2 联合应诉的博弈分析

### 1. 个体行为博弈与协会协调分析

我们在个体偏好 $\alpha_i$ 和收入 $w_i$ 存在差异的条件下来对集体性物品供给的博弈过程和可能的结果进行分析。根据我们的博弈场景和过程描述，每个个体的战略集合为（组织、参与），（组织、不参与），（不组织、参与），（不组织、不参与）；在现实中，一个理性个体的行为选择总是根据不同行为抉择所带来的收益对比做出的。我们先不考虑具体的个体，单独对个体的组织与跟随参与决策的选择问题进行分析。

首先我们来分析个体行为策略，判断其是否做出组织的选择。根据我们前面的假设，组织需要付出一定的成本，个体选择组织还是不组织是由各自收益判断所决定的。对于每一个体 $i$ 来说，不组织，从而无法实现集体性物品供给的情况下收益为 $w_i$；在组织的情况下，其余的人都跟随参与的收益是：$w_i - g + \alpha_i ng + (w_i - g)ng - c$；只有一个人跟随参与的收益是：$w_i - g + \alpha_i 2g + (w_i - g)2g - c$；$k$ 个人跟随参与的收益是：$w_i - g + \alpha_i(k+1)g + (w_i - g)(k+1)g - c$，这里 $1 < k < n$；无人跟随参与情况下的收益是：$w_i - g + \alpha_i g + (w_i - g)g - c$。

因此，无法确定是否会有人跟随参与的情况下，个体 $i$ 选择组织行动的条件需要满足：$w_i - g + \alpha_i g + (w_i - g)g - c > w_i$，即 $\alpha_i + w_i > c/g + g + 1$。所以我们有命题 4.1。

**命题 4.1** 在集体行动的组织决策中，如果没有其他人的效用信息，个体 $i$ 在做出组织的决策时，需要满足 $\alpha_i + w_i > c/g + g + 1$，$i \in [1, n]$，个体 $i$ 才会考虑承担组织成本进行组织。否则，个体就不会参与集体行动的组织。[①]

同理，每一个个体的是否跟随参与的决策也是建立在各自行为的收益比较上。在已经有人进行组织的情况前提下，对于其余的人中任意一个个体 $i$ 来说，其跟随参与的决策条件为：

如果预期只有一个人组织和参与，个体 $i$ 不跟随参与的条件是：
$$w_i - g + \alpha_i 2g + (w_i - g)2g < w_i + \alpha_i g + w_i g，\text{即 } \alpha_i + w_i < 2g + 1。$$
如果是预期 $k$ 个人参与的情况下，个体 $i$ 仍然选择不跟随参与的条件是：
$$w_i - g + \alpha_i(k + 1)g + (w_i - g)(k + 1)g < w_i + \alpha_i kg + w_i kg，$$
即 $\alpha_i + w_i < (k + 1)g + 1$，这里 $1 < k < n$。

可见，在已经有个体组织应诉时，其余的个体在不确定总的参与人数的条件下，选择不参与的行为是上述两个条件的交集，即 $\alpha_i + w_i < 2g + 1$，于是我们得到命题 4.2。

**命题 4.2** 如果没有其他人效用的信息，并且已有个体组织，需要至少满足 $\alpha_i + w_i > 2g + 1$，个体才会选择跟随参与，否则只会选择"搭便车"行为。

命题 4.1 和命题 4.2 分别针对应诉行动中组织和跟随参与的决策选择问题进行了分析，虽然个体的效用函数中包含偏好差异和收入差异，但事实上未能对这些差异进行实际的博弈互动分析。而在现实的决策和行为选择中，每个个体会根据自身条件和对其他人的行为预期形成各自的策略抉择，在是否选择组织以及跟随参与的行为决策中，可能会充当不同的角色。在 Bardhan 和 Ghatak（2006）的模型中，预先假设了 $w_1 > w_2 > w_3 > \cdots > w_n$ 的一个降序排列。同样，为了简化和直观地分析集体行动的不同结果，假设存在 $\alpha_1 + w_1 > \alpha_2 + w_2 > \alpha_3 + w_3 > \cdots > \alpha_n + w_n$，基于群体生活的历史信息，个体的偏好和收入，以及效用函数是众人的共同知识，根据效用函数的一致性和条件 $\alpha_1 + w_1 > \alpha_2 + w_2 > \alpha_3 + w_3 > \cdots > \alpha_n + w_n$，笔者认为，无论最终实现的应诉收益是多少，个体 1 能够获得的效用最大，且这是众人的共同知识。根据命题 4.1，在无法确定其余人是否会跟随的条件下，$\alpha_i + w_i$ 越大越有可能成为组织者。因此，个体 1 因而最有可能成为组织和领导者。由于 $\alpha_k + w_k > \alpha_{k+1} + w_{k+1}$，根据命题 4.2，个体 $k$ 比个体 $k + 1$ 更可能成为跟随参与者，这里 $1 < k < n$。本书将集体行动用一个序贯博弈来表示（见图 4-1）。

---

① 为简化分析，在此不考虑其他人"搭便车"行为挫伤组织者的积极性，进而放弃应诉组织的情况。

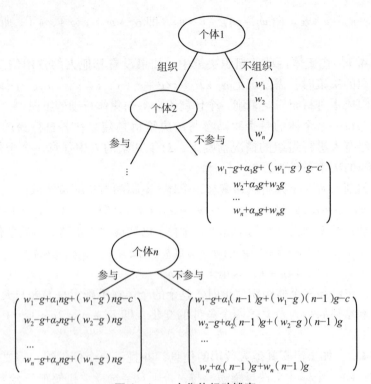

图 4 -1　$n$ 人集体行动博弈

结合图 4 -1，根据命题 4.1 和命题 4.2，若 $\alpha_2 + w_2 < 2g + 1$，同时 $\alpha_1 + w_1 < c/g + g + 1$，由于预期到一旦自己组织，其他个体都会选择"搭便车"，个体 1 不会组织。因此结果只能是无人组织也无人参与，应诉无法实现。当然，若满足 $\alpha_2 + w_2 < 2g + 1$ 且 $\alpha_1 + w_1 > c/g + g + 1$，那么个体 1 独自组织，投入 $g$。

**结论 4.1**　在 $n$ 个人各自的效用是共同知识的集体行动中，在满足 $\alpha_2 + w_2 < 2g + 1$ 的条件下，若 $\alpha_1 + w_1 < c/g + g + 1$，则无人承担集体行动组织的初始成本，$n$ 个人都选择"搭便车"，实现的集体性物品为 0；若 $\alpha_1 + w_1 > c/g + g + 1$，那么个体 1 独自组织和参与，实现集体性物品为 $g$。

根据图 4 -1 和命题 4.2，不论剩余的个体如何选择，一旦个体 1 组织，那么在满足 $2g + 1 < \alpha_2 + w_2$ 的条件下，个体 2 选择跟随参与对自己是有利的，而预期到这一情况，只要满足个体 2 参与的情况下个体 1 的收益超过不组织，即 $w_1 - g + \alpha_1 2g + (w_1 - g)2g - c > w_1 \Rightarrow \alpha_1 + w_1 > c/(2g) + g + 1/2$，个体 1 就会选择组织应诉。因此我们可以得到：（个体 1 组织和参与，个体 2 跟随参与）构成一个子博弈精炼纳什均衡。

根据图 4 -1，在个体 1 组织，个体 2，个体 3，…，个体 $k - 1$ 参与的情况下，这里 $2 < k \leq n$，个体 $k$ 参与还需要满足：$w_k - g + \alpha_k kg + (w_k - g)kg > w_k + \alpha_k$

$(k-1)+w_k(k-1)g$，即 $\alpha_k+w_k>kg+1$。由于 $\alpha_2+w_2>\alpha_k+w_k$，所以实际上是 $\alpha_2+w_2>\alpha_k+w_k>kg+1$。而一旦满足个体 $k$ 参与的条件，则个体 1 预期到个体 $k$ 能够参与的条件下，个体 1 组织并参与的条件变为：$w_1-g+\alpha_1kg+(w_1-g)kg-c>w_1$，即 $\alpha_1+w_1>c/(kg)+g+1/k$。所以笔者得到如下结论。

**结论 4.2**　在 $n$ 个人各自的效用是共同知识的应诉行动中，满足 $\alpha_k+w_k<kg+1$，$(k-1)g+1<\alpha_{(k-1)}+w_{(k-1)}$，且 $c/(2g)+g+1/2<\alpha_1+w_1$ 的条件下，个体 1 付出成本组织应诉，个体 2，个体 3，…，个体 $k-1$ 跟随参与，个体 $k$ 及剩余的人选择"搭便车"，实现集体性物品的总量为 $(k-1)g$，$2<k\leqslant n$。

**结论 4.3**　在 $n$ 个人各自的效用是共同知识的应诉行动中，若 $\alpha_2+w_2>\alpha_k+w_k>kg+1$，且 $\alpha_1+w_1>c/(kg)+g+1/k$，那么，个体 1 付出成本组织应诉，其余的人都会选择跟随参与，实现集体性物品的总量为 $kg$，$2<k\leqslant n$。

结论 4.2 和结论 4.3 表明，在预期到存在参与者跟随的情况下，个体 1 主动承担应诉组织，收益就会增加，换句话说，个体更乐于组织了。因为对于组织者来说，有人跟随参与的情况下自己的成本不变，但集体性物品供给的总量增加了，因而效用增加。

从异质性个体对集体性物品供给的博弈行为可以看出，在自己投入可获得的收益超过投入的成本时，个体才会考虑供给集体性物品，当存在"搭便车"的机会时，这种成本收益考虑还要衡量投入可获得的收益是否超过"搭便车"可获得的收益，由此类推，企业在考虑应诉投入时，同样也会做此衡量，在组织、参与和"搭便车"三种行为之间做一取舍。如果没有外界的力量，完全靠企业间协商博弈来实现应诉的组织领导和跟随参与，存在信息不对称、沟通渠道受阻、企业的"搭便车"心理等诸多困难，要想让更多的企业投入到反倾销应诉中来，提高反倾销应诉的胜算，必须依靠行业协会的协调。

作为行业协会在收集行业内企业信息、提供行业企业间沟通渠道、制约企业的"搭便车"行为上具有天然优势。行业协会存在的必要性就在于它可以为本行业的企业提供单个企业无法满足的服务，诸如联合应诉、申诉、游说，信息搜寻、整理、分析，企业间沟通、交流、协调等。在应诉反倾销中，行业协会的信息沟通作用主要有两个：一是行业协会利用自身的信息优势，为各企业提供各种新的信息，这主要表现为历时信息，从而降低企业的信息不完全性；二是行业协会为各博弈方提供博弈前的沟通机会，使企业之间能互通信息。这主要表现为共时信息，从而降低企业间信息不对称的程度。行业协会对企业"搭便车"行为的制约主要通过惩罚来实现，采取不再提供本协会会员才能享有的产品，如签署原产地证明、专为会员收集和加工的各种信息、组织会员参加产品展销会、注册集体商标等。同时将"搭便车"企业的名单公布，使其声誉、地位受损，直接影响其生意伙伴对他的信任度，这些惩罚措施将有效制约企业的"搭便车"行为。

行业协会作为本行业企业的集结、商议的重要载体，可以迅速有效地对企业实现反倾销应诉培训辅导，提高企业应诉反倾销的意识和能力，1992～1997年我国企业对外国对华反倾销案的应诉率分别是8%、22%、21%、39%、46%、55%。而据WTO的统计，近年我国反倾销应诉率已达66.7%，其中涉及美国和欧盟的案件应诉率更达100%，我国企业应诉意识的提高，与行业协会的培训和指导是分不开的。

2. 考虑政府支持的博弈拓展

由于企业积极参与应诉是政府所乐于见到的，这样可以取得有利的反倾销裁决，保持、扩大对外贸易，从而增加国家福利。所以，政府有动力来帮助企业，促成企业应诉。另外，政府对应诉企业提供资助，就可以改变企业对预期收益的判断，能激励更多的企业参与应诉，从而获取好的应诉效果。

设政府补贴为$s$，则根据命题4.1、4.2，$\alpha_i + w_i + s > c/g + g + 1$可以促使企业$i$组织反倾销应诉，$\alpha_i + w_i + s > 2g + 1$可以保证企业$i$参与反倾销应诉，补贴使得企业$i$在收入和效用较低的情况下仍能积极从事反倾销应诉，并且根据结论4.2、结论4.3，提供补贴使得$\alpha_k + w_k + s > kg + 1$，其中$2 < k \leq n$，这样可以减少"搭便车"行为。

由于政府直接给予企业补贴会给反倾销方以我国政府补贴倾销的口实，所以需要通过设立行业应对反倾销专项计划，由政府为应对专项计划提供经费，行业协会通过应对反倾销专项计划申请获得资助，其所能得到的资助额度与应诉的花销和应诉所取得的反倾销税降低额及外贸扩大程度成正比。这样做的好处显而易见：（1）可避免我国政府补贴倾销的嫌疑；（2）将资助额度与应诉成效挂钩，可以激励企业尽可能地去争取应诉成功；（3）由代表企业应诉的行业协会来申请并获得资助，可以让资助经费得到更好的管理和有效的运用。

### 4.2.3 应诉协调的案例分析

2002年6月，欧盟对我国出口的打火机发起反倾销立案调查，要求我国企业在15天之内做出应诉反应，否则视为自动放弃。在刚开始的十天里，由于行业内部意见难以统一，各个企业相互观望，都未能采取有效措施来应对。直到7月5日，温州烟具协会才会同涉案的宁波和广东的打火机生产商一道在温州举行了打火机反倾销应诉会议。经过连夜商讨，理事会决定，筹资聘请律师，组织16家企业应诉。经过应诉企业努力认真地抗辩、举证，终于在2003年7月，使得起诉方欧洲打火机制造商联合会撤回反倾销申诉，这起"洋官司"以撤诉终结。

本案的博弈互动过程见图4-2。

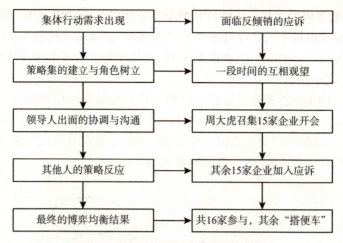

**图 4 - 2　集体行动的动态过程和阶段**

在本案例中，应当是协会主席周大虎充当应诉组织者这一角色，在组织和发动阶段开展交流、联系、组织工作。周大虎需要考虑的是组织与否，不组织当然是企业蒙受失去市场的损失，组织所能获得的收益大小取决于能否让其他一些企业跟随参与，从而分摊应诉成本、提高应诉成功的概率。也就是说，在这样的现实场景中，周大虎无疑认识到了自己必须充当的角色。在我们前面的模型中，如果说存在 $\alpha_1 + w_1 > \alpha_2 + w_2 > \alpha_3 + w_3 \cdots$ 的先验序列，那么，作为协会主席以及占据最大产量的周大虎无疑就是表征为 $\alpha_1 + w_1$ 的个体。周大虎公司的打火机销量占温州打火机销量的二十分之一，只占据一小部分市场，周大虎显然满足命题 4.1 中 $\alpha_i + w_i < c/g + g + 1$ 条件，也就是周大虎独自应诉是不划算的，因此，他必须协调、组织行业内其他企业共同应诉。

所以在实施和维持阶段必须存在一定量的跟随企业，因为这些跟随者的存在是集体行动能否最终实现的决定性力量。在现实的策略互动过程中，一方面，我们强调组织者基于对其他人的预期，认为自己带头组织以后能够实现一部分人的跟随参与，从而实现组织的收益大于不组织，因此，领导者才能主动成为领导者。另一方面，从其他人自身收益的角度，跟随者之所以成为跟随者也是因为跟随参与的收益大于不跟随。在本案例中，经过周大虎的游说，一部分企业意识到不参与应诉将会面临市场丢失的严重后果，纷纷积极响应。最终共有 15 家规模较大的企业参与进来共同应诉，且"大家当场捐款三百多万元"。根据我们前面的模型，若把 15 家看作一个整体，用 $\alpha_2 + w_2$ 表示，那么这些参与者满足 $2g + 1 < \alpha_2 + w_2$ 的条件，也就是模型中结论 4.2 成立。

根据前面的理论模型，企业的差异性决定了行业中企业"搭便车"的比例，预期获取收益较大的企业组织参与或者跟随参与，而预期收益较小的企业选择

"搭便车"。本案例中，在行业协会有两千多家成员企业的情况下，除了 16 家参与应诉，其他规模较小的企业都选择了"搭便车"。也就是结论 4.2 中满足 $\alpha_k + w_k < kg + 1$ 条件下，这些小企业在上述 16 家共同捐款应诉的情况下仍选择"搭便车"，而不是也捐款。

这一次反倾销应诉集体行动的动态博弈过程和结果可以用图 4 - 3 简明地看出。我们令 $w_1 = 9$，$w_2 = 8.5$，$w_3 = 3.5$，$\alpha_1 = 0.8$，$\alpha_2 = 0.2$，$\alpha_3 = 0.2$，$g = 4$，$c = 20$，这里，将剩余的企业看成一个整体，用 $w_3$ 表示其收入，用 $\alpha_3$ 表示其偏好，将其分别代入图 4 - 1 中，就能够得到图 4 - 3。

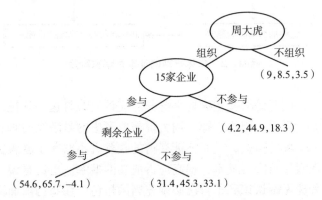

图 4 - 3　反倾销应诉集体行动的博弈

从图 4 - 3 中可以看出，只要周大虎出来组织，即使其他大多数企业不参与，在有 15 家企业参与的情况下，这 15 家企业的参与收益 45.3 大于不参与收益 44.9，因此这 15 家企业从自身利益的角度会选择跟随参与，也就是案例中在周大虎的带头下参与捐款的结果。正是由于有 15 家跟随的情况下能够实现收益 31.4，大于不组织的收益 9，周大虎才主动站出来组织。可见，（周大虎组织，15 家企业跟随参与）构成子博弈精炼纳什均衡。而其他小企业因为参与的收益小于不参与的收益，因而选择"搭便车"。

### 4.2.4　应对反倾销行业协会应诉协调机制构建

通过对企业应诉反倾销的博弈分析，可以看出，靠行业的龙头企业主动站出来，组织其他企业应诉反倾销，存在着较大的不确定性。如果行业协会事先向所有企业收取费用成立应诉基金，一旦被起诉反倾销时，由行业协会出面应诉，政府又对应诉的行业协会提供一定的资助，那么，应诉中"搭便车"的问题就可以得到控制。依此最佳应诉模式思路，笔者构建出行业协会应诉协调机制。

1. 行业协会应诉协调机制的内涵

应对反倾销的行业协会应诉协调机制是指为克服企业应诉反倾销的合作困境，提高应诉率和应诉力度，由政府设立基金资助，行业协会对企业应诉反倾销的活动予以组织、协调的运作模式。行业协会应诉协调机制形式为：GA（Government，Guild，Enterprise，P），其中，Government，Guild，Enterprise 分别代表政府、行业协会和企业在协调模型中应承担的职责，P 代表行业协会应诉协调的方案。其中，政府的职责是在应对反倾销专项计划中设立好应诉基金，支持行业协会的应诉；行业协会的职责在于协调好本行业企业的应诉，包括反倾销的预警、律师的聘请、应诉经费的筹集，以及向政府申请资助，为企业应对反倾销提供会计预警、会计举证、会计抗辩的技术指点和服务，必要时可代表行业内企业应诉反倾销；企业需要积极参与应诉，提供资金，做好应对反倾销的会计基础工作，提供举证信息支持。下面，我们来分析应诉协调中为获得最大应诉收益，企业、行业协会和政府各自的投入应为多少，即求应诉协调方案 P。

设行业协会对参与企业收取的应诉费用为 $g_i$，根据收益越大，费用越高的原则，有 $g_1 > g_2 > g_3 > \cdots > g_n$，$g = (\sum_{i=1}^{n} g_i)/n$，政府对负责应诉的行业协会予以资助为 $s$，则构建应诉协调机制的方案 P 如下。

$$(P)\begin{cases} \max \sum_{i=1}^{n} \left[ w_i - g_i + \alpha_i \sum_{i=1}^{n} g_i + (w_i - g_i) \sum_{i=1}^{n} g_i \right] & (4-1) \\[2mm] \text{s. t.} \quad \sum_{i=1}^{n} g_i + s - c \geqslant 0 & (4-2) \\[2mm] w_i - g_i + \alpha_i \sum_{i=1}^{n} g_i + (w_i - g_i) \sum_{i=1}^{n} g_i \geqslant w_i - g + \alpha_i \sum_{i=1}^{n-1} g_i \\[2mm] \qquad + (w_i - g) \sum_{i=1}^{n-1} g_i & (4-3) \\[2mm] w_n - g_n + \alpha_n \sum_{i=1}^{n} g_i + (w_n - g_n) \sum_{i=1}^{n} g_i \geqslant 0 & (4-4) \end{cases}$$

其中，公式（4-1）表示的是方案目标，即追求联合应诉收益的最大化，公式（4-2）、公式（4-3）、公式（4-4）是约束条件，公式（4-2）是行业协会组织应诉的约束条件，此时，政府补贴 $s$ 加上行业协会筹集的应诉经费至少等于应诉成本；公式（4-3）是行业内企业跟随组织者应诉的激励约束；公式（4-4）是可能"搭便车"的中小企业也参与应诉的约束条件。

行业协会组织应诉，政府为其提供资助，他们希望的是本行业内所有企业收益之和最大，对目标函数按 $g$ 求导，得到可以使企业收益之和最大的平均收费 $g$ 为 $(n \sum_{i=1}^{n} w_i - n + n \sum_{i=1}^{n} \alpha_i)/2n^2$。为了能让行业协会有动力组织应诉，政府的资助

应满足 $s \geq c - \sum_{i=1}^{n} g_i$。这里，笔者以 $n$ 代表行业内的中小企业，这类企业是最可能"搭便车"的，为了让他们参加应诉，支持缴费设立应诉基金，那么他们缴纳的费用应满足 $w_n - g_n + \alpha_n \sum_{i=1}^{n} g_i + (w_n - g_n) \sum_{i=1}^{n} g_i \geq 0$，化简可得 $g_n \leq w_n + \dfrac{n\alpha_3 g}{1 + ng}$。而其他类型的企业，如龙头企业和规模较大的企业，要让他们缴纳费用，则必须保证缴费后的收益大于未设立应诉基金时，且中小企业"搭便车"时的原有收益，即

$$w_i - g_i + \alpha_i \sum_{i=1}^{n} g_i + (w_i - g_i) \sum_{i=1}^{n} g_i \geq w_i - g + \alpha_i \sum_{i=1}^{n-1} g_i + (w_i - g) \sum_{i=1}^{n-1} g_i$$

此时他们应缴的费用应满足 $g_i \leq g + \dfrac{(\alpha_i + w_i - g)g}{1 + ng}$。

现在我们来看一个具体的例子，在图 4-3 的基础上，设 $w_1 = 9$，$w_2 = 8.5$，$w_3 = 3.5$，$\alpha_1 = 0.8$，$\alpha_2 = 0.6$，$\alpha_3 = 0.2$，$c = 20$，则根据协调应诉机制，行业协会设立应诉基金，平均要向企业收取费用 $g = 3.6$，政府需要提供的资助至少为 $s = 9.2$，对于中小企业的收费应满足 $g_3 \leq 3.68$，而龙头企业的收费标准应满足 $g_1 \leq 5.5$，这样我们可以给出一个合理的应诉协调方案，行业协会牵头组织应诉，收费标准为 $g_1 = 4.8$，$g_2 = 3.6$，$g_3 = 2.4$，政府为行业协会资助 $s = 9.2$。将这些代入收益计算公式，可以求得企业应诉收益之和为 137.64，大于图 4-3 中的企业应诉收益之和加上政府资助 $109.8 + 9.2 = 119$。

2. 行业协会应诉协调机制的运行机理

应对反倾销的行业协会应诉协调机制运作的核心，在于政府资助行业协会组织应诉，从而破解应诉的"智猪博弈"难题，让行业协会有效组织本行业企业应诉，取得反倾销应对的胜利。资助的方式可以由政府设立专项基金，对应诉的行业协会直接资助。如厦门市政府 2002 年拨款 200 万设立反倾销应诉基金，并出台反倾销应诉资金管理办法，对厦门市企业应诉、申诉反倾销调查时所支付的律师费用给予一定的支持，厦华等 8 家企业应诉反倾销就获得了资助。不仅可以直接资助企业，又便于规避 WTO 的《补贴与反补贴措施协定》，比较方便灵活。

受此启发，我们考虑由政府按涉案行业设立应对反倾销专项计划，然后在应对反倾销专项计划中设立专项应诉基金，从而设计出科学、合理的应对反倾销专项计划运作流程，即由政府设立专项计划及应诉基金，行业协会申请专项计划及应诉基金资助，从而有效破解"应诉困境"，实现有效的联合应诉。行业协会在争取政府应诉资助后，还需要依托驻外商务机构及使领馆的商贸机构、律师事务所、会计师事务所、海关总署和企业等，对重点大额出口产品的出口价格、出口国家和地区进行监测；分析国际市场的生产产品情况、消费者需求偏好、市场价

格变化波动趋势；及时协调不同企业的出口产品价格，约束企业定价，进而建立出口产品价格协调机制；做好出口协调，监控国际贸易纷争，防范潜在的反倾销趋势。同时做好应诉协调，对应诉中律师的聘请，应诉企业间的信息沟通、利益分配等做到及时协调，发挥联合应诉的最大效力。

行业协会指导企业采取有效应对反倾销的会计技术策略。如指点企业应在应诉时就明确表示要申请市场经济地位。在填写问卷阶段，告诫出口企业应做到：翔实、准确和完整地提供所需文件，整洁、清晰、规范地提供所需数据资料，提交的资料必须要有相关的证据佐证。同时提供的财务数据尽量反映出产品制造、生产和销售方面的市场化程度，为我国争取有利的市场经济地位待遇。在实地核查阶段，提醒企业要注意数据的一致性，不但能将数据说清楚，更重要的是原始数据与账本、报表数据均相符无误。据此，我们得到行业协会应诉协调机制的运行机理，具体见图 4-4。

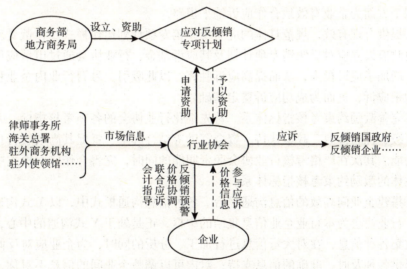

**图 4-4　行业协会应诉协调机制的运行机理**

从图 4-4 可以看出，行业协会应诉协调中要做好三项工作：预警反倾销、协调企业价格、组织反倾销应诉。其中组织应诉最重要。通过政府资助来破解"智猪博弈"难题，可以获得更好的应诉成效。这对于我们完善应对反倾销合作模式的激励约束指标体系具有启示意义，据此得出行业协会的考核指标主要包括：反倾销预警系统建设，本行业企业价格协调，反倾销应诉组织、协调等。这些方面做得好的行业协会，在行业资质、政府资助等方面均可以获得政策倾斜。从而激励行业协会积极改善反倾销应对策略，提高协调能力，夺取反倾销应诉的胜利。而预警反倾销、协调企业出口价格、组织反倾销应诉这些工作的成功开展，又有利于降低应对反倾销活动中的交易成本，增强应诉效力，增加胜算概率，从而保证了应对反倾销的效率实现。

**3. 应对反倾销效率实现的方式：应诉困境规避**

效率反映的是一种投入/产出关系。应对反倾销效率实现指的是以尽可能少的应对投入获得尽可能多的应对产出。应对反倾销的投入是指应对成本。具体包括企业收集预警信息、填答调查问卷、聘请律师、举证抗辩的成本；行业协会组织、协调成本以及政府的政策、资金支持等成本。应对产出是指最终的应对结果。理想的应对结果意味着不征反倾销税或低的反倾销税率；糟糕的应对结果则意味着高的反倾销税率。要想以较低的投入获得理想的应对结果，必须保证应对反倾销会计协调机制能有效地协调企业、行业协会和政府的应对活动。行业协会应诉协调机制是如何保障应对反倾销的效率实现呢？它主要是从微观层面对企业合作应诉困境的规避上实现的。有效地应对反倾销体现在运行成本的节约和应对效果的实现，这两者均需要做好企业合作应诉的基础工作。行业协会应诉协调机制从四个方面为企业有效地合作应诉铺平道路。

①提供合理有效，规范具体的应对反倾销专项计划运作模式。在遭受反倾销时，由政府设立应对反倾销专项计划及其应诉基金，行业协会通过申请应诉基金资助，增加了应诉投入，从而提高应诉胜算。以此吸引、号召行业内企业积极投入反倾销应诉，进而为成功应诉奠定基础。

②完善激励约束考核指标体系。首先细化行业协会的各项考核指标，并与其资质评级、优惠待遇、政策扶持、资金资助等结合起来，督促其高效履行自己的协调功能。其次在严格考核行业协会职责职能的同时，完善合作应对模式中对各应对主体的激励约束考核指标体系。

③搭建企业间高效的信息沟通平台。各种信息沟通模式中，以 Y 式沟通最为有效，行业协会为本行业企业信息集结的中枢，正是处于 Y 式沟通的中心，对外可以收集各种信息，在对大量信息进行加工、分析的同时，为企业应对反倾销的决策提供各种及时、准确的信息支持；对内可以调整企业间的信息不对称，为企业提供一个互通有无的信息交流平台，指导企业建设应对反倾销的会计基础工作，进行会计抗辩。

④克服企业间利益冲突，制约"搭便车"行为。行业协会组织企业应诉，以教育和惩罚双管齐下的方式督促企业参与，制约"搭便车"行为，并积极申请应诉基金资助，从而增加了应诉投入，提高了应诉效果。

接下来分析政府如何有效地引导协调企业、行业协会和政府应对反倾销，并剖析会计如何在联动中发挥协调作用。

# 4.3　应对反倾销政府引导协调机制

笔者通过对反倾销中各方博弈行为的分析，推导出应对反倾销效率实现的政府引导协调机制。为了分析会计信息在反倾销应对中所起的具体支持作用，我们引入进口国政府审计行为，观察在没有审计和有审计两种情况下，会计成本信息是怎样影响最终的反倾销博弈均衡的。首先，我们将分析限定在进口国政府不采取审计措施时，进口国企业、出口国企业和进口国政府的三方博弈。其次再考虑进口国政府采取审计措施时，进口国企业、出口国企业和进口国政府的三方博弈①。最后我们根据进口国政府的最优反倾销策略，给出出口国政府应采取的最佳应对方案，并进一步建立应对反倾销的政府引导协调机制。

## 4.3.1　无审计时进口国政府的最优反倾销税率

设国内市场的总供给量由国内企业供应量 $q_h(\cdot)$ 和国外企业供应量 $q_f(\cdot)$ 组成。前者是价格（和反倾销税）的增函数，后者则是价格（和反倾销税）的减函数，因为反倾销税增加带来国内价格上升，也意味着 $\partial q_f / \partial P < 0$。国内市场出清条件由 $Q(P) = q_h(P) + q_f(P)$ 所给定。

在具备完全信息条件下，反倾销当局观察到外国企业和国内企业的供应量（分别为 $q_f(\cdot)$ 和 $q_h(\cdot)$），国内企业的成本参数为 $\theta$，外国企业的价格为 $P^*$。设外国企业的边际固定生产成本为 $c$，为取得最大收益，外国企业会按边际成本定价，即 $P^* = c$。在观察到这些变量后，进口国反倾销当局采取一种基于损害分析的保护措施来设定反倾销税（间接的决定了国内市场价格）。

我们设 $C(q_h(P), \theta)$ 为生产类型是 $\theta$ 的国内企业的总成本，国内企业的利润为

$$\prod(\theta) = Pq_h(P) - C(q_h(P), \theta) \tag{4-5}$$

反倾销当局的目标是最大化社会福利 $W$，为简化分析，假设社会福利由国内消费者剩余、国内企业的利润和反倾销税收组成。反倾销当局通过设定反倾销税（间接的决定最优国内价格）来最大化 $W$，同时要满足国内企业利润非负的这一约束条件。完全信息下反倾销当局的目标可由 P1 给定，此时对最优价格的选定也间接地决定了最优反倾销税。

---

① 在后面的论述中，为便于理解，我们用国内企业代表进口国企业，国外企业代表出口国企业。

$$(P1) \begin{cases} \max_t \int_p^\infty Q(v)\,dv + Pq_h(P) - C(q_h(P), \theta) + (P-c)q_f(P) \\ s.t. \quad Pq_h(P) - C(q_h(P), \theta) = \prod_d \end{cases}$$

这里 $\int_p^\infty Q(v)\,dv$ 指国内消费者净剩余，反倾销税收入由 $(P-c)q_f(P)$ 表示，之所以采用 $t = P - c$，是通过反倾销税和外国企业出口价格（这里用其边际成本代替）来反映国内价格[①]。$\prod_d$ 是机制约束下反倾销当局保证的最低获利水平。

P1 可直观的求得结果，假设获得最大福利的机制约束为 $\prod_d = 0$（更高的利润会降低消费者剩余）。市场出清条件为国内价格等于边际生产成本，这表明完全信息条件下反倾销税 $t^{CI}(\theta)$ 应等于最低国内平均生产成本 $AC_M(\cdot)$ 与外国供应商在国内市场的售价 $c$ 的差额。

$$t^{CI}(\theta) = AC_M(q_h(P), \theta) - c = -\lambda q_h \left[\frac{\partial q_f}{\partial P}\right]^{-1} \qquad (4-6)$$

保护的边际福利成本由 $\lambda$ 所给定[②]

$$\lambda = \frac{AC_M(q_h(P), \theta) - c}{AC_M(q_h(P), \theta)} \cdot \frac{\varepsilon}{\eta} \qquad (4-7)$$

这里

$$\eta \equiv -\frac{\frac{\partial q_h}{\partial P}}{\frac{\partial q_f}{\partial P}}, \quad \varepsilon \equiv \frac{p}{q_h} \cdot \frac{\partial q_h}{\partial P} \qquad (4-8)$$

$\eta$ 是当国内价格由于保护而上升时，国内产品对国外产品的边际替换率，$\varepsilon$ 是国内产品的价格弹性系数。

公式（4-6）表明，完全信息下如果 $\prod_d = 0$（国内的机制约束条件仅确保企业能继续运营），反倾销税应定在使国内价格等于国内企业最低平均生产成本的水平。我们还看到，外国产品的供应对国内价格反应越敏感，完全信息机制约束下的最优反倾销税越低。

公式（4-7）给出国内企业盈利的影子价格 $\lambda$，它可以解释为非负盈利约束的社会成本。正如预期那样，国内企业平均生产成本越高，外国厂商的成本越低，影子价格就越高。

---

① 之所以让 $t = P - c$，是因为本节讨论的反倾销税是基于损害保护的角度来设定的，为了保护国内企业，贸易主管当局所设定的反倾销，要能让国内市场售价至少等于国内企业的最低平均单位成本，这样国内企业才能维持运营，而要让国内价格达到预计水平，需要对外国进口产品征税，使 $t + c = P$。基于损害角度来计算反倾销税，更符合国家通过征税保护本国产业的这一根本目的。

② 拉格朗日乘数 $\lambda$ 是基于盈利约束的影子价格。

通过将公式（4-8）代入公式（4-6），我们可以得到完全信息下的从价关税。

$$\frac{t^{CI}(\theta)}{P} = \lambda \cdot \frac{\eta}{\varepsilon} \qquad (4-9)$$

根据公式（4-9），可以看出，给定 $\lambda$，$\eta$ 越大，$\varepsilon$ 越小，则（机制约束下）最优反倾销税越大。

## 4.3.2 不对称信息下进口国政府的最优反倾销策略

假设 $\theta$ 不被反倾销当局了解，而对于外国企业的边际固定生产成本 $c$，进口国反倾销当局也仅知道有 $\alpha$ 的可能性 $c$ 等于 $\underline{c}$，有 $1-\alpha$ 的可能性 $c$ 等于 $\bar{c}$，$\alpha \in$ (0, 1)，$\underline{c} < \bar{c}$，$\Phi \equiv [\underline{c}, \bar{c}]$。并且进口造成的损害程度也不为反倾销当局所知。我们假定企业知道主管当局的目标函数和约束。如果主管当局无法证实企业报告中 $\theta$ 的真实性，那么国内企业就有动机对自己的真实成本加以隐瞒，并对外国企业的成本予以虚构，来获得对自己有利的反倾销税。激励相容（企业出于自身利益的考虑，决定是否披露真实的成本）满足的条件是：在信息无法核实时企业会因为真实披露而获得奖励，在信息可以核实时企业会因出具虚假报告而受到惩罚。

1. 审计措施对最优反倾销策略的影响

（1）无审计措施下的情况分析。

假设贸易主管当局缺乏有效验证国内企业损害报告的方法，那么什么样的反倾销保护措施能确保企业在不完全信息下不撒谎呢？为了回答这一问题，需要构建一种贸易保护机制，该机制能让企业出于获得期望税率的动机而真实披露自身成本信息，即

$$t(\cdot): \quad \theta \to t(\theta) \qquad (4-10)$$

假定反倾销当局对国内企业的成本的期望可以用一个先验累计分布函数 $G$ 来表示，其范围为 $\Theta \equiv [\theta^-, \theta^+]$，$G(\theta^-) = 0$，$G(\theta^+) = 1$，其分布密度为 $g(\theta)$，对于所有 $\theta \in \Theta$，有 $g(\theta) > 0$。我们假定 $G(\theta)/g(\theta)$ 反映危害率，即 $G/g$ 随着 $\theta$ 增大而递增，反映出成本越高，对国内福利危害越大。分布函数 $G$ 为所有参与者所知，反倾销当局将寻找能最大化福利 $W$ 的税率 $t(\theta)$，该税率要满足国内企业的盈利约束。

按照这一思路，三阶段博弈中各方的决策集 $\Omega$ 为。

**阶段 1** 外国供应商决策和国内企业的反应。

外国供应商按自己的边际成本定价 $P^*$ 在国内市场销售产品，与此同时，成本类型为 $\theta$ 的国内企业（成本类型只被企业自己所知）与其展开竞争。国内企业

向反倾销当局申请反倾销，要求对外国企业征收反倾销税。

**阶段 2** 国内反倾销当局缔约方案。反倾销当局与国内企业缔约，约定反倾销税是其所报告的损害程度的函数，而损害程度是成本参数 $\theta$ 的增函数，是国内企业提供的外国企业售价（即外国企业的边际成本）的减函数。

**阶段 3** 公司反倾销税决策。阶段 2 缔结的约定使得国内企业可以通过报告自己的成本类型 $\theta$ 和外国企业的成本 $c_d$ [①] 来获得所需的保护程度 $t(\theta, c_d)$。反倾销当局为了消除进口对国内企业的损害将征收反倾销税，最终国内市场上的售价是被反倾销税扭曲的价格。

从市场经济学观点来看，国内企业在博弈的所有阶段均表现为一个价格领导者，市场价格基于外国企业的价格（成本）加上在第三阶段由贸易当局征收的反倾销税。而从信息经济学观点来看，国内企业在第三阶段是价格领导者，反倾销税的设定基于国内企业向贸易当局所发出的关于它自己和外国企业的成本信息，进而影响市场价格。

不采取审计措施时主管当局给出使国家福利最大化的方案，具体见（P2a）。

$$(P2a) \begin{cases} \max \int_{\theta^-}^{\theta^+} \left[ \int_P^{\infty} Q(v)\,\mathrm{d}v + Pq_h(P) - C(q_h(P), \theta) + \\ (P - c)q_f(P) \right] \mathrm{d}G(\theta) \\ s.t. \quad Pq_h(P) - C(q_h(P), \theta) = \prod_d. \end{cases}$$

假定主管当局了解这一信息不对称问题，并且不考虑其他问题，仅考虑如何促使国内企业真实报告成本。假设 $\theta$ 是真实的成本参数，$\tilde{\theta}$ 是报告的成本参数。由于 $c_d$ 是国内企业宣布的外国企业边际成本，$c_f$ 是外国企业自己宣布的边际成本，那么当 $c_d \neq c_f$ 时，双方报告的成本会存在虚假问题，需要核实，当 $c_d = c_f$ 时，双方报告的成本应为真实一致的，假设 $c$ 为真实的成本，$\tilde{c}$ 为报告的成本。主管当局给出的激励相容条件应满足

$$\prod(\theta, \theta, c, c) \geqslant \prod(\tilde{\theta}, \theta, \tilde{c}, c) \qquad \Delta(\tilde{\theta}, \theta, \tilde{c}, c) \in \begin{matrix} \Theta^2 & 0 \\ 0 & \Phi^2 \end{matrix}° \tag{4-11}$$

对公式（4-11）按 $\theta$ 求导，得激励相容的一阶条件

$$\frac{\mathrm{d}\prod(\theta)}{\mathrm{d}\theta} = -C_\theta \leqslant 0 \tag{4-12}$$

公式（4-12）要求征收的反倾销税率应为国内企业成本类型的减函数。通过反倾销税保护，贸易当局可以确保最低效率的国内企业维持在零利润水平，这样行业内就没有企业破产，可得

---

① 这里 $c_d$ 表示国内企业宣布的外国企业边际成本，$c_f$ 表示外国企业自己宣布的边际成本。

$$\prod(\theta^*) = 0 \text{ 和 } \prod(\theta) > 0 \quad \forall \theta \in [\theta^-, \theta^+]。 \tag{4-13}$$

加入公式 (4-12) 和公式 (4-13) 的信息要求,方案 P2b 展示了主管当局在条件约束下能取得国家福利最大化的最优机制

$$(\text{P2b}) \begin{cases} \max \int_{\theta^-}^{\theta^+} \left[ \int_P^\infty Q(v)\mathrm{d}v + Pq_h(P) - C(q_h(P), \theta) \right. \\ \qquad \left. + (P - c_d)q_f(P) \right]\mathrm{d}G(\theta) \\ s.t. \quad Pq_h(P) - C(q_h(P), \theta) = \prod_d \\ \qquad \dfrac{\mathrm{d}\prod(\theta)}{\mathrm{d}\theta} = -C_\theta(q_h(P), \theta) \\ \qquad \prod(\theta^+) = 0 \end{cases}$$

与国内价格相关的最大化目标函数再次隐含地决定了反倾销税。根据 P2b,我们可求得不对称信息下的反倾销税 $t^{AI}(\theta)$

$$t^{AI}(\theta) = -\lambda \left[ \frac{q_h}{\dfrac{\partial q_f}{\partial P}} - \frac{G(\theta)}{g(\theta)} \frac{\partial C_\theta}{\partial q_h} \frac{\partial q_h}{\partial q_f} \right] + c - c_d \tag{4-14}$$

将不对称信息下的反倾销税减完全信息下的反倾销税,可得

$$t^{AI}(\theta) - t^{CI}(\theta) = -\lambda \frac{G(\theta)}{g(\theta)} \frac{\partial C_\theta}{\partial q_h} \frac{\partial q_h}{\partial q_f} + c - c_d > 0 \tag{4-15}$$

税率间的差异解释如下,假设主管当局对成本类型为 $\theta^-$ 企业提供反倾销税保护,在这种情况下,由于 $G(\theta^-) = 0$,有 $t^{AI}(\theta) = t^{CI}(\theta)$,反倾销税保护下没有信息扭曲。假设现在主管当局为成本类型为 $\theta$,$\theta > \theta^-$ 的企业提供反倾销税保护,该情况下有 $t^{AI}(\theta) > t^{CI}(\theta)$。因此信息扭曲促使主管当局在不完全信息下增加反倾销税。$G(\theta)/g(\theta)$ 让我们能刻画信息扭曲的本质,当 $\theta$ 增加时,危害率 $G(\theta)/g(\theta)$ 也随之增加,企业通过虚假报告来获得 $t^{AI}(\theta)$ 动机也增强,这暗示了增长的信息扭曲程度。公式 (4-15) 显示边际生产成本的变化对成本类型 $\theta$ 越敏感,不完全信息下的信息扭曲越大,国内企业对外国企业的成本报告虚假程度越高,最终的反倾销税越大。

该博弈的最终结果可以通过逆推求得,显然如果国内企业知道公式 (4-14) 的保护措施,它将总是宣布可能的最高损害。在这一框架内,实际上过量的反倾销税 (超过能让企业保持运营水平的反倾销税) 将会产生,从信息经济学的观点,该博弈中,主管当局是跟随者,而国内企业是领导者。不对称信息下的保护措施排除了主管当局作为领导者的可能。这一反倾销税策略使得唯有最高成本类型的企业满意,因此需要加以修正。

(2) 审计监督下的最优保护机制。

我们现在来设计能提供足够激励的保护机制，以确保企业真实报告成本。由于前面设计的方案无法得到最优结果，主管当局不得不寻找另一种方案（包括审计的可能性和惩罚力度），以保证企业参与的同时获得最大国内福利。正如在无审计措施下所探讨的那样，由于博弈各方的互动是在不完全信息下进行的，该博弈是一个贝叶斯均衡博弈。在分析贸易当局为了最大化福利而考虑企业决策之前，必须先分析国内企业的激励相容和个人理性策略。

主管当局可以采用两种可行的审计策略。第一种，主管当局可以对所有提起反倾销申请的企业进行成本审计，在发现虚假报告后对其进行惩罚，这么做的后果很明显：理性的企业将永远不会出具虚假报告，因为它知道肯定会执行审计。然而，该策略意味着社会将承担高昂的审计成本。第二种，主管当局随机对企业执行审计。该策略的优势在于可以节省审计成本，因为贸易主管当局认为并不需要对所有提交的成本报告进行审计。采取这一策略时，主管当局必须考虑惩罚力度（如果查出虚假报告）和审查概率。主管当局此时面临的问题是如何在审计成本和社会成本①之间权衡。

假定审计发生的概率为 $\mu$，则 $E_\mu \prod (\cdot)$ 是企业的期望利润。前面分析的方案的激励相容和参与约束条件由公式（4-16）和公式（4-17）给定

$$E_\mu \prod (\theta, \theta, c, c) \geq E_\mu \prod (\tilde{\theta}, \theta, \tilde{c}, c) \quad \forall (\tilde{\theta}, \theta, \tilde{c}, c) \in \begin{matrix} \Theta^2 & 0 \\ 0 & \Phi^2 \end{matrix} (IC)$$

$$(4-16)$$

$$E_\mu \prod (\theta, \theta, c, c) \geq 0 \qquad \forall \theta \in [\theta^-, \theta^+] c \in [\underline{c}, \bar{c}] (PC)$$

$$(4-17)$$

如果公式（4-16）满足，国内企业认为真实报告（即 $\tilde{\theta} = \theta$）将获得的利润至少与靠欺骗获得的利润一样多。如果公式（4-17）满足，国内企业参与该机制至少不会比无利润时差。由于任何类型的企业都可以获得非负的利润，那么即使是成本最高的国内企业（$\theta = \theta^*$）也会参与。

我们假定贸易当局会以 $\mu$ 的可能性，花费成本 $z$ 调查国内企业，以 $\beta$ 的可能性，花费 $e$ 调查外国企业，则 $\Omega$ 被转换为 $\Omega'$。

**阶段 1′** 各方的决策如前面在无审计时分析的一样。其他各阶段的各方决策为：

**阶段 2′** 国内贸易当局缔约决策（规定可能的审计和惩罚措施）。贸易当局向国内企业提出一套方案，约定反倾销税是报告的损害程度的函数。当局还宣布在得到损害报告，计算出需要征收的反倾销税之后，将可能对企业提交的成本报

---

① 虚假报告造成反倾销税过量，进而导致高昂的社会成本。

告执行审计。而惩罚力度（$K(\bar{\theta}, \theta, \bar{c}, c)$）取决于成本类型为 $\theta$ 的国内企业提交的自己的成本报告 $\bar{\theta}$，以及对成本为 $c$ 的国外企业提交的成本报告 $\bar{c}$。对国内企业调查的可能性 $\mu(\cdot)$ 受反倾销税（由国内企业间接决定）的影响，而对外国企业成本调查的可能性 $\beta(\cdot)$ 受 $c_d$ 与 $c_f$ 间的差异影响。

**阶段 3′**　企业的反倾销税选择。国内企业通过宣布成本来影响主管当局的反倾销税决策。

**阶段 4′**　国内贸易当局的审计决策。一旦国内企业通过报告成本来影响反倾销税的制定，贸易当局必须决定是否执行审计。对国内企业调查的执行依赖于可能性 $\mu(I/t)$，当 $c_d \neq c_f$ 时，对外国企业调查的可能性 $\beta(c_d, c_f) = 1$；当 $c_d = c_f$ 时，$\beta(c_d, c_f) = 0$。

国内企业和主管当局各自的收益分别为 $\prod(\cdot, t(\cdot), I(t(\cdot)), \beta(c_d, c_f))$ 和 $W(t(\cdot))$。惩罚力度是随撒谎程度递增的凸函数

$$K(\theta, \theta, c, c) = 0, \quad \frac{\mathrm{d}K(\bar{\theta}, \theta, \bar{c}, c)}{\mathrm{d}\bar{\theta}} > 0, \quad \frac{\mathrm{d}^2 K(\bar{\theta}, \theta, \bar{c}, c)}{\mathrm{d}\bar{\theta}^2} > 0,$$

$$\frac{\mathrm{d}K(\bar{\theta}, \theta, \bar{c}, c)}{\mathrm{d}\bar{c}} < 0, \quad \frac{\mathrm{d}K(\bar{\theta}, \theta, \bar{c}, c)}{\mathrm{d}\bar{c}^2} < 0 \qquad (4-18)$$

我们来分析贸易当局诱使企业真实披露 $\theta$ 的机制，这一机制由反倾销税、惩罚和调查的可能性组成。反倾销税方案安排由阶段 2′ 给出，它要求在固定的调查可能性和惩罚力度下满足个体理性和激励相容，实现最大化国家福利。将价格固定，通过设定 $\mu$ 和 $\beta$ 可以最大化期望的国家福利。在阶段 3′，企业在宣布自己的损害程度时，它了解审查的可能性和惩罚力度。由于贸易当局在企业提起反倾销税申请之后决定是否调查，所以调查决策是个信号博弈过程。在阶段 4′，如果仅存在一个信号博弈分离均衡，那么在该均衡中，国内企业将按它的真实损害程度请求反倾销保护，则进行损害调查是最优的。如果所有条件均满足，在成本信息私有的条件下，国家福利可以达到最大。

**2. 激励相容与参与约束**

激励相容要求贸易当局考虑事先期望利润（包括对本身类型为 $\theta$ 的企业在虚假披露其类型为 $\bar{\theta}$ 时的期望惩罚 $K(\cdot, \cdot)$）

$$E_\mu \prod(\bar{\theta}, \theta, \bar{c}, c) = (1 - \mu)[P(\bar{\theta}, c)q_h(P(\bar{\theta}, c))$$
$$- C(q_h(P(\bar{\theta}, c)), \theta)] - \mu K(\bar{\theta}, \theta) \qquad (4-19)$$

在公式（4-19）中，国内企业的期望利润是（a）和（b）的加权平均，（a）指无审计措施下虚假披露可获得的利润，（b）指被审计时由于受惩罚而遭受的损失。这里需要强调的，考虑到国内企业提交的外国企业的成本通常与外国企业自己报告的成本不一致，为了简化起见，笔者假定贸易主管当局对外国企业

的成本均会审查，即如果 $c_d \neq c_f$，$\beta(c_d, c_f) = 1$①。这样，贸易主管当局就会得到真实的外国企业成本情况，就可以避免国内企业为了获得高的保护关税，而出具虚假的外国企业成本报告，进而通过反倾销税的征收拉高国内价格的情况，此时国内价格还会受到真实披露的外国企业成本的影响，所以公式（4 - 19）中的价格函数为 $P(\tilde{\theta}, c)$。如果企业被审计，那么它的盈利将为零，因为市场价格设定在企业的最低平均成本上，一旦因为高估成本被抓，企业将被惩罚，则企业的利润将为负的。

按照 Baron 和 Myerson（1982）所做的，激励相容要求企业的利润为其成本类型的减函数，

$$\frac{\mathrm{d}E_\mu \prod (\theta, c)}{\mathrm{d}\theta} = -(1 - \mu)C_\theta - \mu K_\theta \qquad (4 - 20)$$

在 $[\theta, \tilde{\theta}]$（$\tilde{\theta} > \theta$）上对式（4 - 20）积分，我们得到宣布成本类型为 $\tilde{\theta}$ 的企业（实际成本类型为 $\theta$）的事先期望的信息租金

$$E_\mu \prod (\theta, c) = (1 - \mu)\int_\theta^{\tilde{\theta}} C_\theta \mathrm{d}\theta + \mu\int_\theta^{\tilde{\theta}} K_\theta \mathrm{d}\theta + E_\mu \prod (\tilde{\theta})$$

$$= (1 - \mu)\int_\theta^{\tilde{\theta}} C_\theta \mathrm{d}\theta + \mu[K(\tilde{\theta}, \tilde{\theta}) - K(\tilde{\theta}, \theta)] + E_\mu \prod (\tilde{\theta})$$

$$= (1 - \mu)\int_\theta^{\tilde{\theta}} C_\theta \mathrm{d}\theta - \mu K(\tilde{\theta}, \theta) + E_\mu \prod (\tilde{\theta}) \qquad (4 - 21)$$

公式（4 - 19）、公式（4 - 20）、公式（4 - 21）的详细分析见附录 C，根据公式（4 - 21），期望租金由三部分组成：无审计时的信息租金，有审计时的惩罚和虚报企业的正常盈利。我们假定 $E_\mu \prod (\tilde{\theta}) = 0$，这意味着虚报企业的正常利润为零，这样它有动机通过虚报来增加它的利润。

在无审计时，用公式（4 - 22）来表示通过虚报成本获得的信息租金

$$\Gamma(\tilde{\theta}, \theta) = \int_\theta^{\tilde{\theta}} C_\theta \mathrm{d}\theta \qquad (4 - 22)$$

信息租金受两方面影响：（a）企业真实成本类型 $\theta$ 与其虚报的类型 $\tilde{\theta}$ 间的差异；（b）生产成本对成本类型 $\theta$ 的变化敏感度。b 部分意味着越高谎报自身成本类型所造成的成本提高越多，企业通过虚报成本所获得的利益越大。

参与约束也应纳入主管当局决策考虑中，为了弱化低效率企业的撒谎动机，个人理性约束应该要求 $\prod (\theta^+) = 0$。

3. 进口国政府的反倾销税决策

贸易主管当局在做反倾销税决策时，希望最大化消费者剩余、国内企业利

---

① 这也符合反倾销实务，通常反倾销主管当局在接受反倾销申请后，都会要求被反倾销方提交自己的成本报告和申诉材料，并派专人进行核实。

润和反倾销税收益三者之和，并要满足公式（4 - 20）的激励相容约束和公式（4 - 17）的参与约束。根据公式（4 - 20）和 $\prod(\theta^+) = 0$，从方案 P3 可以得到贸易主管当局的最优反倾销税决策

$$(\text{P3}) \quad \max_{t(\theta,c)} \int_{\theta^-}^{\theta^+} \left[ \int_P^\infty Q(v)\mathrm{d}v + (1+\lambda)P(\theta)q_h(P(\theta)) - C(q_h(P(\theta)),\theta) + \right.$$

$$(P(\theta) - c)q_f(P(\theta)) - \lambda\left[(1-\mu)C_\theta + \mu K_\theta\right]\frac{G(\theta)}{g(\theta)} -$$

$$\left. z\mu - e\beta \right]\mathrm{d}G(\theta)$$

当企业被审计时，最优反倾销税安排为

$$\frac{t^{audit}(\theta)}{P(\theta)} = \lambda\left[\frac{\eta}{\varepsilon} - (1-\mu)\frac{1}{P(\theta)}\frac{G(\theta)}{g(\theta)}\frac{\partial C_\theta}{\partial q_h}\frac{\partial q_h}{\partial q_f}\right] + (1-\beta)\frac{c - c_d}{P(\theta)} \qquad (4 - 23)$$

根据公式（4 - 23），我们可以看出当主管当局总是执行审查时（$\mu = \beta = 1$），这一反倾销税政策与完全信息下公式（4 - 9）给出的反倾销税（$t^{CI}$）一致，当主管当局完全不审查时（$\mu = \beta = 0$），得到的反倾销税与不对称信息下缺乏惩罚的结果（$t^{AI}$）一致。

### 4.3.3　出口国政府应对反倾销的最优策略

前面分析的是出口国企业、进口国企业和进口国政府三者间的信号博弈，而且不考虑进口国政府对出口国企业成本调查时企业的积极反应，现在加入出口国政府，分析在进口国政府调查出口国企业成本时，出口国企业和政府积极配合调查，提供真实成本信息，认真应诉反倾销时对整个博弈均衡的影响。

此时该博弈的各方决策集 $\Omega''$ 为：

**阶段 1″** 出口国企业决策和进口国企业的反应。出口国企业按价格 $P^*$（边际成本）向进口国销售产品，进口国企业的成本类型为 $\theta$（私有信息），它向进口国政府申请反倾销保护。

**阶段 2″** 进口国政府缔约决策。进口国政府向国内企业提出一套方案，包括对国内企业的审查概率 $\mu(I/t)$，对外国企业调查概率为 $\beta(c_d, c_f)$，惩罚力度 $K(\tilde{\theta}, \theta, \tilde{c}, c)$。

**阶段 3″** 进口国企业的反倾销措施和出口国企业、政府的应对措施。进口国企业向国内贸易主管当局报告自己的成本类型为 $\tilde{\theta}$，外国企业的成本类型为 $c_d$。出口国企业报告自己的成本 $c_f$，并通过建立有效的应对反倾销导向的会计核算体系和内部控制，保证自己向进口国政府提交的成本报告的及时性和真实性。出口国政府通过在本国推行国际公允的会计准则，加强审计监管，来保证本国企业提交的成本报告的真实性，进而为本国企业争取有利的反倾销应诉结果。

**阶段4″** 进口国政府的反倾销决策。进口国政府按照方案约定的审查概率 $\mu(I/t)$、$\beta(c_d, c_f)$ 对国内企业和外国企业的成本分别进行审计，根据各方面得到的信息最终做出反倾销裁定。

可以看出，通过出口国企业建立应对反倾销的会计核算体系和强化会计内部控制，出口国政府推行公允会计准则、强化审计监管，可以提高出口国企业提交的成本 $c_f$ 的及时性和可信度，以争取合理的反倾销税，但仅仅是单方面及时地提供可信赖的产品成本 $c_f$ 就可以获得公正的反倾销税吗？根据笔者基于成本的最优反倾销税率的推导①，进口国政府倾向于对低成本的外国企业征高的反倾销税，而对高成本的外国企业征低的反倾销税。这样可以实现国家福利最大化。所以仅能提供真实、准确的企业成本信息，并不能让进口国政府制定符合自己要求的反倾销税。此时，需要出口国政府和企业共同努力，向对方提供能产生有利于自己的反倾销税的成本信息，即让对方相信自己成本较高，从而获征较低的反倾销税。为了协调企业和政府的行动，可以通过反倾销应对专项计划，让企业、行业协会和政府在应对反倾销时实时沟通，协调一致，采取最优的成本披露措施，以取得最佳效果。

## 4.3.4 应对反倾销的政府引导协调机制构建

1. 当前的政府引导协调模式分析

政府引导应对反倾销的协调，是对现实的应对活动中政府职能的进一步分解优化。我国商务部 2006 年发布新版《出口产品反倾销案件应诉规定》，对反倾销应诉各项工作做出明确规定，指定行业协会作为反倾销应诉的协调单位，允许行业协会通过收取会费设立应诉基金，并且要求政府为反倾销应诉提供各种培训和辅导，这是我国政府引导企业、行业协会，协调应对反倾销的实际运作。《出口产品反倾销案件应诉规定》是我国政府协调企业、行业协会应对反倾销的具体操作规范，商务部通过法规的形式，对企业、行业协会和商务部、地方商务局、中国驻外使领馆在反倾销应对中应尽的职责都作了明确规定。

根据《出口产品反倾销案件应诉规定》，笔者绘出当前的应对反倾销政府引导协调图，具体如图 4-5 所示。

在图 4-5 中，外部的椭圆形框表示影响商务部、地方商务局、驻外使领馆、企业和行业协会进行反倾销应对的宏观法规、政策框架。其中《出口产品反倾销案件应诉规定》是一个极为关键的重要法规，它明确了各主体的职责义务，确定了协调内容和方式，保障了反倾销应对有序进行。图中各小椭圆框代表各应对主

---

① 详见 4.2 节的分析。

体，实心箭头代表信息传递，工作指导，虚线箭头代表信息回馈，工作征询。从图中可以看出，行业协会在其中起到衔接企业、政府的重要作用：他协调企业的应诉，从应诉经费的收集、律师的聘请到应诉工作的总体安排，承担起应诉组织者的角色；同时他还起到上传下达的作用，将政府的反倾销通知及时通报给本行业企业，将本行业的应诉困境及时向政府反映。

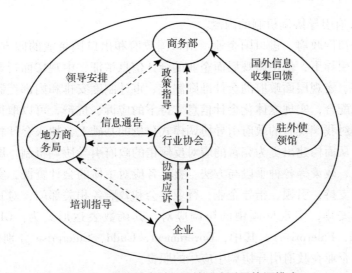

**图 4 - 5　当前的应对反倾销政府引导协调模式**

2. 当前模式拓展下的政府引导协调机制设计

目前的政府引导协调模式虽然能较好地满足反倾销应对的需要，但仍不够完善，主要在应对反倾销会计相关制度的建设上尤其凸显不足。笔者结合前面对进口国政府、进口国企业、出口国政府和出口国企业的博弈分析，认为当前的应对反倾销政府引导协调模式中亟须增加与会计相关的制度建设等内容。具体做法为：①在会计准则制定过程中考虑反倾销应对的需要，一方面，提高会计准则的公允性，推进会计准则国际趋同，让进口国容易采信我国企业提供的会计信息。另一方面，在具体实施细则上为企业及时、准确地提供会计举证信息，为应诉反倾销提供可行的操作空间。②在审计制度安排上，提高审计的可信赖度，为我国企业报出的会计信息，能被对方反倾销调查当局采信奠定基础。③在内部控制制度的设计上，考虑反倾销应对的需要，内部控制系统的设计目标应该是建立引入风险管理和价值链管理、与企业内部各个部门（乃至企业外部价值链中其他企业）通力配合、并同政府相关部门和行业协会及中介机构进行有效沟通协作的全面控制系统。④扎实做好企业的基础会计工作，以反倾销应对为导向，在产品成本计算中补充未计入的环境成本；将政府补助作为政府投资予以核算；对于无偿或低价划拨的工厂用地，尽可能用其真实、公允的市场价值来体现，核算其对成本的影响；还要对职工薪酬给予准确、合理的计量反映。为反倾销的及时应诉提供有效信息。⑤为企业会计抗辩做好"参谋"，提醒企业取得理想的应诉反倾销结果，不能单靠证明自己没有低价倾销，而是要做好成本信息披露管理，适当的证明自己是高成本企业，对进口国产业不存在威胁，从而赢得对方的低反倾销税率裁定。

（1）政府引导协调机制的内涵。

通过进口国政府、进口国企业、出口国政府和出口国企业的四方博弈分析，得出在政府引导下，促使微观层面企业的会计信息举证、中观层面行业协会的会计服务辅导、宏观层面政府的会计准则制定、审计制度安排和内部控制规范等三个层面协同配合，实现立体化会计信息支持下的应诉、抗辩，可以取得最佳的应对效果。在对我国现有的政府引导协调模式分析的基础上，加入会计相关的制度要素建设，从而构建出更为完善的应对反倾销的政府引导协调机制。即政府通过法规、制度、政策等各种手段与方法，整合各应对主体的会计资源，实现立体化的会计信息支持；引领、指导企业、行业协会和政府各相关部门，对其具体的应对职责作出安排，实现反倾销的协调应对。其函数表达形式为：GL（Government，Guild，Enterprise），其中，Government，Guild，Enterprise分别代表政府、行业协会和企业在政府引导协调中应尽的职责。

对于政府的职责要求及对应的考核指标为：建立应对反倾销的国家预警系统，积极引导企业应诉；以反倾销应对为导向，制定反倾销法规、相关贸易政策、内部控制制度、会计准则和审计制度；争取市场经济地位，积极运用WTO争端解决机制，为我国企业争取公平贸易地位；推进产业链升级①，等等。从而保证反倾销应对的有效进行。对于企业则要求其建立自己的预警系统，做好"替代国"的信息储备，做好自身的会计基础工作，积极应诉；在应诉时积极争取对方国家进口商、消费者的支持，游说对方政府，争取反倾销应诉的胜利。国家根据其完成情况予以相应的补贴，以激励其做好反倾销应对工作。对于行业协会则要求其做好本行业的协调应诉工作，这是对其资质评级的重要依据。

（2）政府引导协调机制的运行机理。

依靠政府的权威发布各项相关法规、制度和政策，督促企业、行业协会和政

---

① 产业链升级是指政府引导企业整合包括研发、设计、采购、生产和销售的整个产业链所有环节，掌握定价权，逐步从利润微薄的制造环节上升到利润丰厚的设计、流通环节，从而走出我国工人拿低工资，高强度劳动，企业仅得微薄的利润，靠牺牲环境和资源为代价创造廉价出口，却被指控倾销的"怪圈"。

府各部门遵守执行，是政府引导协调的根本方式①。本书建立的政府引导协调机制是强调如何通过政府引导协调，实现宏观、中观、微观三个层面的会计支持配合，构建立体化的会计信息支持体系。要想实现各部门、组织间会计资源的整合，必须构筑联结各政府部门、行业协会和企业的交流渠道。即以应对反倾销专项计划为平台，企业、行业协会将自己对会计准则、审计制度和内部控制在应对反倾销上的诉求反馈给商务部公平贸易局；商务部则通过部门联席会议，同时将其诉求反馈给财政部、审计署；必要时邀请企业、行业协会代表参加联席会议，实现政企互动。这样，不但可以将企业的诉求反馈给政府各部门，促使有利于企业的制度、政策出台；同时也将政府的要求更好地传达到企业，又有利于准则、政策的有效实施。

因此，联席会议不但解决了会计配合上的问题，还有利于政府各部门与企业、行业协会在具体应对反倾销行动上保持一致，实现协调联动，达到立体化应对的效果。另外，按照会计司制定各项准则、制度、规定的程序，在准则、制度正式发布之前，均需向社会公开征求意见，企业可以在征求意见期间，向其反馈自己的诉求，从而影响制度政策按有利于自己的方向发展。行业协会作为企业的代理人，需要关注相关准则、制度修订的具体日程，及时在征求意见期反馈本行业的企业诉求，以较好实现预期目标。

由于企业、行业协会和政府各相关部门的利益与应对反倾销效果最优化的目标存在偏差，所以，必须合理安排企业、行业协会和政府各相关部门的应对职责，并将其纳入激励约束考核体系，才能有效督促各应对主体在实现自身最大利益的同时，达到应对反倾销效果最优化。政府引导协调机制的具体运行机理如图4-6所示。

如图4-6所示，外部的椭圆形框代表由各项法规、制度和政策编织而成的应对反倾销的制度环境，政府通过各项法规、制度和政策具体安排、规定企业、行业协会和政府各相关部门的应对职责。相比图4-5、图4-6描述的政府引导协调机制更完善，无论是财政部制定会计准则、审计署考虑审计制度安排还是发改委推行产业升级政策等相关法规、制度、政策的制定，均考虑到反倾销的应对。从而为反倾销应对提供了一个立体化的政策环境，更利于企业、行业协会应对反倾销。与之相对应，企业以反倾销应对为导向，加强企业会计基础建设。同时，进一步构筑了联结政府各部门、行业协会和企业的交流渠道：即联席会议，通过联席会议，有效地实现政企互动；通过克服信息不对称，达到协调应对的效果。同时，以行业协会作为企业的代理人，利用财政部对各项准则、制度、规范

---

① 在此，为简化分析，不考虑政府部门存在的委托代理问题，假定政府部门的执行人员尽忠职守，其效用函数与政府部门的职能一致。

制定的征求意见期，及时反馈自身的利益诉求，使各项会计准则、审计制度、内部控制规范的制定均考虑到反倾销应对的需要，有利于实现宏观、中观和微观三个层次的会计功能上的协同、配合，发挥出最大的会计支持作用。

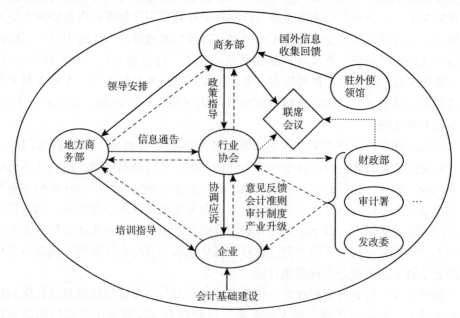

**图4-6　政府引导协调机制的运行机理**

（3）应对反倾销效率实现的方式，沟通渠道的构筑。

高效的反倾销应对是在会计支持下，企业、行业协会和政府联合行动，协同运作，涉及企业、行业协会和政府多个机构、组织和部门。如何发挥会计支持效力，节约应对成本，提高应对效率，需要构筑高效的沟通渠道。政府引导协调机制通过政府运用政策、法规、制度等多种方式和手段，依靠有效的沟通渠道，实现政企互动，有力地保障了应对反倾销的效率实现。其具体保障方式主要体现在以下两个方面。

一是，构筑了高效的沟通渠道，克服信息不对称难题。实现政企互动的沟通渠道主要有两个：第一是按照制定的程序、准则、制度、规定在正式成文发布之前，都要向社会公开征求意见，在这期间，由行业协会收集本行业企业的诉求并及时反馈，从而影响各项准则、制度和规定的制定，使其有利于反倾销应对；第二是建立部门联席会议制度，先以应对反倾销专项计划为平台，企业、行业协会将自己的利益诉求反映给商务部公平贸易局，再由公平贸易局通过部门联席会议，将这些需要向各相关部委反映、沟通，如财政部、审计署、发改委等，必要时让企业、行业协会的代表参加联席会议，实现政企互动。

二是，完善了激励约束的考核指标体系。通过对进口国政府、进口国企业、出口国政府、出口国企业的四方博弈分析，推导出我国政府的最优应对策略，并结合当前有效运行的政府引导模式，得出更全面、合理的政府引导协调机制。据此设定企业、行业协会和政府各相关部门的应对职责，完善各应对主体的考核指标体系，从而将企业、行业协会和政府的利益激励与应对反倾销的最佳效果有机结合，实现激励相容，效果最优。

在当前世界你中有我，我中有你的日益激烈的国际市场竞争中，要避免反倾销造成的巨大损害，还需要有战略制衡机制，一旦对方向我国发起反倾销，损害我国企业利益时，我方还要利用制衡利器来维持贸易上的战略均势，才能争取到对自己有利的贸易条件。

## 4.4　应对反倾销的战略制衡机制

反倾销的背后其实是国家间的利益博弈，需要国家层面的协调沟通。如反倾销调查问卷要求被调查方在短期内提供大量相关的成本数据，如果提交的数据有少许不符合要求，就会被判定成本数据不可靠，进而被征收高额的反倾销税，这对应诉方极不公平。这种反倾销规则明显是有利于反倾销发起方，体现反倾销贸易保护的本质。所以，面对严峻的反倾销形势，需要出口国政府出面，与进口国政府展开双边贸易会谈磋商，沟通协调、化解矛盾，为我国企业出口创造良好的外贸环境。同时，还要看到在相当多的反倾销案件中，反倾销是被用作保护本国产业的，这一点在经济危机来临时表现得尤为明显。2008 年全球经济危机使得各国纷纷运用贸易保护手段以求自保，造成近年我国被提起的反倾销数远多于往年就是最好的例证。要遏制对方对我们的反倾销，还需从国家层面建立战略制衡机制。2009 年为了反击美国发起的轮胎特保案，我国对美国出口的肉鸡和部分汽车产品启动反倾销和反补贴调查，并向世贸组织申请成立工作组以调查轮胎特保案，便是战略制衡对方反倾销的现实案例。

要制衡对方对我国提起的反倾销，首先，需要我们有反击能力，即我们也能发起反倾销。其次，要求我国是对方的主要出口市场，这样一旦实施反倾销时，就能对其造成沉重打击。具备这两点，对方在打算反倾销时就会有所顾忌，不敢轻易发起反倾销。再次，我国应能熟练运用 WTO 争端解决机制，在发生贸易争端时，能有效运用该机制在谈判桌上为我国争取有利条件。最后，政府应完善我国的相关制度体系，从宏观层面为我国企业应对反倾销提供有利环境。如建设好与国际接轨的会计准则，降低投资、融资的信息成本，提供强有力的应诉支持；

建立合理的汇率管理体系，让对方明白反倾销占不了便宜，从而知难而退；还需制定海外投资规则和指导目录，为我国企业跨国投资规避贸易壁垒，购并海外企业提供便利。下面，我们来构建应对反倾销的战略制衡机制。

## 4.4.1 应对反倾销战略制衡机制的构建

机制的构建是基于 Brander 和 Krugman（1983）提出的相互倾销模型之上。假定仅有两个国家：本国和外国，每个国家里各有一个企业生产同一产品 $Q$。在两个市场上企业间进行着产量竞争，定义企业的产量为 $q_i^j$，这里 $i$ 代表市场（$h$ 代表本国市场，$f$ 代表外国市场），$j$ 代表企业（$h$ 代表本国的企业，$f$ 代表外国的企业）。本国市场和外国市场上的价格是两个企业向该市场供应产品总量的函数，依次为 $P_h(Q_h)$ 和 $P_f(Q_f)$，这里 $Q_h = q_h^h + q_h^f$，$Q_f = q_f^h + q_f^f$。每个企业的边际成本为固定的 $c^i$，这里 $i = h, f$。当一个国家里的企业向另一个国家销售产品时，存在运输成本，这里用 $c^i/g$ 来表示企业销往另一个国家的产品的边际成本，这里 $0 \leq g \leq 1$。假定各个市场是分割的，每个企业对一个市场的最优产量决策独立于它对另一个市场的最优决策。这也意味着在每一个独立市场中，企业能分别求得各自的纳什均衡解。

Brander 和 Krugman 指出由于注意到外国市场的价格弹性大，企业会向外国低价销售产品，以扩大销量，获得规模效益。这样即使企业销往国外的售价低于其国内售价，企业的总收益也会增多，但却构成倾销。而对方国家的企业也会这样做，这就形成了相互倾销。

1. 相互倾销模型的扩展分析

本书将运用相互倾销模型来分析在两个国家中的反倾销申请。为了做此分析，先做一些相关假设，首先，笔者假定每个企业都能申请反倾销税，申请成本为 $c^r$。为了让模型易于分析，按 Furusawa 和 Prusa 的做法假定反倾销税是固定的从价税。如果将反倾销税设定为出口企业的出厂价与其国外售价的差异，本书的主要结论将得以加强。笔者还假定反倾销申请的成功率是出口企业占进口国国内市场份额的增函数，我们用 $\Phi_h(q_h^f/Q_h)$ 和 $\Phi_f(q_f^h/Q_f)$ 分别表示本国和外国企业的反倾销申请成功率，这里 $0 \leq \Phi_h(\cdot), \Phi_f(\cdot) \leq 1$。采用这一函数形式是为了说明决定反倾销裁定的是倾销所造成的损害程度。这样企业间的博弈可分为三个阶段，在第一阶段，企业进行产量博弈，在第二阶段，每个企业考虑是否值得花费成本 $c^r$，在成功率为 $\Phi(\cdot)$ 的情况下发起反倾销，在第三阶段，企业进行下一次产量博弈。

现在来具体分析该模型以理解各个国家的反倾销发生率，并且可以通过改变模型中的参数来揭示不同因素的作用。首先来分析两个企业边际成本相同的情形，即 $c^h = c^f$，Brander 和 Krugman 的模型也是这样设定的。因为市场是分割独立并且相对称的，这里可以只用分析本国市场中的均衡。首先从第三阶段的产量博弈开始，其次再逆推至第一阶段，求得完全子博弈均衡。在博弈中，无论是否有反倾销税，企业都会选择能最大化自己利润的产量。设无反倾销税时，本国和外国企业的在本国市场上的最优产量和利润分别为 $q_h^{h*}$，$q_h^{f*}$，$\prod_h^{h*}$，$\prod_h^{f*}$，有反倾销税时，本国企业和外国企业在本国市场上的最优产量和利润分别为 $\hat{q}_h^h$，$\hat{q}_h^f$，$\hat{\prod}_h^h$，$\hat{\prod}_h^f$。因为反倾销税增加了外国企业的成本，显然在有反倾销税时，本国企业的最优产量和利润将更高，而外国企业的最优产量和利润将比无反倾销税时低。

在第二阶段，本国企业决定是否申请反倾销税。如果申请的预期收益大于申请成本，本国企业将会申请反倾销，这一条件表述如下：

$$\Phi_h(\tilde{q}_h^f / \tilde{Q}_h)\left(\hat{\prod}_h^h - \prod_h^{h*}\right) > c^r, \qquad (4-24)$$

这里 $\tilde{q}_h^f$ 和 $\tilde{Q}_h$ 分别为本国市场第一阶段博弈中外国企业的最优产量和本国与外国企业最优产量之和。

在第一阶段博弈中，企业选择能最大化三个阶段总收益的产量。因为第一阶段企业的产量会影响第二阶段申请的成功率，所以三阶段博弈中第一阶段的产量选择与一次古诺博弈下的产量选择不同。实际上，本国企业和外国企业的产量选择都会少于一次博弈下的产量选择，因为外国企业希望降低自己遭受反倾销的概率，而本国企业则希望使得反倾销申请成功的概率更大。

在成本对称的假设下，两个市场将形成同样的子博弈纳什均衡。两个企业是否申请反倾销，依赖于模型的参数和函数形式，特别是申请的成本，运输成本的大小（这会影响进口产品的市场份额），以及反倾销申请的成功率。

2. 基于重复博弈的战略制衡机制

假定没有报复的可能性，那么在两个市场中自然的就会是一次博弈。然而符合实际情况的假定是，一个市场中企业的行为会影响另一个市场中企业的行为（即存在报复的可能性），这样市场中企业的博弈应是重复进行的①。在此设定下，即使一次博弈的完全子博弈均衡显示两个企业都会申请反倾销保护，但在重复博弈下，两国企业都不会采取反倾销。

假定每个市场上（本国和外国）每一时期都发生着两阶段博弈，企业间先进行产量博弈，然后国内企业决定是否申请反倾销。一旦申请，就有 $\Phi_i(\cdot)$ 的可

①　显然对两个市场中互相依存的反倾销申请的博弈可以用其他方法建模，但将博弈从一次变为重复进行更符合实际，也更易为人们所熟悉。例如，通过将两个一次博弈化为一个国家先采取行动，另一个国家再采取相应的行动，这样顺续进行的一次博弈，更易于理解。

能性获得反倾销税，进而对下一阶段产生作用。因此，每一时期企业会决定是否申请反倾销保护，如果申请成功，则导致反倾销税，如果不申请反倾销保护，就不征反倾销税或停止以前开征的反倾销税。按美国反倾销法的管理回顾程序，每年需复审反倾销税，如果本国企业没有再花费成本要求继续征收反倾销税，在对方企业的努力下可以不再对其征收反倾销税。最后，笔者假设博弈是对称的（$c^h = c^f$），并且参数与一次博弈下各企业都申请反倾销时一致。

给定的重复博弈下，最终的均衡策略是没有企业申请反倾销。依据这一均衡策略，两个企业一开始都不申请反倾销，并将一直采取该策略，直到有一个企业发起反倾销，这时另一个就会采取报复，在下一时期也发起反倾销。众所周知，唯有在对每一个企业的惩罚大于他偏离均衡所获得的收益时，这一"扣动扳机"策略才能维持合作均衡。在这一博弈中，让本国企业在任何时期（$t$）都不会偏离合作均衡，去申请反倾销的条件是：

$$\delta \Phi_h(\cdot)\left(\hat{\prod}_h^h - \prod_h^{h*}\right) - c^r < \sum_{t=2}^{\infty} \delta^t \Phi_f(\cdot)\left(\prod_f^{h*} - \hat{\prod}_f^h\right) \quad (4-25)$$

这里 $0 < \delta < 1$ 代表折扣因子，公式（4-25）左边表示的是本国企业通过申请反倾销、获得反倾销保护，而在本国市场上获得的额外利益。公式（4-25）右边表示的是一旦外国企业在接下来的时期总是申请反倾销保护来报复，本国企业预期其在外国市场上将遭受的损失。事实上，报复带来的预期损失越大，最终合作的可能性就越大，申请反倾销的可能性就越小。

给定这一模型，我们来分析参数的变化对结果的影响。第一，假定外国没有反倾销法是毫无意义的，因为这意味着报复威胁为零，此时公式（4-25）右边为零，一旦公式（4-24）的条件满足，本国企业将总是申请反倾销。因此我们认为仅当进口国有反倾销法时，向对方的出口才会影响本国的反倾销申请。

第二，假定两国都有反倾销法，我们来分析当两个企业成本不对称时的申请动机。假定成本对称时，由于"扣动扳机"策略，企业能达到合作均衡，公式（4-25）条件得以满足，在任何市场上都没有反倾销发起。现在假定本国企业成本处于劣势，即 $c^h > c^f$。这显然将改变企业的最优产量和盈利，所以公式（4-25）中的条件无法满足。对于本国企业而言，他在两个市场中的市场份额均会下降。这意味着在本国市场上申请反倾销的成功率上升，而在外国市场上针对本国企业的反倾销申请，成功率会下降。同样的，本国市场上通过征反倾销税带来的企业利润上升，而在外国市场上，通过征反倾销税导致的企业损失下降。所有这些都说明公式（4-25）无法满足，本国企业将会偏离均衡，申请反倾销。直观上看，本国企业的成本劣势增加了在本国市场申请反倾销税带来的潜在收益，并降低了他在外国市场上被报复遭受的损失。

第三，我国政府通过建立与国际接轨的会计准则，熟练运用 WTO 争端解决机制，建立有效的汇率形成机制，可以增强我国企业应对反倾销的能力，降低对方裁定我国倾销成立的可能性，即增大对方申请反倾销成本，从而降低对方反倾销所能带来的收益，使公式（4-25）右边的收益减少，进而促使其放弃申请反倾销。而优化我国对外投资渠道，也可对其产生可置信威胁，即一旦对方对我国发起反倾销，我国企业可以通过到对方国家投资设厂，规避其贸易壁垒，从而弱化他的反倾销动机。

所以，应对反倾销的战略制衡机制是指国家从战略层面，通过制定反倾销法、提高 WTO 争端机制运用能力、完善相关的制度体系，如反倾销法、会计准则、汇率管理体系等，增强我国应对反倾销和对外反倾销的能力，从而有效遏制频繁发起的对华反倾销。其函数形式为 SC（WTO，Market，Accounting），WTO 代表运用争端解决机制的能力，Market 代表我国市场经济水平，包括：自由汇率形成机制运行情况，进出口贸易占全球的比重，市场经济地位承认状况等，Accounting 代表会计准则国际趋同的情况，会计准则与国际接轨，可以提高我国企业生成的会计信息的可采信程度，增强我国企业会计举证、抗辩的能力。战略制衡的实现主要通过报复威胁来影响对方的反倾销申请。要增强报复威慑能力，主要是从反倾销法的完善、基于反倾销应对的会计准则建设、WTO 争端解决机制运用能力的提高、自由浮动汇率机制的形成等方面练好内功，威慑对方，抑制对方反倾销的发起。

反倾销已成为带有强烈政治色彩的贸易保护工具，单凭企业层面的应诉、抗辩，不足以夺取最终的应对胜利，需要国家的战略制衡支持，为企业、行业协会的应对行动从战略层面保驾护航，这也是战略制衡机制作为应对反倾销会计协调机制重要的子机制的原因。战略制衡机制在战略层面为企业、行业协会和政府的协同应对提供保证，我们需要对政府绩效考核体系中加入促进跨国投资规避，汇率自由浮动等指标，以实现战略制衡功能的更好发挥。

### 4.4.2　我国应对反倾销的战略制衡能力分析

1. 报复威慑能力提高途径分析

我国于 1997 年颁布了反倾销法，同年国内九大新闻纸厂家对美国发起了第一起反倾销，随后于 2001 年加入 WTO，紧接着在 2002 诉诸 WTO 争端解决机制反对欧盟的不公平裁决。这些都说明我国已具备了反倾销报复威慑能力。那么这种威慑力是否减少了对华反倾销的发起呢，数据显示，美国对我国的反倾销数不但没有减少，反而在增加，我国已连续多年成为反倾销的最大受害国，具体见图4-7。

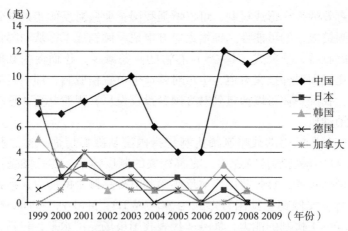

（起）

图 4 - 7    美国 1999 ～ 2009 年对主要贸易国的反倾销数

从图 4 - 7 可以看出，美国一直把中国作为主要的反倾销对象，反倾销数远远高出传统的反倾销对象，如日本、德国、加拿大等。这说明中国采取的一系列措施未能有效地增强其报复威慑能力。这是什么原因呢？为了解释这一现象，笔者查阅大量案例，发现美国近十年来对中国发起的反倾销集中在钢铁、化工、煤炭和初级农贸产品上，这些都是中国的传统优势产品，也是附加值低，在国际市场上容易遭受反倾销的产品。不仅美国这样的发达国家，而且众多发展中国家也纷纷对中国这些产品提起反倾销。尤其是在经济危机来临时，对华反倾销更是异常频繁，中国企业因此遭受了重大损失。

与此相对，美国对中国出口的主要是技术和资本密集型产品，因为中国需要这些产品，所以难以对其进行反倾销报复；即便对美国实施反倾销，如我国 2010年对美国进口汽车产品反倾销，由于美国汽车的品牌优势和中美合资厂的反倾销规避，最终效果并不理想。所以，一方面，我们无法有力地对其进行报复威慑；另一方面，我们出口的主要是劳动密集型和附加值低的、在国际市场上容易遭受反倾销的产品，报复威慑力更加难以发挥。此外，我国对 WTO 争端解决机制的运用技能尚停留在"借鉴"阶段，这也是对其他国家报复威慑力不足的又一个原因。所以，中国作为崛起中的制造大国，当务之急就是大力发展高新产业，努力提高产品技术含量，鼓励创新和推进产业的转型升级。

面对国际市场的激烈竞争，我们在应诉反倾销时，应充分利用我们价格低、质量过硬的优势，争取对方国家下游产业和进口商的支持。因为反倾销应对的成败很大程度上取决于发起国内部各利益集团的博弈。有的发达国家，如加拿大、欧盟等，在裁定反倾销时，依据公共利益原则，从整体国家利益考虑，分析反倾销是否会损害下游产业、进口经销商和消费者的利益，既然现阶段我们的威慑力有限。那么，就应积极游说对方国家主管部门或进口经销商，以争取有利的反倾销裁决结果。

### 2. 会计准则趋同的效应分析

我国新会计准则于 2007 年在 1570 家上市公司得到有效实施，时任财政部会计司司长刘玉廷认为："从目前情况来看，上市公司较好地实现了新旧准则转换，总体运行平稳"。2008 年 11 月 14 日，由欧盟成员国代表组成的欧盟证券委员会（ESC）就第三国会计准则等效问题投票决定：自 2009～2011 年底前的过渡期内，欧盟将允许中国证券发行者在进入欧洲市场时使用中国会计准则，不需要根据欧盟境内市场采用的国际财务报告准则调整财务报表。欧盟正式认定中国企业会计准则与国际准则等效，表明我国在会计准则建设、国际趋同及实施等方面所取得的成果已经得到广泛认同。

尽管我国会计准则已与国际会计准则实质上等效，但目前在提供有效举证证据，抑制对方对我国反倾销作用有限。原因在于世界各主要国家目前都还处于同国际会计准则趋同的阶段。虽然欧盟、澳大利亚、中国香港等国家和地区早在 2005 年就开始采用国际会计准则，但美国在 2014 年全面采用国际会计准则；韩国于 2013 在全国实施国际会计准则；日本于 2011 年实现与国际会计准则等效。到主要国家的会计准则与国际会计准则等效之后，我国的新会计准则的趋同效应才能得到充分发挥，制定出来的财务报告才能得到国际的普遍认可，从而更能提高反倾销抗辩能力，抑制对方的反倾销发起。

综上所述，目前我国之所以未能发挥报复威胁制衡对方向我们提起的反倾销，主要由于：①我国出口的主要是劳动密集型的、附加值低的产品，在激烈的国际竞争中易被提起反倾销。而发达国家出口我国的产品主要是技术和资本密集型产品，为我国所需要，轻易不会对其发起反倾销，因而无法对其产生足够的报复威胁。发展中国家对我国出口的以资源型产品为主，我国也不会轻易对其发起反倾销。②我国对 WTO 争端解决机制的运用尚不熟练，从而未能对他国的反倾销发起产生有效的制衡力。③对反倾销的跨国投资规避尚处于起步阶段，还有待进一步发展。④全球会计准则国际趋同还处于发展期，虽然我国会计准则已实现了与国际会计准则等效，但须待各主要国家完成了与国际会计准则的趋同，我国会计准则的趋同效用才能得到充分发挥。

## 4.5　应对反倾销会计协调机制的运行机理

无论企业、行业协会和政府均是逐利个体，因此，对其安排任务，确定职责，必须做到激励相容，否则会事与愿违，好心办坏事。遵照反倾销中的内在经济规律，笔者首先分析了企业应诉反倾销时的应诉组织问题，推导出应对反倾销效率实现的行业协会应诉协调机制。接着，通过进一步对进口国企业、进口国政府、出口国企业和出口国政府四方反倾销博弈进行分析，构建了应对反倾销效率实现的政府引导协调机制。最后，基于反倾销本质上是国家贸易保护的认识，构建了应对反倾销的战略制衡机制，依靠战略制衡抑制国外的反倾销发起。应对反倾销效率实现的行业协会应诉协调机制、政府引导协调机制和应对反倾销的战略制衡机制共同构成了应对反倾销的会计协调机制，为我们的反倾销应对在理性层面，奠定了更加坚实的理论基础。

据此，会计协调机制的函数形式为：

$$Coordinate\ (GA(Government,\ Guild,\ Enterprise,\ P),$$
$$GL(Government,\ Guild,\ Enterprise),$$
$$SC(WTO,\ Market,\ Accounting)\,。$$

其中，行业协会应诉协调机制（GA；Government, Guild, enterprise, P）要求政府利用应对反倾销的专项计划，给予行业协会应诉资助，从而破解应诉的"智猪博弈"难题，实现应诉收益最大化。政府引导协调机制（GL；Government, Guild, Enterprise）要求政府在政策、法规层面为反倾销应对做好协调、引导，从国家法令上明确反倾销应对中，企业、行业协会、商务部以及地方商务局和驻外使领馆各自的职责，从而让各主体各司其职，使应对工作得以有条不紊地进行。战略制衡机制（SC；WTO, Market, Accounting）则是通过强化我国的报复威慑能力来抑制外国对华反倾销，做到不战而屈人之兵。无论是政府引导协调机制，还是战略制衡机制，均揭示推进会计准则国际趋同的极端重要性。因为会计准则的国际趋同，直接影响到我国应诉反倾销的会计举证力度。各国的会计准则趋同，对我国企业反倾销应诉中的会计举证十分有利。所以，我们应该积极推进会计准则的国际趋同，并在这一过程中促使国际会计准则融入中国元素，以提高我国企业会计信息的国际认同度。这样，可以大大提高我们的胜诉率，从而降低对方发起反倾销的频率。

是否构建了行业协会应诉协调机制、政府引导协调机制和战略制衡协调机制，就足以保证企业、行业协会和政府能够在会计支持下联合行动、协同配合、取得应对反倾销的良好效果呢？还需要结合应诉活动的应对流程，设计出三个层次的协调子机制相互作用、协调配合的运行路线。

### 4.5.1　会计协调机制运行机理的总体描述

应对反倾销中，企业、行业协会和政府间形成网络状的关系结构，单一维度不足以反映其协调活动，需要从多维视角分析具体的协调机理，有鉴于此，笔者尝试通过三个维度阐述会计协调机制的运行机理，具体见图4-8。

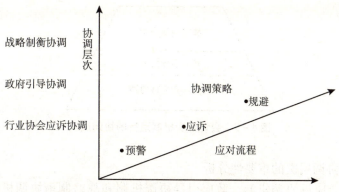

**图 4 - 8    会计协调机制运行机理的总体描述**

图 4 - 8 从三个维度对应对反倾销会计协调机制的运行机理予以概括描述，这三个维度分别是：时间轴——应对流程，空间轴——协调层次，方法轴——协调策略。对反倾销应对的协调是沿时间轴——应对流程展开的。在这里，笔者将会计协调机制展开为由协调层次和协调策略组合而成的立体协调模式，沿应对流程对企业、行业协会和政府的反倾销应对活动予以协调。应对流程中包括预警、应诉、规避三种应对活动，每一种活动均需要企业、行业协会和政府的协同配合。因此，在协调层次方面构建三个层次的协调机制；在协调方法方面设计相应的协调策略。从而依托空间轴和方法轴建立起立体化的协调模式，确保在应对反倾销时，充分发挥会计支持作用，合理配置企业、行业协会和政府资源，实现三个应对主体协调配合，获得最佳应对效果。

接下来将对会计协调机制的运行机理展开具体分析，首先对协调层次进行分析，然后对协调策略予以分类描述，最后结合应对流程阐述三个层次的协调子机制如何相互作用、相互配合，具体应对过程中应该采用何种的策略协调企业、行业协会和政府的活动。需要指出的是，为深入分析会计协调机制的运行机理，笔者从立体维度视角出发，按空间维度和方法维度对会计协调机制予以展开，得到协调层次和协调策略，二者统一于协调机制中，是会计协调机制的组成部分。

## 4.5.2    会计协调机制运行机理的具体分析

### 1. 协调层次分析

应对反倾销的会计协调机制包括战略制衡协调、政府引导协调和行业协会应诉协调三个层次，具体见图 4 - 9。

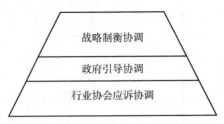

**图 4 - 9    会计协调机制运行的协调层次**

（1）各协调层次的重要性分析。

行业协会应诉协调机制、政府引导协调机制和战略制衡协调机制分别从三个层次协调企业、行业协会和政府在会计支持下的反倾销应对，那么这三个层次各自的重要性如何呢？通过发放问卷调查，运用模糊综合评判法，笔者得到如表4－1所示的判断矩阵①。

表 4 - 1    会计协调子机制权重及一致性检验

| 矩阵名称 | 判断矩阵 | | | | $w_i$ | 一致性检验结果 |
|---|---|---|---|---|---|---|
| | $A$ | $B_1$ | $B_2$ | $B_3$ | | $\lambda_{max} = 3.0092$ |
| $A - B$ | $B_1$ | 1 | 1/2 | 1/3 | 0.162 | $CI = 0.0046$ |
| | $B_2$ | 2 | 1 | 1/2 | 0.309 | $RI = 0.58$ |
| | $B_3$ | 3 | 2 | 1 | 0.529 | $CR = 0.0079 < 0.1$ |

其中，$B_1$ 代表应对反倾销的行业协会应诉协调，$B_2$ 代表应对反倾销的政府引导协调，$B_3$ 代表应对反倾销的战略制衡协调，$w_i$ 代表 $B_1$、$B_2$、$B_3$ 各自所占的权重，$\lambda_{max}$ 为矩阵的最大特征根，$CI$ 为随机一致性指标，$RI$ 为 3 阶矩阵的平均一致性指标，由 $CI/RI = CR = 0.0079 < 0.1$，可知该判断矩阵具有满意的一致性。

根据表 4 - 1 的计算结果，行业协会应诉协调占的比重为 16.2%，政府引导协调占的比重为 30.9%，战略制衡协调占比重为 52.9%。可见战略制衡对于反倾销应对成败极为重要；而政府引导协调的好坏对于有效调配企业、行业协会、政府资源，发挥协同应对能力也至关重要；行业协会应诉协调处于最基层的应诉调配环节，协调成功与否对于应诉反倾销有重要影响。

（2）应对反倾销效率实现的协调路线。

那么会计协调机制是怎样规避、克服合作应对反倾销的困境，保证应对反倾销的效率实现呢？下面我们用图 4 - 10 说明其效率实现的协调路线。

如图 4 - 10 所示，为确保应对反倾销的效率实现，以最小的成本取得最好的

---

①　调查问卷见附录 E 的表 2，问卷调查对象和模糊综合评判方法见 8.1 小节。

应对成效，必须克服存在的五个问题，即主体间信息不对称；主体间利益冲突；反倾销保护的政治性；缺乏科学的利益共赢实现途径和完善、合理的激励约束考核指标体系。会计协调机制针对此五个问题提出了相应的协调方法，即以行业协会为中介，通过应对专项计划和部门联席会议实现信息互通共享，确保企业、行业协会和政府的协同行动；明确各主体职责，平衡利益，制约"搭便车"行为；从国家层面采取措施，战略制衡反倾销保护，克服对方国家施加的政治压力；提供科学的应对反倾销专项计划运作流程；依托行业协会应诉协调机制、政府引导协调机制和战略制衡机制，构建完善、合理的考核指标体系。

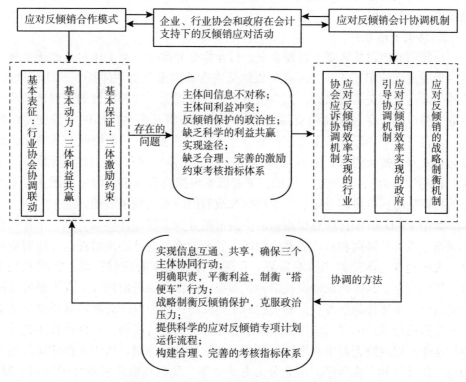

**图 4-10　应对反倾销效率实现的协调路线**

应对反倾销专项计划是针对单个行业现实的反倾销事件设立的，例如，钢铁行业应对反倾销专项计划。通过应对反倾销专项计划既能增强三体联动的协调配合，又能解决以往诸方参与力度不足的问题。在应对反倾销专项计划中，政府的职责是引导建立计划，并直接拨款形成经费支持，设立应诉反倾销专项基金；对于贸易摩擦方面的问题，以课题招标的形式组织企业、行业协会、科研院所等领域专家学者进行研究；对行业协会和企业的反倾销应对建设通过应诉基金予以资助。行业协会的职责是搞好行业内各企业协调动员应诉反倾销，申请专项计划资助作为反倾销应诉经费；此外，还要担负多渠道筹集资金的任务。生产经营企业的职责是主动跟进专项计划，及时提供相关数据资料，必要时配套补充经费，组织人员参与课题研究，配合行业协会积极应对反倾销。在这一共同利益区内，通过应对反倾销专项计划平台，三个主体协调配合、积极应对，取得应对反倾销的最佳效果，实现各自目的。政府实现了解决贸易摩擦问题，维护产业健康稳定发展，最终增进了国家福利；行业协会实现了成功组织应诉，促进行业繁荣发展；生产经营企业实现了科学有效应对反倾销诉讼、维持市场份额、保证企业经营收益。不仅如此，应对反倾销专项计划使各主体资源统筹调度，实现了资源共享，确保成功应对反倾销。

2. 协调策略分析

反倾销的应对从客观上促使企业、行业协会和政府三类主体对彼此优势强项资源形成高度的相互依赖，而这种依赖又内在地要求三类主体摒弃一切松散的、偶然的或随机的交易或联合，因为根据交易成本理论，这种松散的、偶然的或随机的交易或联合存在太高的交易运行成本，必须将三类主体间的资源交易内部化，使得三类主体形成一个类似科斯意义上的"企业"，从而降低交易费用，提高运行效率。按此需求，笔者将多元利益相关主体应对反倾销的活动看成"企业"的组织活动①，基于这一认识，笔者借鉴组织协调理论，构建如图 4 – 11 所示的协调策略，以协调企业、行业协会和政府的应对反倾销活动。

如图 4 – 11 所示，应对反倾销的协调策略分为流程设计协调、基于工作的协调、基于技术的协调和群体关系协调四大类型。流程设计协调指在设计应对流程时，考虑到各主体的协调应对需要，合理安排各主体的应对行动，实现互相支持、密切配合。具体包括触发式协调、多部门协作和层级协调等。其中触发式协调是指以一项事件为触发点，相关应对主体立即执行相应的应对行动以支持其他应对主体的行动；多部门协作指对政府各相关部门进行协调，以促使各相关部门协同运作；层级协调是指对不同层级的应对活动进行协调。基于工作的协调包括制订工作计划和工作程序，推进分工专业化等。我们在前面所构建的协调机制，对企业、行业协会和政府的具体应对职责已经明确，在此基础上，我们可以制订企业、行业协会和政府相关部门的应对工作计划和程序，推进分工专业化，并以激励约束考核指标评价其工作完成情况，给予相应的奖惩，以督促其完成本职工作。

---

① 如无特殊说明，本书中多元利益相关主体即指企业、行业协会和政府。

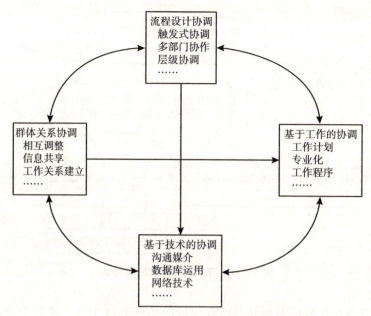

**图 4 – 11　应对反倾销的协调策略**

基于技术的协调包括运用沟通媒介、数据库和网络等技术，实现更有效地沟通、协调。群体关系协调包括相互调整、信息共享和工作关系建立等。其中相互调整策略包括沟通和信任关系的建立，主要指利用人的主观能动性和人际关系的建立来协调和处理组织中的依赖关系；信息共享指建立信息传递通道，实现信息互通，及时传达；工作关系建立旨在通过让应对主体间建立一种配合、协作的工作关系，确保协调活动的顺利开展。

3. 基于应对流程的协调机理分析

根据应对流程，反倾销的应对活动可归纳为三种，预警、应诉和规避，由于应诉是主要的应对活动，下面阐述该活动中具体的协调机理。具体见图 4 – 12。

图 4 – 12 中数字序号代表的具体活动：

①通知商务部，对方发起反倾销调查，并要求商务部转告我国涉案企业填答调查问卷。

②通知涉案的行业协会，对方发起反倾销，要求行业协会组织企业填答问卷，进行应诉。

③行业协会组织企业应诉，指导企业做好应对反倾销的会计基础工作，提供会计应对技术策略的服务。

④行业协会召集企业开会，商讨应诉事宜，企业间进行应诉博弈，最后形成谁做应诉领导者，谁是应诉参与者，谁是"搭便车"者的抉择均衡。

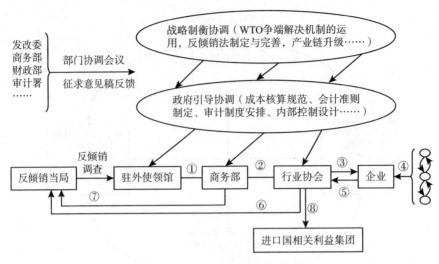

**图 4 - 12　应对流程中的应诉协调**

⑤应诉企业准备抗辩材料，做好应诉的会计基础工作，进行会计举证、抗辩，提供应诉经费等。

⑥涉案行业协会应诉反倾销。

⑦商务部为我国涉案企业向对方反倾销当局积极申辩。

⑧向支持反倾销应诉的利益集团游说，以争取他们帮助，从而利用公共利益原则影响对方反倾销当局的最终裁决，相关利益集团包括：进口国经销商、消费者等。

如图 4 - 12 所示，企业、行业协会和政府协调应诉活动是在政府引导协调和战略制衡协调的支持配合之下进行的，要实现政府引导协调机制和战略制衡机制的有效运行，确保其对应诉层面的有力支持，需要协调政府各相关部门行动，实现政企互动，此时，良好的沟通协调措施必不可少，通过部门联席协调会议制度和征求意见稿反馈制度可以较好实现政企互动，确保微观、中观和宏观各层次协调子机制的协同配合。在应诉中具体的协调策略为：

a. 触发协调，在活动⑥发生后，触发活动⑦，通过政府高度重视反倾销的应诉，给对方施加压力，以有力地保证最终的应诉成功。我国应仿效日美等国的合理做法，从国家层面扶持企业应对反倾销，政府为企业应对反倾销提供后台支持，具体做法包括：积极向境外反倾销当局申辩，进行政府间沟通、会晤，为我国企业争取平等地位；对发起反倾销的国外企业在华销售的产品展开调查，以对其施加压力，从而发挥战略制衡作用，为我国企业应对反倾销创造有利条件；及时、有效地为我国企业提供各种会计应诉辅导和支持，指导、协助企业应诉；还应注意同进口国政府展开贸易对话磋商，为我国企业的产品出口保驾护航。

b. 工作顺序协调，①→②→③→④→⑤→⑥，各项活动顺序协调进行。

c. 前提保障安排，战略制衡协调和政府引导协调是①②③④⑤⑥⑦⑧各项活动高效实现的前提保障，所以需要做好战略制衡协调和政府引导协调工作，以保证应诉的各项工作获得理想效果。

d. 多部门协作，通过部门联席工作会议协调各部门的法规、政策、制度的设计和制定，有效保障了政府引导协调和战略制衡协调的运行。

e. 沟通媒介、网络技术协调，通过现代的网络通道，将各种政策、草案的征求意见稿的反馈意见及时收集，并实现高效的沟通，可以保证企业、行业协会与政府之间就反倾销应对问题迅速达成一致，并能使制定的法规、政策、制度在一定程度上满足企业、行业协会的真实需求。

f. 奖惩机制，按考核指标对企业、行业协会和政府的应对行为进行评价、考核，予以相应的奖惩，以激励应对主体切实执行。

g. 联席会议，企业、行业协会派出代表，与政府各部门在一起通过联席会议进行沟通，将企业应对反倾销的诉求向政府反映，以便于政府相应政策的制定、落实。

h. 工作计划、专业化、程序化，依据协调机制对各主体的职责设定，明确各主体的应对职责，安排具体的工作计划，实行专业化分工，做到在正确的时间，以正确的方式做正确的事情。

i. 群体间知识、信息共享，建立高效合作的工作关系。

j. 相互调整，提供各应对主体的相关负责人非正式的人际沟通渠道和机会，利用人的主观能动性和人际关系的建立来协调和处理应对活动中遇到的问题。

# 4.6　本章小结

倾销的确定和反倾销的裁定不是普通的法律诉讼，而是发生在既定法律程序之下的会计纷争，反倾销应对的外在表象是由其内在本质的整体性制度安排所决定的，在应对反倾销的整体性制度安排中，会计制度设计的好坏对于成功应对反倾销意义重大，因此，需要设计最优的会计工作制度、内部控制制度、会计准则、审计制度，并将其内生化嵌入到企业、行业协会和政府的协调应对活动中，通过行业协会应诉协调、政府引导协调和战略制衡协调，有效的联合三个应对主体、整合各主体的会计资源，实现应对成效最大化。企业应对反倾销的会计协调机制概念框架具体见图 4-13。

如图 4-13 所示，为设计出能有效支持反倾销应对的会计制度（企业会计工作制度、内部控制制度、会计准则和审计制度），笔者运用博弈论推导分析得出最优的行业协会应诉协调机制、政府引导协调机制和战略制衡协调机制，并在博弈中分析会计信息对博弈参与人的影响，依据参与人的博弈均衡策略，得出应对反倾销的最优会计组合策略。如在政府引导协调机制的构建中，通过对进口国政府、进口国企业和我国政府、我国企业的四方信号博弈分析，根据进口国政府不审计和采取审计两种情况下的博弈均衡推导，揭示提供真实可信的会计成本信息对于成功应对反倾销的重要意义，得出我国企业和政府应积极配合进口国政府的成本审计，真实反映生产经营中的环境成本，土地占用费和政府给予的补贴，以争取有利税率。并在第9章应对反倾销会计协调机制的保障体系中，对应诉反倾销的成本模块化管理、反倾销应对支持的会计准则趋同、应对反倾销的内部控制建设和反倾销举证支持的审计制度安排予以深入、详细的阐述，以使应对反倾销的会计整体性制度安排具有可操作性，从而有力地支持企业、行业协会和政府协调应对反倾销的活动。

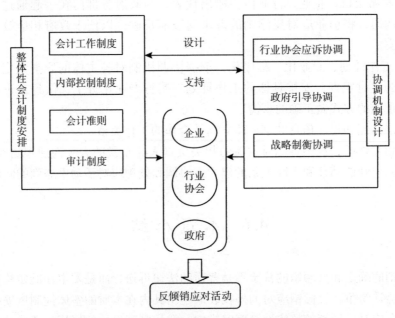

**图 4 – 13　企业应对反倾销会计协调机制的概念框架**

本章通过对企业应对反倾销的主体博弈分析，从行业应诉、政府引导、战略制衡三个层面构建起保障应对反倾销效率实现的行业协会应诉协调机制，政府引导协调机制和战略制衡机制，克服了主体间利益冲突、信息不对称、反倾销保护的政治性的问题，提供了科学合理的应对反倾销专项计划运作流程和完善的激励约束考核指标体系，从而有力保证了应对反倾销合作模式的有效运行。在运用三个子机制构建起应对反倾销会计协调机制的基础上，笔者进一步结合应对反倾销流程，分析应诉协调活动中，行业应诉、政府引导、战略制衡，这三个层次协调子机制的协同运作机理。为了清晰地阐述会计协调机制的运行机理，笔者建立协调层次、协调策略和应对流程三维度分析框架，将三个协调子机制的功能展开为协调层次和协调策略，并将二者嵌入到具体的应对流程中，分析行业协会应诉协调、政府引导协调和战略制衡协调这三个协调层次和基于工作的协调、基于技术的协调、群体关系协调和流程设计协调这四类协调策略如何有机地统一服务于具体的应对协调活动之中。

# | 第 5 章 |
# 企业应对反倾销的会计信息响应机制设计

　　企业应对反倾销活动是在不完全信息条件下进行的，无论是反倾销涉案企业、行业协会，还是反倾销裁决当局、申诉国政府等，均无法获得完全信息，且都有利用自己的私有信息获取利益的动机。在此不完全信息环境下，他们只能依据所获得的信息进行判断，作出对自己最有利的决策，这样，不同的信息可以促使独立主体采取不同的行动。

　　由于 WTO 规定"倾销的判定，关键在于出口国企业的产品是否以低于生产成本的价格出口销售"，无论是生产成本，还是出口价格，均依照相应的会计准则和制度，经过一系列会计核算而得出，而反倾销诉讼中，反倾销申请企业提供的倾销与损害证据，出口国企业的会计预警、举证和抗辩，反倾销裁决当局的成本核定、会计采信等，均涉及会计问题。事实上，反倾销调查发起之后，调查机关与有关当事人迅速卷入了一场关于产品与价格的会计争论之中。在一定意义上，反倾销不是普通的法律诉讼，而是发生在既定法律程序下的会计制度纷争。企业应对反倾销的成败，从某种意义上说，取决于企业能否准确把握反倾销裁决当局的信息需求，提供恰当、有效、准确、及时的各项会计信息，以及合理规划、设计信息生成、传导背后的一系列制度体系。

　　基于此，笔者认为在应对反倾销中应首先分析反倾销裁决当局的利益取向，以及不同的会计信息对其判决的影响作用，然后，以此为依据设计相应的会计信息生成、传导机制，影响反倾销裁决当局的裁决过程，促使有利的裁决结果形成，最后，通过构建反倾销信息反馈、修正系统，使反倾销会计信息的生成、传导所产生的作用影响，得到及时反馈，让我国企业与政府能迅速地获得效果反馈，从而对会计信息生成方式和传导路径予以修正，以取得更好的作用效果。本章尝试设计出反倾销会计信息需求分析系统，会计信息生成机制，会计信息传导机制和反倾销信息反馈、修正系统，构成完整的应对反倾销的会计信息响应机制，并从制度和方法层面构建其保障体系，为应对反倾销提供理论和实践指导，这对于我国企业应对反倾销的战略决策，政府的贸易政策、会计准则和制度的制定与实施，贸易理论和会计理论的创新与发展，均具有十分重大的理论价值和现实意义。

# 5.1　相关概念界定

反倾销会计一般是指被起诉的倾销主体运用国际贸易、反倾销等法律、法规以及会计知识，就反倾销中的相关问题提供会计支持、进行会计规避、会计举证、会计调查、会计鉴定等一系列活动的总称。反倾销会计一般包括反倾销提起会计、反倾销调查会计、反倾销应诉会计和反倾销规避会计等主要内容。

反倾销会计信息响应机制应是企业快速、有效响应反倾销发起的协同运作体系，包括前端的信息需求分析、中端的会计信息生成，以及后端的信息报告反馈，三个系统有机衔接，能提升反倾销应对成效，改善我国企业反倾销应对局势。

# 5.2　会计信息响应机制设计的总体思路与技术路线

## 5.2.1　总体思路

会计信息响应机制的运行包括反倾销的信息需求分析、会计信息生成、信息传导、反馈和修正等一系列流程，每个环节包括若干子系统，其具体功能分别由企业、行业协会和政府来实现，构建反倾销会计信息响应机制的总体研究方案技术路线概图，如图 5 - 1 所示。

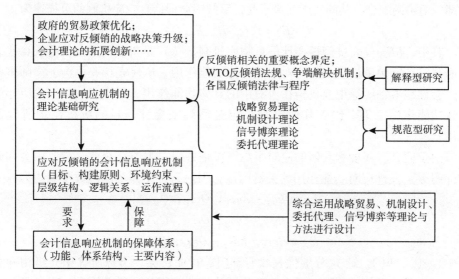

**图 5 - 1　企业应对反倾销会计信息响应机制的总体研究思路**

## 5.2.2 反倾销会计信息响应机制设计的技术路线

反倾销会计信息响应机制的核心是通过信号传递，确保反倾销裁决当局识别涉案企业所报告信息的真伪，影响其利益抉择，促使其采取对反倾销应诉企业有利的裁决。反倾销活动中，反倾销裁决当局追求的是多目标优化，不仅追求国家福利最大化，还希望最大限度地获得选民支持，以及营造良好的国际政治经济关系。其目标函数可以描述为：

$$U_{AT} = W(S,\ T,\ X) + Pub + Int$$

其中，$U_{AT}$代表反倾销裁决当局的效用，$W(\ )$ 是裁决当局的国家福利函数，$S$ 代表国内企业利润，$T$ 代表反倾销税收，$X$ 代表国内消费者福利，$Pub$ 表示选民支持程度，$Int$ 代表国际关系的良好程度。

由于信息不对称，反倾销裁决当局不了解涉案企业的真实成本信息，难以做出能实现多目标优化的反倾销裁决。作为应诉企业，此时发出一系列恰当、真实、可信、及时的会计信息，举证反倾销申诉企业的信息谎报行为，帮助裁决当局实现多目标优化，将有助于赢得反倾销应诉的成功。应诉企业的信号传递收益函数为：

$$U_E = Sav_T - C_E$$

其中，$U_E$ 代表反倾销应诉企业的效用，$Sav_T$ 代表应对活动带来的收益（如反倾销税减少等），$C_E$ 代表信号的成本，包括信息的前端分析、生成、传递等耗费的成本。

应对反倾销的信号分析、生成、传递需要企业、行业协会等中介机构和政府相关部门的协调配合，共同实施。鉴于此，反倾销会计信息响应机制的可描述为：

$$RES = r(G,\ H,\ E,\ O)$$

其中，$RES$ 代表反倾销会计信息响应机制，$r(\ )$ 是机制的反应函数，$G$ 代表政府部门在反倾销信息响应应对中的具体功能作用，$H$ 代表行业协会、律师事务所、会计师事务所等中介机构在应对中的具体功能作用，$E$ 代表的是企业所起的具体功能作用，$O$ 则代表其他因素在应对反倾销会计信息响应机制中所起的作用。

由于信息、环境和具体的应对组织安排是各应对主体（企业、行业协会和政府部门等）发挥应对功能作用的关键因素，因此，各主体功能函数可表述为：

$$G = g(Inf_G,\ Env_G,\ Org_G,\ Q_G),$$
$$H = h(Inf_H,\ Env_H,\ Org_H,\ Q_H),$$
$$E = e(Inf_E,\ Env_E,\ Org_E,\ Q_E)$$

其中，$g(\ )$，$h(\ )$，$e(\ )$ 分别代表政府部门、行业协会、事务所等中介机构和企业的功能反应函数，$Inf_G$，$Inf_H$，$Inf_E$ 分别代表政府部门、行业协会、事务所等中介机构和企业在机制运作中的信息输入，$Env_G$，$Env_H$，$Env_E$ 分别代表政府部门、行业协会、事务所等中介机构和企业在机制运行时的内外部环境，$Org_G$，$Org_H$，$Org_E$ 分别代表政府部门、行业协会、事务所等中介机构和企业具体的应对活动组织与安排，$Q_G$，$Q_H$，$Q_E$ 分别代表影响政府部门、行业协会等中介机构和企业的应对功能作用发挥的其他因素。

综上所述，构建应对反倾销的会计信息响应机制的具体技术路线，如图 5-2 所示。

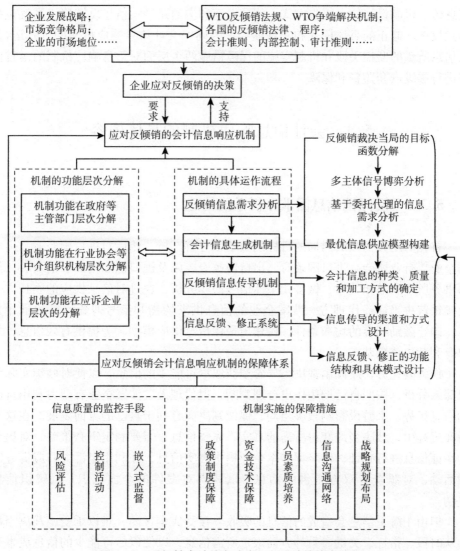

**图 5-2　反倾销会计信息响应机制设计的技术路线**

如图 5-2 所示，会计信息响应机制的运行包括反倾销的信息需求分析、会计信息生成、信息传导、反馈和修正等一系列流程，每个环节包括若干子系统，其具体功能分别由企业、行业协会和政府来实现。其中，各流程的具体内容分别为：反倾销信息需求分析包括分解反倾销裁决当局的目标函数，根据反倾销裁决当局的利益最大化追求，进行多参与主体的信号博弈分析，在信息委托方—反倾销裁决当局，信息供应方—反倾销涉案企业组成的委托代理模型中，分析博弈均衡，构建出口企业最优的信息供应模型；会计信息生成机制包括依据前端的信息需求分析确定应提供的会计信息质量、种类，设计相应的信息加工模式；反倾销信息传导机制设计信息报告方式，传导渠道和沟通路径；信息反馈修正系统包括信息反馈、修正的具体模式和实现途径。为确保会计信息响应机制的有效运行，从信息质量的监控手段和机制实施的保障措施两个层面对信息响应机制的运行流程进行层级嵌套监督和保障。

# 5.3  会计信息响应机制的具体内容

## 5.3.1  反倾销信息需求分析系统构建

首先对反倾销裁决当局的目标函数予以分解剖析，然后对进口国企业、出口国企业、行业协会、进口国政府、出口国政府，以及进口国经销商、消费者、律师事务所等利益相关方，做多元主体信号博弈分析，通过对信息供应的委托方—反倾销裁决当局、代理方—涉案企业的信息供求均衡和信号博弈均衡的推导判定，确定激励相容的均衡条件，构建出最优信息供应模型，为提供有效信息，争取有利裁决奠定基础。

作为委托方，反倾销裁决当局希望获取尽可能多的信息，以便对倾销实际状况深入分析，按照自己期望作出合理判断，但代理人，涉案企业有动力利用自己的信息优势，来游说影响裁决当局，促使判决向有利于自己的方向发展。在这一博弈过程中，裁决当局获得所需的真实、完整信息，需要制定审查策略，对提交的举证信息进行查证，以督促涉案企业提供真实信息，并利用申诉方和应诉方辩护活动，对照查看双方提供的信息，以获得对案件的全面认识，以辨识信息真伪。

但由于海量信息会造成的信息的吸收、接受成本过高，难以承受，裁决当局会从时段、指标、关键参数等方面限定所需信息，以便以尽可能少的信息成本消耗，获得所需的重要信息，以便作出合理裁决。

## 5.3.2 反倾销信息生成机制构建

依据反倾销信息需求分析获得的应提供的会计信息种类、质量等目标要素，建立信息加工规则库、模型库、方法库、推理机等组成部分，并构建相互运作路径等方式，将所采集的相关原始数据进行加工处理，生成能获取有利裁决结果的举证信息，并实现按照应对反倾销信息类别格式化存储，以备二次加工处理，此套信息加工流程，在会计信息响应机制中居于重要地位。

反倾销信息生成机制的运作路径如图 5-3 所示。

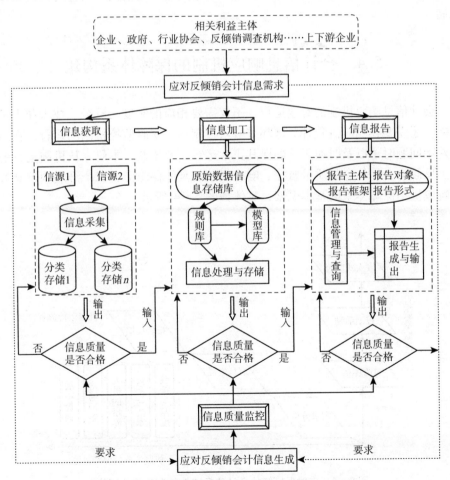

**图 5-3 企业应对反倾销会计信息生成机制实现路径**

### 5.3.3 反倾销信息传导机制及反馈系统设计

由于不同的信息传导模式会导致不同的作用效果，所以需综合运用会计信息决策有用性理论、信息扩散理论和企业社会网络理论，分析各种传导模式的具体效应，选择最优传导路径和报告方式，确定加工后会计信息对外输出和呈报的流程与方式、企业信息报告具体的披露时间与形式、信息传递的渠道和方式，以取得最佳应对效果。

对反倾销信息反馈系统的具体功能、结构层次和机理模式进行深入剖析，设计能及时追踪信息作用效应，修正企业、行业协会和政府的应对行为的高效反馈机制。

## 5.4 会计信息响应机制的保障体系构建

会计信息响应机制的有效运行，不仅需要相应的制度、资金、技术和人员的支持，还需要在响应流程各关键环节嵌入控制点，实时监控机制的运行，在出现偏差和问题时予以及时纠正，确保其正常运行。鉴于此，本研究从机制运行的流程、反倾销会计信息的质量监控、响应机制的具体保障措施三个维度构筑会计信息响应机制保障体系的基本框架，具体如图 5-4 所示。

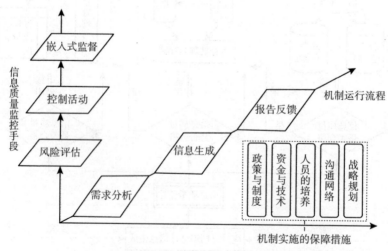

**图 5-4 应对反倾销的会计信息响应机制实施保障体系**

会计信息响应机制的运行流程可以划分为需求分析、信息生成和报告反馈三个环节，为保障机制运行效率的实现，一方面，通过细化需求分析、信息生成和报告反馈的具体实施程序与步骤，明确具体的功能要求，确保各环节的高效执行；另一方面，围绕这三个环节分别从机制实施保障措施的完善和信息质量监控手段的设置这两个层面构建立体化的保障体系。

### 5.4.1 机制实施的保障措施

（1）政策与制度保障。

①政策保障。制定相应的外贸、税收等政策，通过税费减免、奖优罚劣，来引导、鼓励企业、行业协会、政府等利益相关主体依照会计信息响应机制的具体要求认真执行，协同应对反倾销。

②制度保障。在制定会计准则、审计准则、内部控制规范、企业成本核算制度等规范时考虑到应对反倾销的实际需要，从制度层面保障会计信息响应机制的运行。

（2）资金与技术保障。

①资金保障。政府、行业协会和企业均设立专项基金，资助应对反倾销的信息需求分析系统、会计信息生成机制、传导机制和反馈机制的研究设计和具体实施。

②技术保障。设计会计信息响应机制需要研究各种现代信息、贸易和会计的技术、方法与理论，依托现代信息传播方法、沟通技术，引入机制设计理念、需求分析技术，将其运用于反倾销应对中。

（3）人员保障。要求政府、企业以及行业协会等中介机构，对从事反倾销相关工作的人员，从招聘、培训、选拔、辞退等各方面，均应满足反倾销应对的需要，保证人员的从业素质。

（4）信息沟通网络的构建。从本质上讲，反倾销是个系统工程，绝非某个部门或者某个企业能够独立承担的，应对反倾销更需要核心企业立足于整体价值链的视角实施控制，积极同包括企业、政府相关部门、中介机构（如行业协会、律师、注册会计师等）、上游供应商以及下游进口商和销售商等的各利益相关方进行沟通，通力协作，构筑"应对反倾销的协同系统"。企业应建立反倾销信息平台，为事前防范和事后举证提供支持，并在企业内部建立有效的信息沟通渠道，确保组织中每个人均清楚地知道自己在反倾销应对中所承担的具体责任，所负责的活动与他人的工作怎样发生关联，以及如何进行向上、横向、向下和对外沟通。

（5）战略规划体系的布局。反倾销应对的战略规划包括国家层面、产业层面和企业层面这三个层次的具体战略。纵观诸多战略理论与战略实践，参与主体应对反倾销的战略确定和目标的实现主要由其经营方向、外部环境和内部资源三个因素决定，在战略分析、战略决策和战略实施的过程中必须考虑这些因素，科学设计、合理布局，详细规划应对战略。

## 5.4.2 信息质量的监控手段

（1）风险评估。通过风险评估，企业能及时识别、系统分析经营活动中与反倾销应对会计信息响应机制相关的风险，合理确定风险应对策略，具体包括目标设定、风险识别、风险分析、风险应对等程序。应建立以价值链管理思想为指导的全面风险评估机制，包括信息收集风险识别与分析、风险信息发布和风险管理措施等。

（2）控制活动。控制活动旨在确保管理阶层的指令得以实现，包括诸如核准、授权、验证、调节、复核营业绩效、保障资产安全以及职责分工等多种活动。针对防范反倾销要求、反倾销调查和反倾销信息报告的要点，笔者认为，应运用价值链分析的方法对企业采购、生产和销售等流程以及法务管理、会计系统控制等关键环节进行系统分析，结合其中可能存在的问题进行专门的制度设计。一方面，通过对销售策略、定价机制等环节的控制，有效规避反倾销风险；另一方面，一旦遭遇反倾销诉讼，企业规范化的生产经营、明晰的核算资料以及基于制度保障的市场化运作可以提供有利的举证和抗辩，维护和保障企业权益。

（3）嵌入式监督。嵌入式监控贯穿于信息响应机制流程各个环节，在信息响应每一个流程中都会对输入、输出该流程的信息进行质量鉴定，当发现信息质量难以达到该流程质量要求时，就会将不合格的信息原路径退回，不准进入下一流程，须立刻实施及时有效的相关纠正措施，只有流程中经过检测的信息符合质量要求时，才会允许该流程生成的信息进入下一环节。最后，直到各流程中都生成符合各自质量要求的信息，才能够最终完成信息生成任务，将生成的应对反倾销会计信息以报告的形式进入输出层，报送相关信息需求主体。

| 第 6 章 |

# 反倾销的游说竞争分析

企业运用成本信息来影响反倾销裁决，获得对自己有利的反倾销税，是反倾销游说方式中的一种。不同于在美国，企业能直接通过政治献金影响裁决，获得有利的反倾销裁决，在我国，反倾销涉案企业一般通过代表委员类政治联系来对裁决当局施加影响，且公共宣传、财务支持、政治施压等方式也经常被用于游说活动。

由于反倾销体现申诉企业和应诉企业间的直接对抗，所以反倾销的游说竞争活动呈现多样性和复杂性，通过对企业间的反倾销游说竞争活动分析，可以更深入地了解反倾销中各利益主体的自我行为强化，从而为协调机制的运作安排提供参考。

鉴于此，本章构建涉案企业反倾销游说竞争的分析框架，分析企业"搭便车"行为，以及信息游说产生的影响作用，然后引入"刻画"裁决当局决策偏好的理念参数，分析在不了解裁决当局决策偏好背景下，涉案企业如何进行游说投入抉择。

## 6.1　游说竞争对反倾销裁决的影响：
## "搭便车"行为和信息效应分析

### 6.1.1　引言

为何自由贸易被广泛推崇，却很少被采用，众多经济学家将其原因归结为"政治"。政府部门在制定贸易政策时，不仅承受特定利益群体施加的压力，还需考虑选民的支持度。为换取财务或其他方面的支持，裁决当局可能会顺应特定利益群体需求，违背民众意愿，采取高社会成本的贸易保护政策。

Grossman 和 Helpman 给出关于贸易政策游说行为分析的适用框架，他们对为何反倾销行为如此普遍而国家间的自由贸易如此之少，提供了合理解释。通过构建以利益群体为委托人，裁决当局为代理人的委托代理模型，推导出均衡状态下的反倾销税。他们假设在一个小经济体中，每个个体均有各自的偏好和不同的能力特长，且每个个体都追求效用最大化。Grossman 和 Helpman 假设国家福利由个体效用组成，即当个体效用之和最大时，国家福利达到最大。但在实际经济活动中，开展游说、支付税费、提供就业，均是企业而不是单个个体。所以，笔者用企业收益、消费者剩余和税收收入之和来表示国家福利，根据 Grossman 和 Helpman 构建的保护代售模型，分析反倾销游说博弈下参与各方的利益抉择，得出影响最终反倾销税的主要因素，并推导出国内企业与国外企业游说竞争下的均衡政策。

保护代售模型为解释利益群体的游说行为，以及裁决当局的政策抉择，提供了实用的分析框架，许多学者基于保护代售模型开展研究，主要分为两种类型。第一种是运用案例数据，开展实证分析来验证保护代售模型。Evans 和 Sherlund（2011）采用包含申请反倾销保护的单个企业和工会组织政治捐献数据的特定数据库，开展实证分析，发现政治活跃的申请者更可能获得保护，该群体能得到更高的反倾销税。而且，进口渗透率和征收的反倾销税之间的联系，依赖于申请者是否在政治上活跃，对于政治不活跃的申请者，反倾销税与进口渗透率成正比，对于政治活跃的申请者，反倾销税与进口渗透率成反比，这与 Grossman – Helpman 的模型预期相同。Eicher 和 Osang 对 Grossman – Helpman 模型和 Gawande, Bandyopadhyay 构建的模型予以验证，他们发现当游说贡献直接影响反倾销税形成时，关税形成模型不成立，而且非合作策略并不意味着游说将会是零收益，这与保护代售模型的估计结果一致。

第二种研究模式是将企业信息举证和"搭便车"行为引入保护代售模型中加以分析。Bennedsen 和 Feldman（2006）发现在开展游说贡献时，信息的外部性增加成本，该情况降低企业获取信息的动力。进而他们分析信息和献金的提供者之间的竞争行为，是如何影响政府贸易政策的选择及政策有效性的，他们认为信息外部性对于不需搜寻信息，只需专注于开展游说贡献的企业有利。Gawanda 和 Magee 基于保护代售模型，研究"搭便车"行为对于关税游说活动的影响，与以前认为"搭便车"行为导致福利降低，且政策偏向于特定利益群体的研究结论不同，他们认为由于政府追求福利最大化，较少关注游说贡献，所以他们认为"搭便车"行为不会对行业内企业有组织的政治游说活动产生阻碍。

顾振华、沈瑶（2015）对中国政商环境下的贸易政策游说活动展开分析，提出中国利益集团影响政府决策的机制为代表委员类政治联系。虽然政治联系只是诸多"隐性"影响方式的一种，但是它在中国具有典型的代表性。他们运用面板联立方程组模型进行经验验证，证明拥有利益集团的行业会获得较高贸易保护；若下游行业存在利益集团，则上游行业原先获得的保护会被削弱。中国政府在制定贸易政策时基本兼顾了社会福利和利益集团利益。戴亦一等（2014）以 2006~2011 年 A 股上市公司数据实证分析，发现非国有产权性质、外地调任市委书记和地区较高的市场化程度三大因素，均会显著增强地方政府换届对企业捐赠规模和倾向的正向效应。他们认为中国民营企业的慈善捐赠在某种意义上来说也是一种为建立政治关系而付出的"政治献金"。

游说活动如何影响贸易政策，如果存在游说竞争结果将会怎样？信息提供对于均衡贸易政策的形成将产生何种影响？"搭便车"行为真的会降低企业的游说动力吗？本文尝试分析解答这些问题。本文可能的贡献在于区别于已有文献中以个人效用总和代表国家福利来展开分析论证，笔者用企业收益、消费者剩余和税收收入来表示国家总体福利，针对中国独特的政商环境，分析企业间游说竞争活动，并构建模型分析信息举证和"搭便车"行为对反倾销裁决的作用效果。

本节结构如下，首先论述相关文献及研究意义；其次，假设企业和裁决当局拥有完全信息，对反倾销游说下的博弈均衡展开分析；接着，考察当国内企业不了解主管当局对国民福利重视程度的真实信息时，国内企业合作游说下的均衡政策；之后，将国内企业和国外企业间的游说竞争纳入考虑，尝试弄清游说竞争活动对最终的反倾销税形成究竟产生何种影响；然后，对信息游说和"搭便车"行为的影响予以分析，并给出均衡选择；最后，给出本文结论和未来研究展望。

## 6.1.2 完全信息下的反倾销游说博弈分析

### 6.1.2.1 基本假设

假设国内企业和国外企业都在国内市场按售价 $p$ 销售同一产品 O，$p^*$ 为该产品在国际市场的售价，其为外生给定变量。假定在国内市场销量为线性需求函数，$Q = a - bp$，设国内生产产品 O 的企业为 $i$，$i \in L$，$L$ 是开展游说以获取期望贸易政策的国内企业集合，$q_i$ 是该企业的销量。国内市场的需求函数为：

$$Q = \sum_{i \in L} q_i + m \qquad (6-1)$$

这里 $m$ 表示来自国外企业的进口量，在国内市场，竞争压力迫使国内企业通过申请反倾销向政府寻求贸易保护，为获取期望的反倾销税，国内企业将开展游说活动，国内企业的效用为：

$$V_i = q_i p - C_i \qquad (6-2)$$

在此，$C_i$ 为 $i$ 的游说投入。反倾销游说可以归为以下五类：第一种，国内企业的负责人担任人大代表、政协委员，或向本行业人大代表、政协委员建言，参政议政，为本企业争取有利的反倾销政策；第二种，国内企业通过公关宣传，向裁决当局证明自己所处产业的战略地位，对其实施产业保护的重要意义，以影响最终的反倾销裁定；第三种，国内外企业直接向裁决当局提供政治献金，以获取所期望的反倾销税裁决；第四种，国外企业联合进口国的经销商、下游制造商，乃至消费者，共同游说进口国政府相关部门，说明征收反倾销税的负面效果，以获得低反倾销税，甚至零税率；第五种，国外企业向本国政府寻求帮助，通过本国政府向目标市场国开展政府间对话，进行沟通、交流，来赢得有利的反倾销应诉地位。所有以上游说活动，均需耗费时间、金钱等各种资源，增加企业的成本，且采取不同的游说方式，对最终裁决的作用效果是不同的，为简化分析，用 $C_i$ 表示企业 $i$ 开展游说的投入成本，用 $\beta_i$ 表示企业 $i$ 游说活动对反倾销裁决的影响程度，即不同方式游说行为对最终裁决的具体作用效果。

行业内开展游说企业的总效用为 $V = \sum_{i \in L} q_i p - \sum_{i \in L} C_i$，根据共同知识，国家福利为国内企业收益、关税收入和消费者剩余之和，即

$$w(p) = \sum_{i \in L} q_i p + (p - p^*)m + \frac{Q^2}{2b} \qquad (6-3)$$

国内市场与国际市场的价格差异是由反倾销税、物流成本，以及企业利润等因素造成，为重点考察反倾销税效应，在此，假定国内价格与国际价格差异主要受关税影响，用 $p - p^*$ 代表反倾销税。

为简化分析，我们将政策工具限定为贸易税和补贴两种，这些政策使得产品的国内市场价格与国际市场价格之间产生了差异。对于进口产品，当国内价格超过国际价格时，意味着可能有进口税使其价格上升，对于出口产品，国内价格超过国际价格，则意味着存在出口补贴。与之相对应，当进口产品的国内价格低于国际价格时，则意味着可能存在进口补贴，而出口产品的国内价格低于国际价格，意味着存在出口征税。征税或补贴的具体金额为 $(p - p^*)m$。

本章笔者将分析限定于裁决当局在决策时，主要考虑游说活动带来政治贡献和国家福利的效用总和，其中，政治贡献包括政治献金、代表委员类政治联系、政绩形象、政府国际关系等，政治献金能支付竞选花销，改善官员生活，而代表委员类政治联系、政绩形象、政府国际关系等则影响官员仕途升迁，所以，为获得好的政治贡献，决策者会依据游说贡献者的意愿对贸易政策予以调整。而国家福利影响民众对政府的支持力度，中国历届政府都将"执政为民"作为政策制定的基本原则，因此，决策者也会对国家福利予以一定程度的重视，在此以 $\alpha$ 表示其重视程度。综上所述，政府的目标函数为

$$G = \sum_{i \in L} \beta C_i + \alpha w(p) \qquad (6-4)$$

这里 $\beta$ 反映企业游说活动对反倾销当局的影响程度。在此假定国内同行业企业均能合作开展游说，反倾销游说中的"搭便车"问题将在第四小节进行分析。

### 6.1.2.2 游说竞争下的均衡税率分析框架

产品的价格由许多因素所影响，如企业的定价策略，市场供求关系等，在此为重点分析反倾销税的作用，我们假定价格主要受反倾销税影响。裁决当局通过反倾销税的裁定来影响国内商品价格，当国内市场中该商品价格达到 $p^0$ 时，裁决当局可实现效用最大化。设 $\gamma$ 为裁决当局期望的国内产品价格组合，该组合上限价格为 $\bar{p}$，下限价格为 $\underline{p}$。通常我们所分析的均衡价格位于向量组 $\gamma$ 之中。贸易政策的均衡博弈步骤如下：

（1）裁决当局清楚自己对国家福利的重视程度 $\alpha$；

（2）企业按照自己对裁决当局重视国家福利程度的判断，分析预判游说可能带来的收益，进行最优的游说投入；

（3）裁决当局决定是否接受游说贡献，若不接受，则不受企业游说左右，按自己内心意愿做出裁决，若游说贡献有足够吸引力，达到心理接受范围，那么接受游说贡献，执行企业所期望的反倾销政策，此时，反倾销税为各方博弈的均衡结果。

**命题6.1** 当且仅当满足以下条件时，贸易政策博弈的纳什均衡成立。

（a1）对于所有 $i \in L$，$C_i^0$ 是可行的；

（b1）价格组合 $\gamma$ 中的 $p^0$ 能实现 $q_i p - C_i$ 最大化；

（c1）$p^0$ 能实现 $\sum_{i \in L} \beta C_i + \alpha w(p)$ 最大化；

（d1）$p^0$ 能实现 $\alpha w(p) + \sum_{i \in L} q_i p + (\beta - 1) \sum_{i \in L} C_i$ 最大化。

a1 是企业参与游说的约束条件，即企业的游说贡献必须为正数，而且不超过游说者自身的总收入。条件 b1 指 $p^0$ 应能实现企业游说收益最大化。条件 c1 指反倾销主管当局的决策目标是制定最优反倾销税政策。条件 d1 给出能实现游说企业和主管当局共同利益最大化的均衡解。

采取价格 $p^0$ 可实现 $V$ 最大化意味着，对函数 $V$ 按 $p$ 求导，在点 $p^0$ 可得函数的极大值，即

$$\nabla V = \sum_{i \in L} q_i - \nabla C = 0 \Rightarrow \sum_{i \in L} q_i = \nabla C \qquad (6-5)$$

这里，$C$ 代表国内同行业企业游说贡献之和。同理，函数 $G + V$ 在点 $p^0$ 可得函数的极大值，即

$$\nabla V + \nabla G = \beta \sum_{i \in L} q_i + \alpha \nabla w(p) = 0 \qquad (6-6)$$

将方程（6-3）和方程（6-5）代入方程（6-6）中，得

$$\nabla V + \nabla G = \beta \sum_{i \in L} q_i - \alpha b(p^0 - p^*) = 0 \qquad (6-7)$$

设 $\dfrac{p^0 - p^*}{p^*} = t$，我们可将方程（6 - 7）转换为

$$t = \frac{1}{p^*}\left[\frac{\beta \nabla C}{\alpha b}\right] \qquad (6-8)$$

这里，我们将价格需求弹性 $E = \dfrac{\nabla Q}{Q} \div \dfrac{\nabla p}{p}$ 引入方程（6 - 8），根据方程（6 - 8）可知，主管当局裁定的最优反倾销税与产品在国际市场的价格 $p^*$ 负相关，换句话说，外国企业产品的国际售价与裁定的反倾销税成反比。

$b$ 代表国内市场产品的价格需求弹性，当 $0 < b < 1$，即价格需求弹性较小时，反倾销税高，而当 $b > 1$，即价格需求弹性大时，反倾销税低，因为裁定反倾销税时，也需考虑国内市场反应，如果征税不会引起价格大幅上涨时，税率相应会高，而当征税容易引起产品价格上升，税收价格传导效应明显，此时，税率应降低。

为获得直观结果，假设国内市场需求与产品价格完全线性相关，这意味着 $b = 1$，那么方程（6 - 8）可转换为

$$t = \frac{\beta \nabla C}{\alpha p^*} \qquad (6-9)$$

依据方程（6 - 9），可见随着 $\beta$ 上升，反倾销税也将上涨，因为 $\beta$ 上升意味着游说给反倾销主管当局带来更大的影响，致使裁定的反倾销税更高。

显然，最优反倾销税随着边际贡献 $\nabla C$ 增加而上升。正如 Grossman 和 Helpman 曾证明的，对游说企业而言，最优边际贡献与其边际收益相等，所以，最终的反倾销税取决于游说企业对自己可以从贸易政策贡献中得益程度的考量。最终的反倾销税也取决于裁决当局对国家福利的重视程度，当裁决当局希望能继续留任，那么他会通过改善国民福利以赢得民众支持，此时，$\alpha$ 增加，保护性的反倾销税将下降。

## 6.1.3 不完全信息下国内企业的合作游说分析

在上一节，笔者假定国内企业了解反倾销主管当局对国家福利的重视程度 $\alpha$。但在现实反倾销活动中，国内企业并不了解主管当局关于最优反倾销保护水平的内在信念 $\alpha$。由于存在不确定性，国内企业不会按上一节推导的最优水平开展游说贡献，他将通过观察反倾销主管当局的行动来修正自身信念，采取相应行动，以获取最佳政策。所以，依据方程（6 - 2）和方程（6 - 4），我们可以推导出企业的最优策略。在此，为简化分析，得到直观结论，设 $\beta = 1$。

**命题 6.2** 不完全信息下，国内企业目标函数为

$$(\rho^1): \max\left(\frac{1}{k}\int_0^k \{\sum_{i \in L} q_i p + \alpha w(p) - G(\alpha)\} d\alpha\right)$$

这里 $\alpha \in (0, k)$，反映反倾销主管当局在贸易政策制定中的对国家福利的重视程度。随其对国家福利重视程度的变化，主管当局的边际收益函数为

$$\frac{\partial G}{\partial \alpha} = w(p) \qquad (6-10)$$

设 $\lambda$ 为方程（6-10）的共态变量，$\rho^1$ 的 Hamiltonian 方程为

$$H(G, q, \lambda, \alpha) = \{\sum_{i \in L} q_i p + \alpha w(p) - G\}\frac{1}{k} + \lambda w(p)$$

实现 Hamiltonian 方程最优化的充分条件为

$$\frac{\partial H}{\partial p} = 0 \qquad (6-11)$$

根据方程（6-11），推导得出

$$t = \frac{1}{p^*}\left\{\frac{\sum\limits_{i \in L} q_i}{b(\alpha + k\lambda)}\right\} \qquad (6-12)$$

将方程（6-5）代入，方程（6-12）可转换为

$$t = \frac{1}{p^*}\left\{\frac{\nabla C}{b(\alpha + k\lambda)}\right\} \qquad (6-13)$$

同样，根据方程（6-11），可推导得出

$$\lambda = \frac{1}{k}\left\{\frac{\sum\limits_{i \in L} q_i}{b(p^0 - p^*)} - \alpha\right\} \qquad (6-14)$$

可以看出，在大多数情况下，$\lambda > 0$。对比方程（6-8）和方程（6-13），可见在不完全信息下，反倾销税更低。这可能是由于对决策当局信念的不确定，致使国内企业在游说贡献投入上，要低于完全信息条件下。在这种情况下，裁决当局在进行反倾销裁决时，更为关注国家福利。而且，我们可以看到，经常申请反倾销的企业通常能获得更高的反倾销税，因而可以得到更多的贸易保护。这可能是由于企业通过多次反倾销申请活动，对裁决当局的意识信念有更好的认识和把握，降低不确定性，从而能在游说贡献上投入更多，进而获得更高的反倾销税。

## 6.1.4  国内与国外企业间游说竞争分析

现在我们分析国外企业为降低反倾销税，也开展游说贡献的情况。笔者用 $C_j$ 表示国外企业的游说贡献，$j \in H$，国内企业的效用不变，同方程（6-2）所示，则裁决当局的效用函数为

$$G = \sum_{i \in L} C_i + \sum_{j \in H} C_j + \alpha w(p) \qquad (6-15)$$

企业均希望在获得相同政策条件下，游说投入越少越好。那么，国内与国外企业相互竞争下将会投入多少开展游说贡献？下面，我们运用图形分析企业游说竞争下的均衡投入。

观察现实中的反倾销裁决，决策当局对于一系列游说贡献组合（$C_1$，$C_2$），将采取同样的反倾销政策，而且将选择对其效用最大的游说贡献组合，即裁决当局等效用线与阴影部分相切的 $Q$ 点，在此我们假设企业 1、企业 2 对决策的影响力度相同，等效用线的斜率为 $-1$，具体如图 6-1 所示。

由于对于位于阴影部分的游说贡献组合，决策当局将采取相同的反倾销政策，企业 1 可以通过降低游说投入来提升游说收益。这样阴影区域会向左移，如图 6-1 椭圆虚线所示，裁决当局将面对新的游说贡献组合，他会选择最优点 $Q'$，因为 $Q'$ 仍落在原阴影区域部分，裁决当局采取的仍是同样的反倾销政策。游说企业 1 希望以更少的游说投入获得相同的贸易政策，实现增加游说收益的目的，对其而言，最大效用点为 $Y_1$，因此即使达到点 $Q'$，他仍有动力调整游说投入，向 $Y_1$ 点移动。同理，企业 2 也有调整游说投入以获得更大收益的动力，他的最大效用点为 $Y_2$。在此情况下，企业 1 和企业 2 难以在游说投入上的实现最终博弈均衡。

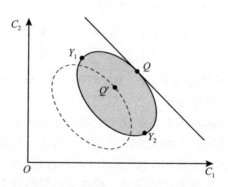

**图 6-1　不均衡状态的游说贡献**

游说投入实现均衡的状态如图 6-2 所示。在点 $Z_1$ 时，企业 1 提供全部游说贡献，而企业 2 不提供，裁决当局将采取对企业 1 有利的政策，这种情况是企业 2 所不愿见到的。而在点 $Z_2$，企业 2 提供全部游说贡献，企业 1 不提供，政策将对企业 2 有利，该情况是企业 1 所不愿见的，点 $Z_1$，$Z_2$ 的连线相切于游说组合（$C_1$，$C_2$）上的点 $Q$，此时的政策为企业 1 和企业 2 所能接受，而且政府能获得最大游说贡献，在点 $Q$ 可实现三方博弈均衡。

虽然企业 1、企业 2 有各自的最优投入点 $Y_1$、$Y_2$，但均不可能实现，因为其对应的游说投入为负数。而且由于两个企业都担心，如果自己降低游说投入，可能会导致裁决当局转向采取对另一企业更为有利的政策，即如果企业 1 降低游说投入 $C_1$，而企业 2 可能会增加游说投入，最高至 $Z_2$，那么最终政策将会对企业 2 有利。同理企业 2 也不会降低游说投入，以避免政策向企业 1 倾斜，最终的游说投入均衡在 $Q$ 点，企业与政府均可得到自己满意的最优结果。

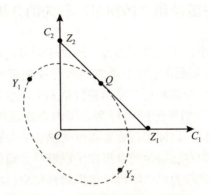

图 6 - 2   均衡状态下的游说贡献

鉴于此，我们得出游说竞争下的均衡贸易政策博弈。

**命题 6.3**   当且仅当满足以下条件，存在贸易政策博弈的博弈均衡。

（a2） $C_i^0$ 对所有 $i \in L$ 是可行的， $C_j^0$ 对所有 $j \in H$ 是可行的。

（b2） $p^0$ 能实行 $q_i p - C_i$ 和 $m_j p - C_j - m_j pt$ 的最大化。

（c2） $p^0$ 能实现 $\sum_{i \in L} C_i + \sum_{j \in H} C_j + \alpha w(p)$ 的最大化。

a2 是 $i$ 和 $j$ 参与游说博弈的必要条件，条件 b2 确保国内和国外企业游说收益最大化，条件 c3 则保证裁决当局的效用最大化。

**命题 6.4**   国内企业的目标函数可表述为

$$(\rho^2): \max \left( \int_0^k \left\{ \sum_{i \in L} q_i p + \sum_{j \in H} C_j + \alpha w(p) - G(\alpha) \right\} \frac{d\alpha}{k} \right)$$

设 $\lambda_0$ 为方程（6 - 10）的共态变量， $0 \in [L, H]$， $\rho^2$ 的 Hamiltonian 方程可表示为

$$H_0: \frac{1}{k} \left\{ \sum_{i \in L} q_i p + \sum_{j \in H} C_j + \alpha w(p) - G(\alpha) \right\} + \lambda_0 w(p)$$

实现均衡政策的条件为

$$\frac{\partial H_0}{\partial p} = 0 \qquad\qquad (6 - 16)$$

根据方程（6 - 16），可得

$$t = \frac{1}{p^*}\left\{\frac{\sum\limits_{i \in L} q_i + \sum\limits_{j \in H} \nabla C_j}{b(\alpha + k\lambda_0)}\right\} \qquad (6-17)$$

对比方程（6-13）和方程（6-17），因为 $\nabla C_j < 0$，显然国外企业可以通过游说，影响主管当局的裁决，进而降低反倾销税。

## 6.1.5 引入信息游说和"搭便车"行为的分析

在反倾销裁定过程中，无论是申诉方，还是应诉方，均需提供举证信息，国内企业需证明国外企业的倾销行为是造成国内行业损害的主要原因，为达此目的，申诉反倾销的国内企业需收集产品销售价格和生产成本数据，进行比较，说明是否存在低于制造成本销售的倾销行为。国内企业还需收集行业内企业利润率、销量、雇佣率等指标，以证实行业是否遭受损害，并证明损害是由于倾销行为造成。而国外企业需为自己定价的合理性予以辩护，通常在中国，被指控倾销的外国企业会以产品差异性为自己申诉，他们解释称自己出口至中国的产品与本土产品是不一样的，技术上更为先进，对他们展开反倾销调查是不合理的。但这种解释并不为中国反倾销裁决当局所采纳，中国主管官员认为进口产品与中国本土制造的产品基本功能一致，尽管在外形特征、技术性能上存在一定程度的差异，但对消费者而言是同种类型产品，并且倾销行为确实造成了国内行业内企业的销量和利润下降。

由于信息游说与前面所讨论的游说贡献作用基本相同，我们可将信息游说视为游说活动的一种，即同样需耗费游说企业成本，并对裁决当局产生一定程度的影响。

Johan（1997）指出耗费时间搜寻相关信息，举证以获取期望政策，将使信息提供者成本增加，收益降低，而其他未提供信息者由于信息外部性而得益。获取信息将耗费时间和金钱，而且信息越有价值，耗费的成本越高，那么在信息搜寻上展开投入是否有助于企业获得所期望的裁决，其信息搜寻投入的回报情况究竟如何，下面我们来分析该问题。

设信息获取成本为 $S$，与前面分析方法类似，贸易政策博弈均衡如下。

**命题6.5** 当且仅当满足以下条件时，贸易政策的博弈均衡成立。

（a3）$S_i^0 + C_i^0$ 对于所有 $i \in L$ 成立，$S_j^0 + C_j^0$ 对于所有 $j \in H$ 成立。

（b3）$p^0$ 实现 $q_i p - C_i - S_i$ 和 $m_j p - C_j - m_j pt$ 的最大化。

（c3）$p^0$ 能实现 $\sum\limits_{i \in L}(C_i + \delta S_i) + \sum\limits_{j \in H}(C_j + \delta S_j) + \alpha w(p)$ 的最大化。

与之前讨论的一样，条件 a3 是 $i$ 和 $j$ 参与政策游说博弈的必要条件。条件 b3 是 $i$ 和 $j$ 的最优游说投入选择。条件 c3 确保裁决当局依据企业提供的信息，实现游说贡献和国家福利总和的最大化。在此，我用 $\delta$ 表示企业的信息游说对反倾销裁决当局的影响程度。

**命题 6.6**　国内企业提供信息开展游说的目标函数可表示为：

$$(\rho^3):\ \max\left(\int_0^k\Big\{\sum_{i\in L}q_i p + (\delta-1)\sum_{i\in L}S_i + \sum_{j\in H}(C_j+\delta S_j)\right.$$
$$\left. + \alpha w(p) - G(\alpha)\Big\}\ \frac{\mathrm{d}\alpha}{k}\right)$$

$\rho^3$ 的 Hamiltonian 方程为

$$H_0:\ \frac{1}{k}\Big\{\sum_{i\in L}q_i p + (\delta-1)\sum_{i\in L}S_i + \sum_{j\in H}(C_j+\delta S_j)$$
$$+ \alpha w(p) - G(\alpha)\Big\} + \lambda_0 w(p)$$

依据 $\dfrac{\partial H_0}{\partial p}=0$，可得

$$t=\frac{1}{p^*}\left\{\frac{\displaystyle\sum_{i\in L}q_i + (\delta-1)\sum_{i\in L}\nabla S_i + \sum_{j\in H}(\nabla C_j+\delta\nabla S_j)}{b(\alpha+k\lambda_0)}\right\} \tag{6-18}$$

对比方程（6-17）和方程（6-18），结合 $(\delta-1)\sum\limits_{i\in L}\nabla S_i<0$ 和 $\nabla S_j<0$，可见，国外企业提供信息开展游说能降低最终反倾销税，所以，国外企业有动力提供更多合适的信息，以促使裁决当局采取对其有利的政策。而对于国内企业，信息游说的效用取决于 $\delta$，如果太多企业选择"搭便车"，而不去搜寻信息进行举证，那么信息游说的影响程度将下降，尤其是当 $\delta<1$ 时，对于国内企业而言，投入时间、金钱来搜寻、获取并提供信息，由于"搭便车"带来的信息收益分散化，其投入产出是低效的，这将挫伤企业开展信息游说的积极性。

根据"智猪博弈"模型，真正有动力开展信息搜寻、举证活动的将是行业中的龙头企业，因为，龙头企业规模大，反倾销保护带来的收益足以弥补信息成本，而小企业则会选择"搭便车"。但如果行业集中度低，行业内企业规模普遍偏小且分散时，"搭便车"行为可能造成企业放弃信息举证游说。

## 6.1.6　小结

通过分析反倾销中国内企业的合作游说活动，我们得出最优反倾销税与国内游说企业期望的收益成正比，如果反倾销税达不到游说者的期望，利益群体常常会减少游说投入，甚至放弃游说，致使最终反倾销税降低。

国外企业的产品价格则与反倾销税成反比，因为低价格往往意味着市场存在激烈的竞争，国内企业在低价竞争的压力下会寻求反倾销保护。而裁决当局对国家福利越重视，反倾销保护力度越低。当前中国通过以去产能、去库存、去杠

杆、降成本、补短板为重点的供给侧结构性改革，来激发内生增长动力，实现经济高速发展，在全球经济仍未走出 2008 年金融危机以来的因货币超发导致的结构性低迷，贸易摩擦不断上升、保护主义日益盛行的背景下，思考如何以合理的反倾销保护手段培育战略产业，避免激起对方国家的反倾销报复，争取有利的国际发展环境，成为我国政府制定贸易政策需考虑的重要因素。因此，我国企业通过人大代表、政协委员身份参政议政，游说反倾销政策时，应突出自身产业正是"补短板"的重要环节，保护培育本产业能带动相关行业发展，对稳定经济增长、保障就业具有战略意义；政府主管部门在反倾销调查、裁定、执行的过程中，更应注重传递自身对于去产能、去库存的坚定决心，以及推进产业升级、弥补自身短板的发展诉求，以引导企业顺应供给侧改革的发展思路，自我提升、努力创新。

在国内企业与国外企业展开游说竞争的条件下，组织开展游说的企业销量规模越大，则最终反倾销税越低。对于拥有庞大国内市场的国家，例如中国，由于发展本国战略性工业的需要，随着企业规模的增长，保护性的反倾销税会相应上升。我国申请反倾销保护的行业主要集中在化工、机械、钢铁，而且往往能获得期望的反倾销保护，这与这些行业经济规模大，与政府关系密切有关，也与我国处于重化工业时期的背景有关。并且经过多次反倾销申请，企业具备较好的经验，了解主管当局的执政理念与习惯，往往能达到期望的目标。

信息搜寻投入与期望的反倾销裁决收益成正比。因为"搭便车"行为降低了信息搜寻投入可获得的收益，所以企业更倾向于直接向裁决当局提供游说贡献，"搭便车"问题损伤了企业参与反倾销申诉活动的积极性，进而降低了国内企业信息搜寻的努力水平。集中度高的行业往往能较好地组织起来，投入反倾销申诉，如钢铁、化工、电子制造等行业，而众多企业规模较小的行业，如农产品生产与加工，由于厂商数量众多，规模小且分散，面对国外巨头的低价倾销，往往被迫关闭转行。中国的大豆、玉米、食用油等行业纷纷沦陷，已基本为外资巨头控制，唯有酒糟行业，由于有规模较大的龙头企业，依托本行业协会，组织起行业内企业，在 2016 年发起了针对美国的酒糟产品反倾销，遏制住对方低价占领中国市场的势头，赢得了宝贵的改造时间和市场空间。这说明，发挥行业商会的作用，组织行业内企业协调行动，遏制"搭便车"行为，是为企业争取产业改造升级时间的重要保障。

未来我们将尝试弄清楚利益群体刻意的信息报告活动是否会改变均衡贸易政策，是否有合理的措施能让企业真实报告的自身信息。而在博弈均衡下形成的贸易政策是否有利于培育国内企业的竞争力，如何设计有效的竞争力培育贸易机制。并对构建的游说竞争模型和企业竞争力培育机制进行实证检验。

## 6.2　裁决当局偏好不确定下反倾销游说竞争分析

### 6.2.1　前言

反倾销裁决当局，国内企业对于反倾销政策，具有不同的偏好。企业追求利润最大化，裁决当局追求国家福利最大化。而即使是一国之中的反倾销涉案企业，由于企业间的异质性，也存在不同的政策偏好。最终的政策取决于利益集团间的游说竞争，以及反倾销当局对于不同政策效应的利益权衡。

当企业所期望的政策裁决和反倾销主管当局的政策偏好相接近时，游说成功的可能性高，此时企业有积极性开展游说，但当二者不一致时，政府执行企业期望政策的可能性低，企业可能会放弃游说。而不同企业所期望的裁决并不一样，甚至可能是相对立的，如上游企业希望得到反倾销保护，而下游企业不希望上游产业被反倾销保护，因为这会导致上游产品价格上升，使其原料价格上涨，利润降低。

由于信息不对称和企业间的异质性，反倾销游说博弈存在多种均衡可能，本节尝试对其多重均衡展开分析。梁俊伟、王中华（2014）分析了中国企业的反倾销动因，指出虽然国有企业在影响裁决上有天然的优势，但外资企业在反倾销游说方面比国有企业模式更成熟、方法更为灵活多样，效果更好。薛祯对中国对外贸易的政策决策机制及影响因素展开分析，通过实证表明我国贸易决策同样适用利益集团理论。钟根元（2006），刘爱东（2009）研究不完全信息下最优反倾销税率机制的设计，一些学者则引入审计手段，研究如何设计能揭示涉案企业成本信息的反倾销政策机制（Kohler & Moore，2001；漆鑫、朱彤，2009；刘锦芳，2012，2014；Matschke & Schttner，2013）。

Grossman 和 Helpman（1994）提出的保护代售模型，为分析利益集团如何影响政策制定提供了借鉴思路。在此基础上，Goldberg 和 Maggi（1999）运用美国贸易数据对保护代售模型的有效性予以实证检验，Kroszner 和 Stratman（1999），Gawande（2005）研究分析了两个利益群体如何影响决策制定者。Bombardini 和 Trebbi（2012），Gawande 等（2012）对利益群体展开竞争，游说贸易政策的制定予以实证建模分析。由于反倾销具有规则性强、政策效应广的特点，涉案企业一般较少采用现金、礼物、饮食、旅游、娱乐等方式直接贿赂反倾销主管官员，而倾向于通过媒体宣传、政府公关、团体活动等来影响裁决，该行为间接影响决策当局的利益，促使其作出有利于企业的裁决，从而为自己赢得更优的竞争环境。

已有的研究未能深入剖析信息不对称下我国异质性企业间的游说竞争的模式，及其对反倾销裁决的具体影响，鉴于此，笔者以反倾销裁决当局和国内异质性企业的政策偏好为外生变量，设计模型，分析企业间游说竞争行为对裁决的影响，以及可能的均衡结果。

本节分为五个部分，第二部分阐述基本模型；第三部分分析企业合作开展游说的情况；第四部分对异质性企业的游说竞争活动展开分析；第五部分，给出结论并提出可能的研究扩展方向。定理证明在附录中。

## 6.2.2　基本模型

### 1. 偏好、信息和效用

根据我国国情，企业主要分为国有企业和民营企业两类，而有能力展开游说活动的是规模以上企业，所以本文的分析限定于两类企业，即规模以上的国有企业和民营企业，分别用 $P_1$ 和 $P_2$ 表示。设反倾销当局可能采取的政策为 $q$，则 $P_i$ （$i=1$，$2$）的效用函数为

$$V_i(q, t_i) = -\frac{1}{2}(q - a_i)^2 - t_i$$

$a_i$ 是企业 $P_i$ 的政策期望，$t_i$ 是其游说活动投入，裁决当局的效用函数为

$$U\left[q, \sum_{i=1}^{2} t_i, \theta\right] = -\frac{\beta}{2}(q - \theta)^2 + \sum_{i=1}^{2} t_i$$

这里 $\beta \geq 0$，表示裁决当局愿意为企业的游说贡献而偏离自己期望政策的程度。$\beta$ 越大，裁决当局偏离自身期望政策的意愿越低，意味着企业需要投入更多才能让裁决当局偏离自身期望的政策。裁决当局所期望的政策 $\theta$ 为其私有信息，$\theta$ 分布在 $\Theta \in [-\delta, \delta]$ 范围内，$\delta$ 代表裁决当局自身对最优政策把握上的不确定性。

### 2. 博弈顺序

裁决当局、国内企业间的博弈顺序如下：

①裁决当局清楚自己期望何种政策 $\theta$。

②国内企业 $P_1$，$P_2$ 向决策当局展开游说，投入为 $\{t_1(q), t_2(q)\}$。

③决策者决定是否接受或拒绝游说贡献，如果他拒绝所有企业的捐献①，他将选择自己所期望的政策。

---

① 企业的公关宣传、团体游说对决策当局产生的是间接利益影响，即企业游说宣传对本国企业产品实行反倾销保护是符合国家产业发展大局，裁决当局的有效举措有益于其政绩提升。为简化分析，本节假定游说投入能等比例增加决策当局的收益，捐献在此处指企业游说活动投入能为决策当局带来的收益增加。

④最后，如果决策者接受游说贡献，他将选择博弈均衡下的政策 $q$，并获得相应的捐献，及面对相应的政策效应。

3. 完全信息下的委托代理博弈

完全信息下，委托代理博弈的均衡政策为：

$$q(\theta) = \text{argmax} \left\{ \sum_{i=1}^{2} V_i(q, t_i) + U\left(q, \sum_{i=1}^{2} t_i, \theta\right) \right\} = \frac{\beta\theta + a_1 + a_2}{\beta + 2}$$

$$(6-19)$$

利益群体的游说投入为：

$$t_i(q \mid \theta) = \max \left\{ 0, \ -\frac{1}{2}(q - a_i)^2 - c_i(\theta) \right\}$$

$c_i(\theta)$ 为常量。此时，$\theta$ 为企业所知，企业 $P_i$ 了解决策者政策偏好，并采取最优捐献，决策者则能接受到两个企业的贡献，实现最大收益。

## 6.2.3 利益群体合作游说

假定国内企业能有效合作，展开游说，为决策者提供 $t(q)$ 的贡献。在不对称信息下，决策者能利用国内企业不了解其政策偏好而获取信息租金，得到更多的游说贡献。此时裁定的最终政策不再如同完全信息下那样经济有效。

联合游说时企业的收益为：

$$V_M(q, t) = -\frac{1}{2} \left\{ (q - a_1)^2 + (q - a_2)^2 \right\} - t$$

这里，$t$ 代表企业的共同游说投入，$a_i$，$i \in (1, 2)$ 是每个企业各自所期望的最优政策。联合游说时，由于政策预期不一致所导致的效用损失，比单个企业游说时更大。

当决策者接受贡献 $t(q)$，采取相应的最优政策 $q(\theta)$，他的收益为：

$$U(\theta) = \max \left\{ t(q) - \frac{\beta}{2}(q - \theta)^2 \right\},$$

$$q(\theta) = \text{argmax} \left\{ t(q) - \frac{\beta}{2}(q - \theta)^2 \right\}$$

**引理 6.1** $U(\theta)$ 和 $q(\theta)$ 是连续可导的函数

$$U'(\theta) = \beta(q(\theta) - \theta) \tag{6-20}$$

$$q'(\theta) \geqslant 0 \tag{6-21}$$

代理人（决策者）的最优决策可由一阶求导得出，即条件（6-20）；条件（6-21）确保政策的优化选择，合作游说可满足下式。

$$(\rho^M): \max \int_{-\delta}^{\delta} \left( -\frac{1}{2}(q(\theta) - a_1)^2 - \frac{1}{2}(q(\theta) - a_2)^2 \right.$$

$$-\frac{\beta}{2}(q(\theta)-\theta)^2 - U(\theta)\Big)\frac{d\theta}{2\delta}$$

约束条件为方程（6-20）、方程（6-21）和

$$U(\theta)\geqslant 0 \quad \theta\in\Theta \tag{6-22}$$

**命题6.7** 假定利益群体共同提供游说贡献，最优政策 $q^M(\theta)$ 和决策者的信息租金收益 $U^M(\theta)$，都依赖于决策者接受游说贡献而偏离自身最优政策的意愿程度。

意愿程度较高时，$0<\beta<2$。

此时均衡政策是低效的，因为其被决策者的意愿所扭曲。

$$q^M(\theta)=\frac{2\beta\theta+a_1+a_2}{\beta+2}$$

在此情况下，只有温和的决策者能获得信息租金，激进的决策者由于其政策裁决的不确定性太强，而难以获得企业的游说贡献，合作游说时信息租金为正，在 $\pm\delta$ 点时租金为零，且租金收益为严格凹函数。

$$U^M(\theta)=\frac{\beta(\beta-2)}{2(\beta+2)}(\theta^2-\delta^2)+\frac{a_1+a_2}{\beta+2}\beta\theta,\ \theta\in\Theta$$

$$t^M(q)=\max\left\{0,\ \frac{\beta}{2}q^2-\frac{\beta^2\theta^2}{\beta+2}+\frac{\beta(2-\beta)}{2(2+\beta)}\delta^2\right\}$$

意愿程度较弱时，$\beta\geqslant 2$。

此时采取的均衡政策为 $q^M(\theta)=\theta$，决策者信息租金为 $U^M(\theta)=0$，即企业不提供游说贡献。

决策者为获得更多的游说贡献，会显得更为激进，但当决策者对自己所期望的政策偏好过强时（$\beta\geqslant 2$），利益群体游说决策者偏离其最优政策成本太高，合作游说方倾向于不提供游说贡献。

### 6.2.4 利益群体游说竞争分析

现在分析国内企业展开游说竞争的情况，当两个企业提供游说贡献，决策者均予以接受时，决策者的收益及政策函数应满足以下条件。

$$U(\theta)=\max\left\{\sum_{i=1}^{2}t_i(q)-\frac{\beta}{2}(q-\theta)^2\right\}$$

$$q(\theta)=\mathrm{argmax}\left\{\sum_{i=1}^{2}t_i(q)-\frac{\beta}{2}(q-\theta)^2\right\}$$

当决策者只接受某一单个企业的游说贡献时，收益与政策函数为：

$$U_i(\theta)=\max\left\{t_i(q)-\frac{\beta}{2}(q-\theta)^2\right\}$$

$$q(\theta) = \text{argmax}\left\{ t_i(q) - \frac{\beta}{2}(q-\theta)^2 \right\}$$

当一家国内企业提供贡献 $t^*_{-i}(q)$ 时，另一家企业的最优反应函数为：

$$(\rho^c_i): \left\{ \max_{q(.),U(.)} \right\} \int_{-\delta}^{\delta} \left( -\frac{1}{2}(q(\theta) - a_i)^2 - \frac{\beta}{2}(q(\theta) - \theta)^2 \right.$$

$$\left. + t^*_{-i}(q(\theta)) - U(\theta) \right) \frac{\mathrm{d}\theta}{2\delta}$$

约束条件：

$$U'(\theta) = \beta(q(\theta) - \theta)$$

$$U(\theta) \geqslant U_i(\theta) \quad \theta \in \Theta \tag{6-23}$$

参与约束（6-23）确保决策者愿意同时接受两个企业的游说贡献，而不是单个企业 $P_{-i}$ 的贡献。

**定义 6.1**　在不对称信息下，游说竞争的委托代理博弈均衡：国内企业提供的最优游说贡献为 $\{t^*_1(.), t^*_2(.)\}$，决策者的最优政策和收益为 $\{q^*(\theta), U^*(\theta)\}$，这些是通过求解企业的反应函数 $(\rho^c_1)$ 和 $(\rho^c_2)$ 得出。

给定 $t^*_{-i}(q)$，求解 $(\rho^c_i)$，定义 $\rho^c_i$ 的 Hamiltonian 函数为：

$$H_i(U, q, \lambda_i, \theta) = \left\{ -\frac{1}{2}(q - a_i)^2 - \frac{\beta}{2}(q - \theta)^2 + t^*_{-i}(q) - U \right\}$$

$$\frac{1}{2\delta} + \lambda_i \beta(q - \theta)$$

它的 Lagrangian 函数为：

$$L_i(U, q, \lambda_i, P_i, \theta) = H_i(U, q, \lambda_i, \theta) + p_i(U - U_i)$$

这里 $\lambda_i$ 是方程（2）的共态变量，$p_i$ 是参与约束条件（6-21）的乘数。

根据政策 $q$ 求 $H_i$ 的最大值，即对 $H_i$ 求 $q$ 的导数，得出一阶条件为：

$$-(\beta + 1)q(\theta) + a_i + \beta\theta + t^{*'}_{-i}(q(\theta)) + 2\lambda_i(\theta)\beta\delta = 0 \tag{6-24}$$

共态变量 $\lambda_1(\theta)$ 应满足条件：

$$\lambda'_1(\theta) = -\frac{\partial L_i}{\partial U} = \frac{1}{2\delta} - p_i(\theta) \quad \theta \in \Theta \tag{6-25}$$

设 $q^*(\theta)$ 为均衡状态下的政策选择，假定其单调递增，即 $q^*(\theta) > 0$，其反转函数为 $\theta^*(q)$，将其带入方程（6-6），得到均衡状态下 $p_{-i}$ 的边际游说投入等式：

$$-(\beta + 1)q + a_i + \beta\theta + t^{*'}_{-i}(q) + 2\lambda_i(\theta^*(q))\beta\delta = 0 \tag{6-26}$$

**定义 6.2**　不对称信息委托代理博弈的游说贡献可定义为：

$$t^N_i(q) = \max\left\{ (\beta + 1)\frac{q^2}{2} - a_i q - \beta\int_0^q (\theta^*(x)) + 2\delta\lambda_i(\theta^*(x))\mathrm{d}x - c_i, 0 \right\}$$

$c_i$ 为常数变量。

1. 游说竞争对裁决无影响的情况分析

现在分析企业都不提供游说贡献的情况，此时，决策者会选择自己偏好的政策。

**命题 6.8** 具体背景：决策者裁决的自主意识强，且政策波动幅度大，不确定性强。

假定 $\beta \geqslant a_i$，$1 \leqslant \delta$，此时没有任何利益群体提供捐献，决策者选择他的最优政策点 $q^*(\theta) = \theta$，对应的收益为 $U^*(\theta) = 0$，$\theta \in \Theta$。

当决策者的最优政策存在大的不确定性，且具有强烈的自主决策意识时，不易被企业游说改变自身的政策判定。此时，企业间的相互竞争会削弱他们的影响能力，企业更倾向于放弃游说，裁决者将不会收到捐献，从而采取自己偏好的政策。

2. 游说领域无重合的情况分析

如果企业对于游说决策者偏离自身偏好的政策没有把握，企业将不会提供游说贡献。只有当不确定性降低，企业才会开展游说贡献。

现在，我们分析两个企业各自所偏好的反倾销政策没有重合领域的情况。即不存在某一种政策能让双方都接受，对于某一项政策，要么 $P_1$ 能接受，要么 $P_2$ 能接受，或两个企业都不认同。

**定义 6.3** 在第一种类型的分离均衡（类型 1）中，委托人（某企业）$P_i$ 仅当 $\theta$ 处于非空子集 $\Omega_i \in \Theta$ 时提供游说贡献。而且，委托人（企业）各自的政策偏好区域不重合，即 $\Omega_1 \cap \Omega_2 = \phi$，存在点 $\tau \in (0, \delta)$，类型 1 的分离均衡（SPE1）依此点对称分布，即 $\Omega_2 = [-\delta, -\tau]$，$\Omega_1 = [\tau, \delta]$。设 $\Omega_0 = [-\tau, \tau]$ 为两个企业均不提供游说贡献的政策空间。

下面的命题确保 SPE1 的存在和唯一性。

**命题 6.9** 具体背景：决策者裁决的自主意识强，且企业对政策裁决的把握程度为中等。

假定 $\beta > 0$，$\dfrac{1}{\beta} \leqslant \delta \leqslant 1$。委托代理博弈的唯一均衡是 SPE1，为简化分析，设 $a_i = 1$，求得 $\tau = \tau_1 = -\tau_2 = \dfrac{\beta\delta - 1}{\beta - 1}$（证明见附录）

● 当 $\theta \in \Omega_i$ 时，均衡政策 $q^*$ 符合企业偏好。

$$q^*(\theta) = \begin{cases} \dfrac{2\beta\theta - (\beta - 1)\tau_i}{\beta + 1} & \theta \in \Omega_i, \\ \theta & \theta \in \Omega_0 \end{cases}$$

● 决策者信息租金收益 $U^*(\theta)$ 为凹函数，且仅在 $\theta \in \Omega_0$ 区间收益为 0。

$$U^*(\theta) = \begin{cases} \dfrac{\beta(\beta - 1)}{2(\beta + 1)}(\theta - \tau_i)^2 & \theta \in \Omega_i \\ 0 & \theta \in \Omega_0 \end{cases}$$

- 游说贡献函数是分段连续可微，且为凸函数。

$$t_1^*(q) = \begin{cases} \dfrac{(\beta-1)}{4}(q-\tau)^2 & q \geqslant \tau \\ 0 & q < \tau \end{cases} \quad \text{且} \quad t_2^*(q) = t_1^*(-q)$$

给定参数 $\beta = 2$，$\delta = 0.7$，我们得出，当两个企业游说影响区域不重合时，均衡政策和游说贡献函数如图 6-1a、图 6-1b 所示。

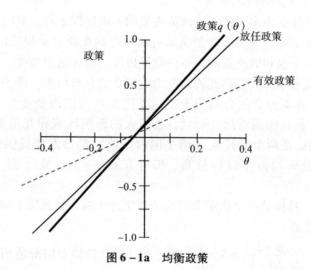

图 6-1a　均衡政策

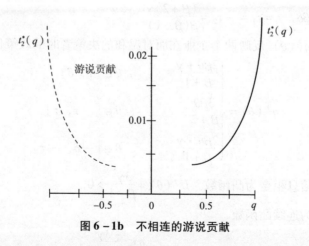

图 6-1b　不相连的游说贡献

为理解该种均衡状态下企业的游说贡献情况，我们先假设国内市场仅有一个企业，他偏好的政策与裁决当局所期望的政策有较大差距（$1 \geqslant \delta$），这里沿用上一节的假设 $a_1 = 1$。当利益群体游说决策者的难度较大时，即 $\beta > 1$，如果企业了解决策者的政策偏好，为让决策者偏离其偏好政策，去执行企业期望的政策

$q_1^*(\theta) = \dfrac{\beta\theta + 1}{\beta + 1}$，需提供的游说贡献为 $t_1^* = \dfrac{\beta^2(1-\theta)^2}{(\beta+1)^2(\beta-1)}$。这一贡献随着利益

群体与决策者各自所期望的最优政策点的差距 $(1-\theta)$ 扩大而增加。不对称信息

下，利益群体会因为不确定性而降低游说贡献，此种均衡下的政策为 $q^*(\theta) =$

$\dfrac{2\beta\theta - \beta\delta + 1}{\beta + 1}$，具体如图 6-1 所示。

3. 游说领域重合的情况分析

假设利益群体更为多元化，或政策决策的不确定性下降。此时，信息不对称

导致的交易成本下降，使得不清楚决策者的偏好的企业遭受损失的可能性降低。

此种情况下，由于温和的决策者采取的政策适度，易为企业接受，两个企业均愿

意为其提供游说贡献。我们称此种情况为类型 2 的分离均衡，即 SPE2。

**定义 6.4** 在类型 2 的分离均衡中，委托人 $P_i$（国内企业）仅当处于非空

子集 $\Omega_i$ 时，才提供游说贡献。而且，委托人的影响区域相互重叠，$\Omega_1 \cap \Omega_2 =$

$\Omega_0 \neq \phi$，这里 $\Omega_0$ 是两个委托人（两个国内企业）都自发地提供游说贡献的区

域。类型 2 的分离均衡是对称分布，即存在点 $\tau \in (0, \delta)$，$\Omega_1 = [-\tau, \delta]$，

$\Omega_2 = [-\delta, \tau]$。

**命题 6.10** 具体情况：决策者裁决的自主意识强，且政策不确定性低，企业

对政策把握程度高。

假定 $\beta > 1$，$\dfrac{\beta + 2}{\beta(2\beta + 1)} \geq \delta \geq \dfrac{1}{\beta}$，唯一的一般代理博弈均衡是 SPE2。

设 $\gamma = 1 - \beta\delta$，$\tau = \tau_1 = -\tau_2 = \dfrac{(\beta + 2)\gamma}{\beta(\beta - 1)}$。

均衡政策 $q^*(\theta)$ 反映两个企业在面对温和的决策者时的政策偏好。

$$q^*(\theta) = \begin{cases} \dfrac{2\beta\theta + \gamma}{\beta + 1} & \theta \in [\tau, \delta] \\[2mm] \dfrac{3\beta\theta}{\beta + 2} & \theta \in [-\tau, \tau] \\[2mm] \dfrac{2\beta\theta - \gamma}{\beta + 1} & \theta \in [-\delta, -\tau] \end{cases}$$

决策者的信息租金为凸函数，$U^*(\theta) = \dfrac{3\gamma^2}{\beta - 1} > 0$。

游说贡献为连续凸函数

$$t_1^*(q) = \begin{cases} 0 & q \leq \dfrac{-3\gamma}{\beta - 1} \\[2mm] \dfrac{(\beta - 1)}{6}q^2 + \gamma q + \dfrac{3\gamma^2}{2(\beta - 1)} & q \in \left[\dfrac{-3\gamma}{\beta - 1}, \dfrac{3\gamma}{\beta - 1}\right], \ t_2^*(q) = t_1^*(-q) \\[2mm] \dfrac{(\beta - 1)}{4}q^2 + \dfrac{\gamma}{2}q + \dfrac{9\gamma^2}{4(\beta - 1)} & q \geq \dfrac{3\gamma}{\beta - 1} \end{cases}$$

给定参数 $\beta = 2$，$\delta = 0.47$，均衡政策与游说贡献如图 6 - 2a、图 6 - 2b 所示。

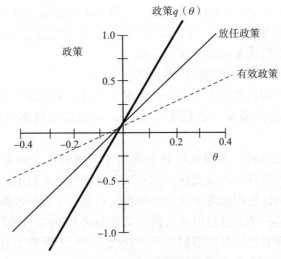

图 6 - 2a 均衡政策

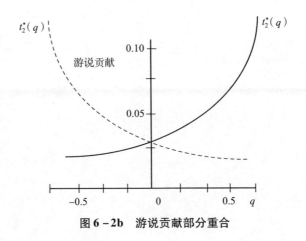

图 6 - 2b 游说贡献部分重合

## 6.2.5 小结

不对称信息和利益群体间竞争会影响政策裁定，不同条件下有几种不同的均衡，第一，当决策当局的最优政策与企业期望差距很大时，国内企业将不会提供游说贡献。第二，当不确定性降低，且相互竞争的利益群体没有重合的政策游说领域时，决策者可能只会获得某一个企业的捐献。第三，当相互竞争的利益群体间存在重合的政策游说领域时，决策者可能获得两个企业的游说贡献。

如果决策者裁决的自主意识不太强，或者关键性政策聚焦于普通大众不太敏感的特定区域时，利益群体会提供游说贡献，以获得对自己有利的政策。在游说过程中，企业可能会合作影响决策当局，尤其是不确定性上升时，温和的决策者可能获得更多的贡献和租金。当不确定性低时，由于竞争会导致企业提高贡献，此时，即使是激进的决策者也能获得贡献。

本研究可以在以下三个方面扩展：

第一，可研究利益群体多于两个的情况，此时，不同的企业之间可能会联合开展游说竞争，或者采取"搭便车"行为，我们需运用多重博弈分析该复杂情况。

第二，为简化分析，本研究将政策限定于一维政策，如果考虑多种政策组合，分析利益群体对其的政策反应，深入研究将获得更多启示。

第三，利益群体是根据决策者过去的政策制定来了解其政策偏好，如果将对政策偏好的认识这一动态过程引入分析，考虑到决策者偏好的不确定性随时间流逝而不断减少，利益群体可以根据决策者的裁决情况不断修正对其执政偏好的认识，最终的博弈均衡将会出现多种可能。

# |第 7 章|
# 应对反倾销协调机制的实证分析

应对反倾销的协调机制虽已建立，但其实际运作的效果还需要通过实证分析予以检验。协调机制的根本目的是为了更好地应对反倾销，尽量减少被反倾销数，提高胜诉率。鉴于此，笔者首先提出需要检验的假设：具体的协调应对措施能有效地提高反倾销应对效果，然后运用欧盟对华机械冶金产品反倾销数据做logit 回归实证，并通过统计分析、案例归纳分析和个案论证分析进行补充性经验实证。

## 7.1 逻辑推论与假设

应对反倾销协调机制的目标是减少被反倾销数，提高胜诉率。所以，检验协调机制运行的实际效果，就是验证其能否有效应对反倾销，降低肯定裁决率。

应对反倾销的协调机制包括政府引导协调机制、行业协会应诉协调机制和应对反倾销的战略制衡机制，其中，行业协会应诉协调机制强调行业协会通过政府设立的应对反倾销专项计划获得资助，组织企业应诉反倾销；政府引导协调机制主要强调通过建设国家预警系统、优化企业会计基础工作、完善会计准则、规范内部控制、设计审计制度和推进产业升级来应对反倾销；而战略制衡机制则是从宏观战略层面考虑，强调完善反倾销法、提高运用 WTO 争端解决机制能力、推进会计准则国际趋同、完善汇率的市场形成机制、促进跨国投资规避，从而有效威慑对方，遏制反倾销的发起。协调机制的具体应对反倾销措施如表 7 - 1 所示。

表 7 - 1 协调机制应对反倾销的具体措施

| 子机制 | 具体应对反倾销的措施 |
| --- | --- |
| 应对反倾销的行业协会应诉协调机制 | 建设行业会计预警系统 |
| | 有效地组织与协调应诉 |

续表

| 子机制 | 具体应对反倾销的措施 |
|---|---|
| 应对反倾销的政府引导协调机制 | 建设国家会计预警系统 |
| | 优化企业应对反倾销的会计基础工作 |
| | 规范内部控制 |
| | 设计审计制度 |
| | 推进产业升级 |
| 应对反倾销的战略制衡机制 | 建设反倾销法 |
| | 提高 WTO 争端解决机制运用能力 |
| | 建设支持反倾销应对的会计准则① |
| | 完善汇率形成机制② |
| | 促进跨国投资规避 |

表 7-1 中的 12 项具体应对措施，按应对方式可分为五种类型。第一类是会计预警措施。包括企业会计预警、行业会计预警和国家会计预警，企业对自己出口产品可能面临的反倾销风险做好实时预警工作，并将信息传输到行业协会，行业协会整合本行业企业的预警信息，协调本行业企业的出口行为，政府从国家层面收集全国企业的预警数据、境外反倾销信息、世界经济变动情况等资料，进行风险分析，及时发出风险警报，对企业出口予以规范、引导。第二类是企业的会计应对措施。包括应对反倾销的会计基础工作完善、内部控制设计和审计制度安排，企业根据财政部的规范要求，结合反倾销应对的实际需要，制定、完善各项会计、审计、内部控制制度的操作规范，提高会计举证信息的可信度，增强应诉抗辩能力。第三类是行业协会组织、协调应诉的措施。通过行业协会高效的协调企业间利益冲突、联合、组织不同规模的企业参与应诉，在政府、企业、进口商、进口国消费者等相关利益团体间构建起信息沟通的桥梁，实现了"1 + 1 + 1 > 3"的应诉联动效应。第四类是法规、准则、制度方面的措施。具体包括反倾销法的完善、WTO 争端解决机制运用能力的提升、会计准则国际趋同与等效的推进。反倾销应对的成功，不但依赖于企业、行业协会和政府在具体应对活动上协调配合、积极行动，还需要在法规、制度上的支持、配合。因为，反倾销抗辩

---

① 支持反倾销应对的会计准则建设是指我国通过推进会计准则国际趋同与等效，为我国企业应诉反倾销提供了国际通行的会计信息生成机制平台，从而有利于我国企业的会计举证为境外反倾销当局所采信，为反倾销胜诉奠定基础。政府引导协调机制和战略制衡机制均要求建设支持反倾销应对的会计准则，由于会计准则建设的效用在战略制衡上体现得更明显，所以笔者将该指标放在战略制衡机制中分析。

② 我国目前实行的是以市场供求为基础、参考一篮子货币进行调节、有管理的浮动汇率制度，下一步的改革方案就是在现有的汇率形成制度的基础上，使汇率浮动更符合市场供求水平，形成与国际接轨的高效汇率形成机制。

表面上是企业间的成本举证、价格分析，实质上是各国的法规、准则、制度的协调、趋同，其根本是国家间的经济、政治竞争。所以，我们需要完善反倾销法、提升 WTO 争端解决机制运用能力，积极推进会计准则国际趋同与等效，促使我国反倾销应诉的举证、抗辩与国际接轨，提高应对能力，发挥战略制衡作用，为成功应对奠定基础。第五类是国家战略的政策措施。包括跨国投资规避的指导促进、人民币汇率形成机制的逐步完善、产业升级的引导推进。应对反倾销正面积极应诉固然重要，但更重要的是合理、科学的政策支持。通过跨国投资规避迂回应对反倾销；依靠人民币汇率市场形成机制的完善，为争取市场经济条件和单独税率创造条件；借助产业升级，从根本上扭转牺牲资源、环境，生产廉价出口产品还被指控倾销的被动局面。

由于协调机制的应对措施可以分为五类，对协调机制有效性的验证可以转化为对上述五类措施有效性的验证，鉴于此，笔者提出以下需进一步证实的假设。

**假设7.1** 应对反倾销的企业、行业协会和政府联合会计预警措施能有效降低反倾销肯定裁定率，提高反倾销应对成效。

**假设7.2** 良好的企业应对反倾销的会计措施，包括应对反倾销的会计基础工作、内部控制和审计制度，能有效提高胜诉率，取得好的应对成效。

**假设7.3** 高效、完善的行业协会应诉组织与协调，能有效地消除企业间利益冲突，克服"搭便车"行为，提高胜诉率。

**假设7.4** 反倾销法的完善、WTO 争端解决机制运用能力的提高、会计准则国际趋同与等效，这些法规、制度、准则的国际接轨，有利于提高企业会计举证的可信度，增强国家战略制衡能力，取得理想的应对效果。

**假设7.5** 跨国投资规避的指导促进、人民币汇率形成机制的逐步完善、产业升级的引导推进，这些国家战略性政策的实施，对于反倾销应对，有着重大的积极影响。

为了论证企业、行业协会和政府协调应对是反倾销应对成功的保证，笔者增加了第 6 项假设。

**假设7.6** 企业、行业协会和政府的相互支持、相互配合、协同行动，对成功应对反倾销至关重要。

下面将通过 logit 实证分析、案例归纳分析和个案论证分析对上述假设进行检验，根据量化数据收集和回归方法运用的可行性，将对假设7.1、假设7.2和假设7.3进行 logit 实证分析，对假设7.4、假设7.5 和假设7.6运用案例归纳分析和个案论证分析加以证明，同时对假设7.1、假设7.2、假设7.3做进一步检验。

## 7.2 基于欧盟对华反倾销案的 logit 实证分析

WTO/GTTA《反倾销协议》规定了一个完整的反倾销事件包括三个主要阶段：首先，企业提出反倾销申请；其次，政府有关部门进行倾销情况调查并决定是否立案；最后，政府有关部门进行损害调查并作出裁决。相对应，我们应对反倾销的效果，可以通过第一阶段反倾销的申请率、第二阶段反倾销的调查结果和第三阶段反倾销的裁决情况反映出来。鉴于第一阶段企业是否申请发起反倾销和第二阶段反倾销当局调查结果的数据难以获取，本章以欧盟对华机械冶金行业的反倾销案件为分析基础，收集第三阶段政府反倾销的裁决数据，运用虚拟因变量 logit 回归模型，对协调机制的运行效果进行实证分析。

### 7.2.1 虚拟因变量模型介绍

考虑到传统计量经济学只能分析定量变量的不足，一些计量经济学家提出了虚拟变量理论。虚拟变量最初只作为解释变量，到 20 世纪 80 年代后虚拟因变量模型才开始出现。虚拟因变量模型指被解释变量为非连续的定性变量的计量模型。按照定性因变量的不同情况我们将虚拟因变量模型分为二元模型和多元模型，不同类型的虚拟因变量模型的基本原理类似。以二元模型为例，设所研究的现象存在两种不同的情况（例如现象的发生与否），引进定性变量 $y$ 作被解释变量来对这种现象进行回归分析，在所研究的现象发生时令 $y=1$，否则 $y=0$，将所有的解释变量设为 $X$，可以按照一般回归方程形式将二者的关系表示如下：

$$y=\beta X+\mu \quad y=0 \text{ 或 } 1 \qquad (7-1)$$

其中的 $\mu$ 是随机项，用来表示被模型忽略的一些干扰因素的影响。虚拟因变量模型之所以不同于一般回归模型，在于其回归分析的主要目的不是估计虚拟因变量 $y$ 本身取值的大小，而是测度 $y$ 取 1 和 0 的概率大小，即估计所研究的现象发生与否的概率，因为我们对事件概率的取值只能在 0~1，而上面的回归方程的估计值往往超出这个范围，因此不能直接简单地对式（7-1）进行回归分析（线性概率模型除外），需要引进一个不可观察的参考变量 $Z$ 代替虚拟因变量 $y$，借助一些值域在 0~1 的转化函数，通过这些函数将估计量 $\hat{\beta}X$ 转化为虚拟因变量 $y$ 取 1 或 0 的概率。然后利用解释变量 $X$ 对 $Z$ 进行回归估计，即建立如下的回归方程：

$$Z=\beta X+\mu \qquad (7-2)$$

虚拟因变量 $y$ 和引进的参考变量 $Z$ 的关系是：当估计出的 $Z$ 值超过某一临界

值时，$y$ 就取 1，否则就取 0，二者的关系如下：

$$y = \begin{cases} 1 & \text{当 } Z \geq r \text{ 时} \\ 0 & \text{当 } Z < r \end{cases} \quad (\text{其中 } r \text{ 为临界值}) \quad (7-3)$$

通常将临界值 $r$ 取 0，当 $Z \geq 0$ 则虚拟因变量 $y$ 取 1，否则 $y$ 取 0。当临界值 $r$ 取 0 时，虚拟因变量 $y$ 取 1 和 0 的概率大小可以由下式求出：

$$p(y = 1/X, \ \beta) = p(Z \geq 0) = p(\mu \geq -\beta X) = F(\beta X) \quad (7-4)$$

虚拟因变量模型估计得出的系数不再是相应解释变量对因变量变化的边际效应，而是表示该解释变量对虚拟因变量所代表的事件发生与否的概率的影响大小，这是它与一般回归分析的主要区别所在。根据格林（1998，中译本），连续的解释变量 $X_i$ 对虚拟被解释变量 $y$ 所代表的事件发生概率的影响可以近似地表示为：

$$\frac{\mathrm{d}p(y=1)}{\mathrm{d}X_i} \approx \left[ g(\hat{\beta}X)\hat{\beta}_i \right] \Delta X_i \quad (7-5)$$

其中，$g$ 表示随机项 $\mu$ 的密度函数。它意味着解释变量的系数绝对值越大，表明该解释变量对事件发生概率的影响也越大。系数前面的正负号表明该解释变量对事件发生概率的影响方向，这一点和一般的回归模型类似。

转化函数的选择也是虚拟因变量理论中的一个重要内容，理论上，任何值域在 0~1 的函数都可以作为转化函数，但最常用的转化函数有三种：极值函数、逻辑斯蒂（logistic）分布函数、正态分布函数，对应地可以把虚拟因变量模型分成三种常用的类型：极值模型、logit 模型、probit 模型，三种模型在实际应用中并没有实质区别，但 logit 模型得到较多的应用。假设（4-1）中的随机项 $\mu$ 服从 logistic 分布，当临界值 $r = 0$ 时，则虚拟因变量 $y = 1$ 的概率与参考变量 $Z$ 之间的关系如下：

$$p(y = 1/X, \ \beta) = F(Z) = F(\beta X + \mu) = \frac{1}{1 + e^{-(\beta X + \mu)}} \quad (7-6)$$

利用微积分可以证明，在 logit 模型中，各个解释变量对事件发生的概率 $p(y = 1)$ 的边际效应为：

$$\frac{\mathrm{d}p(y=1)}{\mathrm{d}x_i} = \beta_i p(1-p) \quad (7-7)$$

古扎拉蒂（1996，中译本）利用"机会比率"（odds ratio）的概念来进一步说明 logit 模型中各个解释变量的边际效应。机会比率就是事件发生与不发生的概率之比，机会比率的计算公式为：

$$r = \frac{p(y = 1/X, \ \beta)}{p(y = 0/X, \ \beta)} = \frac{p(y = 1/X, \ \beta)}{1 - p(y = 1/X, \ \beta)} \quad (7-8)$$

古扎拉蒂为我们提供了一种计算 logit 模型中解释变量边际效应的方法：取第 $j$ 个解释变量系数估计值的反对数，再减去 1 并乘以 100，这样就得到对应第 $j$ 个解释变量每增加 1 个单位时机会比率的百分比变化。

## 7.2.2 虚拟因变量的设定与指标选取

1. 虚拟因变量的设定

由于反倾销裁决结果是各方力量博弈的结局，它是对协调机制各项应对措施有效性的一个客观评价指标，所以本文选择反倾销裁定为虚拟因变量，设其为 $y$，通过反倾销的裁定来衡量各项应对措施的有效性。由于撤诉、价格承诺和无损害结案均反映出我国企业通过积极争取所获得的有利裁决，所以认定撤诉、价格承诺和无损害结案均为否定裁决，设其为 0，即 ｛撤诉、价格承诺、无损害结案｝= 0，而对于征收反倾销税的判决认定为肯定裁决，设为 1，即 ｛征反倾销税｝= 1。回归模型的形式为：

$$p(y = 1/X,\ \beta) = F(Z) = F(\beta X + \mu) = \frac{e^{\beta X + \mu}}{1 + e^{\beta X + \mu}}$$

$$\Rightarrow \begin{cases} p_{y=1} = \dfrac{e^{\beta X + \mu}}{1 + e^{\beta X + \mu}} & (7-9) \\[3mm] p_{y=0} = \dfrac{1}{1 + e^{\beta X + \mu}} & (7-10) \end{cases}$$

其中，$y$ 为虚拟因变量，代表裁定结果；$X$ 为解释变量，代表影响反倾销裁定的因素，如企业应对反倾销的会计预警建设情况、反倾销应诉情况等；$\beta$ 为解释变量系数。因为无法直接计算解释变量对裁定结果的影响，引入参考变量 $Z$，通过计算各个解释变量对 $Z$ 的作用，间接反映解释变量对裁定结果的影响。计算出的 $Z$ 值越大，则虚拟因变量取 1 的概率越大，即遭遇反倾销指控的可能性增加，这样间接地表明解释变量对反倾销事件概率的影响。

2. 指标选取

为验证前面所做的假设，我们需要设计相应的检验指标，对于假设 7.1，设计应对反倾销会计预警指标加以检验，指标依据企业、行业协会和政府的反倾销会计预警信息库建设情况综合评定给分；对于假设 7.2，设计应对反倾销会计建设指标进行检验，该指标依据企业应对反倾销的会计基础建设、内部控制、审计制度等方面的情况综合评定给分；对于假设 7.3，设计反倾销应诉指标予以检验，指标按企业应诉与否，应诉时的组织、协调能力综合评分；对于假设 7.4，笔者尝试按我国反倾销法制定时间、加入 WTO 时间、新会计准则实施时间为观察点，分析颁布反倾销法、运用 WTO 争端解决机制和会计准则的国际趋同对反倾销应对的影响，进而验证假设 7.4，遗憾的是，未能得到预期结果，具体分析过程将在 7.2.4 中阐述，因此笔者拟用案例归纳分析和个案论证分析证明假设 7.4；对于假设 7.5，由于难以对跨国投资规避的促进力度、产业升级的推进和汇率形成机制的改革情况用数据定量分析，拟运用案例归纳分析和个案论证分析证明假设 7.5；同理，对假设 7.6 也将运用案例归纳分析和个案论证分析予以证明。

现在我们来分析能否用颁布反倾销法时间 1997 年、加入 WTO 时间 2001 年、实施新会计准则时间 2007 年作为观察点，分析反倾销法的建设、WTO 争端解决机制的运用和会计准则的国际趋同对反倾销应对的影响，下面分析如表 7 - 2 所示的 1995～2009 年对华反倾销发起数与执行反倾销措施数。

表 7 - 2　　　　　　　1995～2015 年对华反倾销发起数与执行反倾销措施数

| 年份 | 1995 | 1996 | 1997 | 1998 | 1999 | 2000 | 2001 | 2002 | 2003 | 2004 | 2005 |
|---|---|---|---|---|---|---|---|---|---|---|---|
| 发起数 | 20 | 43 | 33 | 28 | 42 | 44 | 55 | 51 | 53 | 49 | 56 |
| 裁定数 | 26 | 16 | 33 | 24 | 21 | 30 | 32 | 36 | 41 | 44 | 41 |
| 年份 | 2006 | 2007 | 2008 | 2009 | 2010 | 2011 | 2012 | 2013 | 2014 | 2015 | |
| 发起数 | 72 | 62 | 76 | 77 | 44 | 51 | 60 | 76 | 63 | 71 | |
| 裁定数 | 38 | 48 | 53 | 55 | 56 | 37 | 35 | 52 | 40 | 61 | |

资料来源：http://www.wto.org/english/tratop_e/adp_e/adp_e.htm，依据 WTO 反倾销数据库整理而得。

首先以 1997 年为分离点，对 1997 年之前和 1997 年之后的对华反倾销发起数与执行数分别进行独立样本 t 检验，结果如表 7 - 3 和表 7 - 4 所示。

表 7 - 3　　　　反倾销法实施下的对华反倾销发起数的独立样本 T 检验结果

| | | 方差方程的 levene 检验 | | 均值方程的 t 检验 | | | | | | |
|---|---|---|---|---|---|---|---|---|---|---|
| | | | | | | | | | 差值的 95% 置信区间 | |
| | | F | Sig. | t | df | Sig.（双侧） | 均值差值 | 标准误差值 | 下限 | 上限 |
| 反倾销发起数 | 假设方差相等 | 0.422 | 0.524 | - 3.01 | 19.000 | 0.007 | - 25.22 | 8.390 | - 42.78 | - 7.662 |
| | 假设方差不相等 | | | - 3.41 | 3.026 | 0.042 | - 25.22 | 7.396 | - 48.65 | - 1.796 |

由于表 7 - 3 中方差齐次性检验的 F 值为 0.422，显著性 0.524 > 0.05，说明符合方差齐性假设，适宜进行 t 检验这样的参数检验，均值方程的 t 检验中 Sig. 值为 0.007 < 0.05，说明 1997 年之前的发起数和 1997 年之后发起数认为有差异，即在 0.05 的显著性水平上两组数据存在差异。1997 年之前发起反倾销数均值比 1997 年之后的均值要少 25.22 起，说明反倾销发起数有较大提高。

表7-4　　　　反倾销法实施下的对华反倾销裁定数的独立样本 T 检验结果

| | | 方差方程的 levene 检验 | | 均值方程的 t 检验 | | | | | | |
|---|---|---|---|---|---|---|---|---|---|---|
| | | | | t | df | Sig.（双侧） | 均值差值 | 标准误差值 | 差值的95%置信区间 | |
| | | F | Sig. | | | | | | 下限 | 上限 |
| 反倾销发起数 | 假设方差相等 | 0.532 | 0.475 | -2.398 | 19.000 | 0.027 | -16.33 | 6.810 | -30.59 | -2.079 |
| | 假设方差不相等 | | | -2.921 | 3.270 | 0.055 | -16.33 | 5.591 | -33.33 | 0.658 |

　　根据表7-4，方差方程的 levene 检验 F 值为 0.532，显著性 0.475 > 0.05，说明符合方差齐性假设，适宜进行 t 检验这样的参数检验。此时均值方程 t 检验的显著性 0.027 < 0.05，说明 1997 年之前的反倾销裁定数均值与 1997 年之后的裁定数均值存在统计意义下的显著性差异，相差 16.33，说明反倾销执行数平均多了约 16.33 起。

　　随着我国外贸出口占全球贸易的比例上升，针对我国的反倾销发起数和裁定数也在不断上升，1997 年之后比 1997 年之前发起数和裁定数的均值分别多了 25 起和 16 起。虽然我国于 1997 年 3 月 25 日制定、发布《中华人民共和国反倾销和反补贴条例》，于 2002 年 1 月 1 日，实施《中华人民共和国反倾销条例》，并于 2004 年 6 月 1 日，实施新版的《中华人民共和国反倾销条例》，可因为反倾销法迟迟未能出台，加之我国企业反倾销经验不足，反倾销的报复威慑效力有限。纵观历年反倾销发起、裁定，主导反倾销行为的更多的是世界经济、贸易形势，随着世界经济融合速度的加快，贸易摩擦也越来越频繁，中国特殊的经贸发展方式，以及国外对华的歧视政策，使得中国面临越来越严峻的反倾销形势。所以，不能将制定反倾销法的时间作为观测点，分析报复威慑效力的发挥。

　　下面，我们来分析 2001 年加入 WTO 后，对华反倾销发起数和裁定数是否存在统计上的显著差异。

　　从表7-5可以看出，方差方程 levene 检验的 F 值为 0.006，显著性 0.941 > 0.05，说明符合方差齐性假设，适宜进行 t 检验这样的参数检验。此时均值方程 t 检验的显著性 0.000 < 0.05，说明两者数据的均值存在统计意义上的显著差异，2001 年之后的发起数均值比 2001 年之前多了约 23.64 起，这可能是因为我国加入世贸组织之后，大踏步地融入世界经济一体化进程之中，对外贸易额剧增，相应地遭到贸易保护国家猛烈地反倾销压制。

表 7 - 5      加入 WTO 后对华反倾销发起数的独立样本 T 检验结果

| | | 方差方程的 levene 检验 | | 均值方程的 t 检验 | | | | | | |
|---|---|---|---|---|---|---|---|---|---|---|
| | | | | t | df | Sig.（双侧） | 均值差值 | 标准误差值 | 差值的95%置信区间 | |
| | | F | Sig. | | | | | | 下限 | 上限 |
| 反倾销发起数 | 假设方差相等 | 0.006 | 0.941 | -4.483 | 19.000 | 0.000 | -23.64 | 5.274 | -34.68 | -12.60 |
| | 假设方差不相等 | | | -4.431 | 11.74 | 0.001 | -23.64 | 5.336 | -35.30 | -11.99 |

如表 7 - 6 所示，方差方程 levene 检验的 F 值为 2.445，显著性 0.134 > 0.05，说明符合方差齐性假设，适宜进行 t 检验这样的参数检验。均值方程的 t 检验显著性 0.000 < 0.05，说明加入 WTO 之后，反倾销裁定数平均增加了约 19.5 起，这与我国加入世贸后对外贸易的飞速发展有关。

表 7 - 6      加入 WTO 后对华反倾销裁定数的独立样本 T 检验结果

| | | 方差方程的 levene 检验 | | 均值方程的 t 检验 | | | | | | |
|---|---|---|---|---|---|---|---|---|---|---|
| | | | | t | df | Sig.（双侧） | 均值差值 | 标准误差值 | 差值的95%置信区间 | |
| | | F | Sig. | | | | | | 下限 | 上限 |
| 反倾销发起数 | 假设方差相等 | 2.445 | 0.134 | -5.351 | 19.000 | 0.000 | -19.50 | 3.644 | -27.13 | -11.87 |
| | 假设方差不相等 | | | -5.966 | 16.111 | 0.000 | -19.50 | 3.268 | -26.43 | -12.58 |

加入世贸组织之后，我国被反倾销发起数和裁定数的均值分别增加了 23.64 起和 19.5 起，说明成为世贸组织成员国之后，关税壁垒被大幅降低，凭借价格优势，中国商品迅速销往全球各国，为保护本国企业，各进口国对中国商品更为频繁地使用反倾销手段。

接着，我们以 2007 年为分界点，分析实施新会计准则对反倾销发起数和裁定数有何影响。

如表 7 - 7 所示，方差方程的 levene 检验的 F 值为 0.032，显著性 0.859 > 0.05，说明符合方差齐性假设，适宜进行 t 检验这样的参数检验。均值方程 t 检验的显著性 0.008 < 0.05，说明 2007 年之后的反倾销发起数均值相比 2007 年之前的均值有统计意义上的显著差异，增加了约 18 起，这可能与 2007 年的全球经

济危机有关，随着全球各国经济陷入危机、衰退，各国纷纷采取措施保护本国产业，反倾销由于其便捷性、低成本，被广泛使用，中国作为处于产业链低端的贸易大国，首当其冲，深受反倾销之害。

表7-7　　实施新会计准则后对华反倾销发起数的独立样本 T 检验结果

| | | 方差方程的 levene 检验 | | 均值方程的 t 检验 | | | | | | |
|---|---|---|---|---|---|---|---|---|---|---|
| | | | | t | df | Sig.（双侧） | 均值差值 | 标准误差值 | 差值的95%置信区间 | |
| | | F | Sig. | | | | | | 下限 | 上限 |
| 反倾销发起数 | 假设方差相等 | 0.032 | 0.859 | -2.959 | 19.000 | 0.008 | -17.98 | 6.076 | -30.70 | -5.264 |
| | 假设方差不相等 | | | -3.052 | 16.43 | 0.007 | -17.98 | 5.892 | -30.45 | -5.516 |

根据表7-8，方差方程 levene 检验的 F 值为 0.159，显著性 0.695 > 0.05，说明符合方差齐性假设，适宜进行 t 检验这样的参数检验。均值方程 t 检验的显著性 0.002，说明 2007 年之前裁定数的均值与 2007 年之后的均值存在着统计意义下的显著性差异，少了约 15.55 起，这与 2007 年全球经济危机所引起的反倾销激增有关。

表7-8　　实施新会计准则后对华反倾销裁定数的独立样本 T 检验结果

| | | 方差方程的 levene 检验 | | 均值方程的 t 检验 | | | | | | |
|---|---|---|---|---|---|---|---|---|---|---|
| | | | | t | df | Sig.（双侧） | 均值差值 | 标准误差值 | 差值的95%置信区间 | |
| | | F | Sig. | | | | | | 下限 | 上限 |
| 反倾销发起数 | 假设方差相等 | 0.159 | 0.695 | -3.600 | 19.000 | 0.002 | -15.55 | 4.318 | -24.59 | -6.509 |
| | 假设方差不相等 | | | -3.571 | 14.57 | 0.003 | -15.55 | 4.355 | -24.85 | -6.242 |

综上所述，对于假设 7.4，若是通过单纯地以反倾销制定的时间、加入 WTO 的时间和实施新会计准则的时间为分界点，分析反倾销法建设、WTO 争端解决机制运用能力的提高和会计准则国际趋同的推进对反倾销应对的影响是无法实现的。所以，笔者将通过案例归纳分析和个案论证分析予以定性验证，而如何用定量的方法对其进行实证，笔者将在日后继续深入探索。据此，设定计量分析指

标，给出实证模型的自变量，见表 7 - 9。

表 7 - 9                                                实证模型的自变量

| 自变量 | 变量定义 | 预期符号 |
|--------|----------|----------|
| 反倾销应诉情况（reply） | 反映企业是否积极应诉，以及应诉时行业协会的组织、协调情况 | — |
| 应对反倾销会计预警情况（prealarm） | 反映企业、行业和国家应对反倾销的会计预警系统建设情况 | — |
| 应对反倾销的企业会计建设情况（accounting） | 反映应对反倾销导向的企业会计基础工作，内部控制建设和审计制度安排状况 | — |

在确定如表 7 - 9 所示的实证模型自变量之后，下面我们运用欧盟对华机械冶金行业反倾销数据进行 logit 实证分析。

### 7.2.3　涉案产品描述

欧盟是对华反倾销最厉害的地区（国家）之一。世界上第一例对华反倾销案件就是由欧盟于 1979 年发起的对我国出口的糖精钠进行的反倾销调查。在此后的 30 多年里，我国成为欧盟最主要的贸易伙伴之一（2006 年，中国取代美国成为欧盟进口的第一大贸易伙伴，欧盟继续保持中国第一大贸易伙伴地位），也是对中国发起贸易争端最多的地区之一。特别是 20 世纪 90 年代，欧盟对华反倾销最为频繁，每年对中国提起反倾销诉讼的案件占其反倾销案总数的比例最低为 9%，最高为 33%。

机械冶金业是中国在世界贸易领域有较大竞争优势的行业，同时也是发达国家对华反倾销的重灾区之一。从 1979 ~ 2009 年，欧盟对华机械冶金业共发起 47 起反倾销案件，这 47 起反倾销案涉及的产品数量之多、品种范围之广、金额价值之大，对中国企业影响之深是其他反倾销案不可相提并论的，因此深入剖析欧盟反倾销案，成为中国各界研究中欧贸易问题的共识。表 7 - 10 是欧盟对机械冶金企业从 1979 年首次发起的机械闹钟反倾销案以来，发起 47 起反倾销诉讼案件的主要涉案产品、裁决要点等统计资料。

表 7-10

欧盟对华反倾销案件汇总表——机械冶金业产品（1979~2009 年）

| 编号 | 产品 | 立案日期 | 应诉 | 市场经济待遇 | 个别待遇 | 替代国 | 临时措施 | 最终措施 | 复审与备注 |
|---|---|---|---|---|---|---|---|---|---|
| 1 | 金刚砂 | 1981/08/01 | 应诉 | 未申请 | 未申请 | 依次为挪威、美国、巴西 | | | 接受价格承诺，日落复审执行了两次 |
| 2 | 轻烧镁 | 1982/08/10 | 未应诉 | 未申请 | 未申请 | 奥地利 | 145ECU/T | 价格承诺 112ECU/T | 维持原判决 |
| 3 | 重烧镁 | 1983/06/29 | 应诉 | 未申请 | 未申请 | | 169ECU/T | 无损害终裁 | |
| 4 | 人造刚玉 | 1983/09 | 应诉 | 未申请 | 未申请 | 南斯拉夫 | 白色征 62%税率；褐色征 83%税率 | 价格承诺 | 违反承诺，征 30%~30.8%税率 |
| 5 | 自行车链 | 1984/09 | 未应诉 | 未申请 | 未申请 | 日本 | 征 20%税率 | 0.56ECU/M | 0.56ECU/M 或 35%税率，1993 年到期 |
| 6 | 锤子 | 1985/04 | 应诉 | 未申请 | 未申请 | | | 无损害终裁 | |
| 7 | 碳化硅 | 1986/01/08 | 应诉 | 未申请 | 未申请 | 美国 | | 价格承诺 | 征 52.6%税率 |
| 8 | 重化镁 | 1986/06 | 应诉 | | 未申请 | | | 零税率终裁 | |
| 9 | 金属钙 | 1987/08 | 应诉 | 未申请 | 未申请 | 美国 | 征 10.7%或 2074ECU/T | 征 21.8%或 2074ECU/T | 2074ECU/T，1999/10/22 到期 |
| 10 | 金属钨粉 | 1988/12/15 | 应诉 | | 未申请 | | 无损害初裁 | 无损害终裁 | |
| 11 | 碳化钨与铸造碳化钨 | 1988/12/15 | 应诉 | 未申请 | 未申请 | 韩国 | 征 33%税率 | 征 33%税率 | 价格承诺，违反承诺征 33%税率 |
| 12 | 氧化钨 | 1988/12/15 | 未应诉 | 未申请 | 未申请 | | 征 35%税率 | 征 35%税率 | 违反征 33%税率 |
| 13 | 钨砂 | 1989/01/04 | 未应诉 | 未申请 | 未申请 | 澳大利亚 | 征 37%~53.2%税率 | 征 42.4%税率 | 价格承诺，违反征 37%~42.4%税率 |

续表

| 编号 | 产品 | 立案日期 | 应诉 | 市场经济待遇 | 个别待遇 | 替代国 | 临时措施 | 最终措施 | 复审与备注 |
|---|---|---|---|---|---|---|---|---|---|
| 14 | 金属硅 | 1989/02/01 | 应诉 | 未申请 | 未申请 | 欧盟 | 征18.7%税率 | 198ECU/T | 91/10/28复审，1995年落日复审 |
| 15 | 重烧镁 | 1991/10/23 | 未应诉 | 未申请 | 未申请 | 土耳其 | 69ECU/T | 120ECU/T差价税 | |
| 16 | 轻烧镁 | 1991/10/26 | 未应诉 | 未申请 | 未申请 | 土耳其 | 112/ECU/T差价税 | 120ECU/T差价税 | 1994/07终止调查 |
| 17 | 金属锰 | 1992/01/21 | 应诉 | | | | | | 控方撤诉 | |
| 18 | 三氧化锑 | 1992/03/21 | 应诉 | 未申请 | | 南非 | | 无实质损害 | |
| 19 | 氟石/荧光石 | 1992/04/25 | 应诉 | 未申请 | 未获得 | 南非 | 93.4ECU/T | 113.5ECU/T | 复审维持原税率，2005年9月23日，终止反倾销措施 |
| 20 | 硅铁 | 1992/07/09 | 未应诉 | 未申请 | 未申请 | 挪威 | 征49.7%税率 | 征49.7%税率 | 未应诉 |
| 21 | 耐火黏土 | 1993/04/15 | 未应诉 | 未申请 | 未申请 | 美国 | 7ECU/T与共同体边境价格之间的差额 | 75ECU/T与共同体边境价格之间的差额 | 2001年1月28日终止 |
| 22 | 钢铁管接头 | 1994/02/03 | 应诉 | 未申请 | 未申请 | 泰国 | 征58.6%税率 | 征58.6%税率 | 反规避调查（从台湾转口） |
| 23 | 人造金刚砂 | 1996/01/02 | 应诉 | 未申请 | 未申请 | 巴西 | | 维持征税204ECU/T | 2002年10月10日终止 |
| 24 | 硅锰铁 | 1996/12/17 | 应诉 | 未获得 | 未获得 | 巴西 | 征19.6%税率 | 征14.2%税率 | |
| 25 | 金属镁 | 1997/08/22 | 应诉 | 未获得 | 未获得 | 挪威 | | 2662ECU/T，相当于31.7%税率 | 执行反吸收调查，复审裁决执行加倍税率（复审未应诉） |

续表

| 编号 | 产品 | 立案日期 | 应诉 | 市场经济待遇 | 个别待遇 | 替代国 | 临时措施 | 最终措施 | 复审与备注 |
|---|---|---|---|---|---|---|---|---|---|
| 26 | 钢丝绳 | 1998/05/21 | 应诉 | 未申请 | 未获得 | 波兰 | 征74.8%税率 | 征60.4%税率 | |
| 27 | 非合金中厚钢板 | 1999/05/13 | 应诉 | 未获得 | 未获得 | 印度 | 倾销率34.3%；损害率13.2% | 终裁8.1%税率 | |
| 28 | 马钢管件 | 1999/05/28 | 应诉 | 未获得 | 未获得 | 泰国 | 征49.4%税率 | 征49.4%税率 | |
| 29 | 自行车 | 1999/11/05 | 应诉 | | | 墨西哥 | 诉方撤诉 | | 复审立案调查，征48.5%税率 |
| 30 | 铝箔 | 2000/02/18 | 应诉 | 未获得 | 未获得 | 美国 | | 征15%税率 | |
| 31 | 钼铁 | 2000/11/09 | 应诉 | 1家企业 | 3家企业 | 美国 | 征3.6%~26.3%税率 | 征22.5%税率 | 2006年10月25日暂时中止反倾销措施9个月 |
| 32 | 花岗岩（碑石） | 2000/11/11 | 应诉 | | | 印度 | | 撤诉、终止调查 | |
| 33 | 氧化锌 | 2000/12/20 | 应诉 | 3家企业 | 3家企业 | 美国 | 征16.9%~33.5%税率 | 征6.9%~28%税率 | 2007年3月1日终止反倾销措施 |
| 34 | 镁碳砖 | 2004/07/13 | 应诉 | 2家企业 | 6家企业 | 美国 | 征11.2%~66.1%税率 | 征27.7%~39.9%税率 | 接受营口青花集团有限公司提出的价格承诺 |
| 35 | 贱金属附件 | 2005/04/28 | 应诉 | 未获得 | 2家企业 | 伊朗 | 征33.3%~48.1%税率 | 征27.1%~47.4%税率 | 终裁只有一家获得单独税率 |
| 36 | 钨电极 | 2005/12/17 | 应诉 | 2家企业 | 2家企业 | 美国 | 征25.9%~86.8%税率 | 征17%~63.5%税率 | |
| 37 | 硅锰合金 | 2006/09/06 | 应诉 | 未申请 | 未申请 | 墨西哥 | | 征8.2%税率 | 反倾销税在2009/09/06至2007/12/05暂停 |

续表

| 编号 | 产品 | 立案日期 | 应诉 | 市场经济待遇 | 个别待遇 | 替代国 | 临时措施 | 最终措施 | 复审与备注 |
|---|---|---|---|---|---|---|---|---|---|
| 38 | 硅铁 | 2006/11/30 | 应诉 | | | | 征35.5%税率 | 征31.2%税率 | |
| 39 | 铁管 | 2007/09/26 | 应诉 | 未获得 | 未获得 | 印度 | | 征90.6%税率 | |
| 40 | 冷卷不锈钢 | 2008/02/01 | 应诉 | | | | | | 申诉方撤诉 |
| 41 | 钢丝棒 | 2008/05/08 | 应诉 | | | | 征50.5%税率 | 征50.5%税率 | |
| 42 | 无缝钢管 | 2008/07/09 | 未应诉 | 未申请 | 未申请 | 美国 | 征24.2%税率 | | |
| 43 | 铝箔 | 2008/07/12 | 应诉 | | | | 征42.9%税率 | | |

资料来源：刘爱东的《我国机械冶金企业应诉欧盟反倾销案例分析》，蔡庆辉的《欧盟对华反倾销案例研究》和 Chad P. Bown 整理的反倾销数据库：ht-tp：//people. brandeis. edu/~cbown/global_ad/。

## 7.2.4 回归结果分析

笔者通过对欧盟对华机械冶金行业反倾销案例的整理分析，对一个个案件加以具体分析，按照最高分为 1，代表最优，最低分为 0，代表最差，从最优至最差分为 5 等，即优、良、中、差、很差的评分方式，对每个案例中企业预警、行业协会预警以及政府预警三个层次的协调、配合，互相支持的具体情况予以评分，得出应对反倾销的预警指标分值，通过对每个案例中应对反倾销的企业会计基础建设、内部控制设计和审计制度安排情况综合打分，确定应对反倾销的企业会计建设指标分析，通过分析行业协会在反倾销应对中具体的组织、协调、沟通、传达、引导、联合的作用发挥情况，得出反倾销应诉指标的分值。

为进一步证实单纯以法规、制度、准则实施时间为分界点无法验证法规、制度、准则对反倾销应对的作用，笔者以我国 1997 年颁布反倾销法、2001 年加入 WTO 和 2006 年实行新会计准则这三个时间点为界，设立三个虚拟变量，分别表示反倾销法建设、WTO 争端解决机制的运用能力和会计准则建设，对反倾销应诉的影响。在 2006 年以前的，设会计准则建设变量为 0，之后的为 1，在 1997 年之前的，设反倾销法建设变量为 0，之后的为 1，同理，设 2001 年之前的 WTO 争端解决机制运用能力变量为 0，之后的为 1。运用欧盟对华机械冶金业反倾销数据，在表 4-10 设定的自变量基础上补充这三个虚拟变量进行回归，发现加入会计准则变量、反倾销法变量和 WTO 争端解决机制运用变量后，回归结果与预期不符，这与前面所做的 t 检验结果相符，也证明了 5.4.2 中的分析结论，我国反倾销报复威慑力有限，对 WTO 争端解决机制的运用能力较弱，会计准则国际趋同效应的发挥尚须时日，此三项正是导致我国的反倾销法的制定、WTO 的加入和新会计准则的实施未能有效降低反倾销的肯定裁定率的根本原因。

所以反倾销法制定、WTO 争端解决机制运用能力和会计准则趋同的变量无法解释、说明反倾销裁决。其原因可能是由于使用虚拟变量无法准确地反映出会计准则趋同、反倾销法制定和 WTO 争端解决机制运用能力对反倾销应对的影响，从而导致回归结果不符预期，所以笔者按表 7-9 设定的自变量进行回归，并将在后续研究中分析应采用何种方式来反映会计准则趋同、反倾销法制定和 WTO 争端解决机制运用能力对反倾销应对的影响。得到的回归结果见表 7-11。

表 7 - 11　　　　　　　　　　**logit 实证模型的回归结果**

| 解释变量 | 系数估计 | 标准差 | Z 检验值 |
|---|---|---|---|
| 常数项 C | 5.4654 *** | 1.6663 | 3.2799 |
| 反倾销应诉情况 reply | - 2.698 ** | 1.6673 | - 1.6182 |
| 应对反倾销会计预警情况 prealarm | - 7.9924 * | 6.2322 | - 1.2824 |
| 应对反倾销的会计建设情况 accounting | - 6.2824 * | 4.1538 | - 1.5125 |

注：*** 、** 、* 分别表示在 1% 、5% 、10% 的显著性水平下通过 Z 检验。

表 7 - 11 中的回归结果表明，3 个解释变量在 10% 的显著性水平下都通过了统计检验，表明这些因素对反倾销裁决产生显著影响。由表 4 - 11 的回归结果可以得出回归方程 (7 - 11)：

$$Z_{it} = 5.4654 - 2.698 reply - 7.9924 prealarm - 6.2824 accounting \qquad (7 - 11)$$

从表 7 - 11 可以看出，回归结果符合预期。企业的反倾销应诉组织、协调情况、应对反倾销的预警情况和应对反倾销的企业会计建设情况对反倾销裁决有重大影响，证明了假设 7.1、假设 7.2 和假设 7.3 成立，也说明了会计协调机制能有效应对反倾销。常数项系数为 5.4654，说明其他一些因素对反倾销裁决起重大影响，如我国产品对欧盟市场份额的上升幅度，我国产品出口造成的欧盟市场上削价幅度，欧盟倾销申诉产业的失业率和利润下滑幅度等。应对反倾销预警变量的系数达到 - 7.9924，说明应对反倾销预警系统的好坏对反倾销裁决结果有重大影响，因为如果能事先预警到反倾销的发起，提起做好应诉准备，可以抢占先机，进而夺取应诉的胜利。应对反倾销的企业会计建设情况对反倾销的裁决也起着至关重要的作用，系数为 - 6.2824，因为有力的会计举证对应诉的成败起重要作用，所以应对反倾销的企业会计建设的好坏对反倾销最终裁决极为重要。反倾销应诉组织、协调情况的系数为 - 2.698，说明应诉与否，应诉组织力度、协调效度的强弱对反倾销的最终裁定有重要影响，应诉组织越得力、协调沟通越充分、举证抗辩越有效，获得有利裁决的可能性就越大，反之，则很可能被裁定倾销成立。

在对案例资料进行整理分析时，笔者发现对我国的"非市场经济地位"歧视，是造成我国企业应诉失利的一个主要原因，在现阶段，我国企业克服这一不利因素的方法是做好"替代国"信息储备，一旦被诉，外国对我国企业使用"替代国"核算产品成本时，我国企业可以推荐对自己有利的"替代国"。按照我国加入世贸组织的约定，按照我国入世时的约定，到了 2016 年，欧盟等西方国家将无条件承认我国的市场经济地位，但在 2016 年底，美国、欧盟和日本纷纷宣布拒绝承认我国的市场经济地位，说明这些国家意识到，失去"市场经济地位"这一有效的武器，在反倾销裁定中，他们将处于不利地位，所以，他们无论如何都要保住自己能以"替代国标准"判定中国出口产品成本这一优势，而拒绝承认中国的市场经济地位，这进一步说明了反倾销名义上是制止不正当倾销贸易，实质是体现了国家间的政治经济斗争。而且"汇率补贴倾销""环境倾销"等新的拦路虎不断出现，所以，我们必须要把切实转变经济增长方式，推进产业升级，通过创新提高附加值，作为我们努力的方向，这才是根治反倾销的终极"药方"。

# 7.3　案例归纳分析

如前所述，由于无法大规模收集相关的量化数据，以及缺乏合适的定量分析方法，我们将通过另一种方法对假设7.4、假设7.5和假设7.6进行验证。为此，笔者通过阅读大量反倾销案例资料，对应对反倾销的经验、教训加以归类、整理和提炼，进行归纳分析。在进行归纳分析的过程中，我们将尽量保证各个案例书面资料的多渠道和客观性，尽可能减少片面性，并尽可能多地收集相关案例资料，避免以偏概全，但必须指出的是，这种通过书面资料来引证假设的方法所存在的不足是无法彻底克服的，即便如此，就本文的研究而言，这种归纳分析的定性研究在一定程度上可视为定量研究的一种较好的替代方法。

本引证分析所用的案例资料，除如表7-10所列的47起案例之外，还包括大量的通过其他渠道（互联网、图书、报纸等）获得的书面案例资料。通过对我国企业应对反倾销的经验与教训的整理、归类、分析、总结，笔者发现在应对过程中频繁出现的大量问题和困境，均可以运用本书所构建的应对反倾销会计协调机制予以解决，具体的克服应对困境途径见表7-12。

如表7-12所示，通过描述大量案例中企业应对反倾销时所遇到的种种困境对其归类，并指出会计协调机制的解决途径，可以清晰地看到，前面所做的假设7.1、假设7.2、假设7.3、假设7.4、假设7.5和假设7.6均可以得到有力的证明。笔者将困境分为20种，归为6大类，分别为：①缺乏联合预警机制；②应对反倾销的会计建设不足；③反倾销的联合应诉不力；④应对反倾销的法规、制度、准则的制定与运用尚不完善；⑤应对反倾销的政策支持力度不够；⑥缺乏应对协调，运用六项解决措施分别从预警、会计建设、联合应诉、法规、制度、准则的完善、政策支持和应对协调上对困境予以克服，显然，应对反倾销会计协调机制能有效克服企业在反倾销应对中面临的种种困境，实现反倾销应对的成功。

表7－12　应对反倾销困境形成的原因及会计协调机制的规避途径

| 序号 | 企业应对反倾销困境的原因表述 | 类别 | 协调机制的解决途径 |
|---|---|---|---|
| 1 | 由于缺乏企业、行业协会和政府实时预警反倾销的联合会计预警机制，面对反倾销调查时间短、数据多，资料全的苛刻要求，企业往往放弃应诉 | 缺乏联合预警机制 | 企业、行业协会、政府合作建设自身的会计预警信息库，并实现信息共享，联合预警，发挥各自优势、做到资源互补，协力预警反倾销 |
| 2 | 会计预警信息的收集，常常涉及国外企业盈利、市场占有率、以及就业、经济增长，选举支持率等宏观的经济、政治数据，对单个企业来说，获取信息的成本太高，而且受制于自身条件，企业难以做专业的分析 | | |
| 3 | 日常会计工作中未能作好应对准备，面对反倾销调查当局严格、详尽的产品成本、采购、销售资料等调查要求，短期内难以提供有力的举证信息，以致被裁决当局随意地采用最佳可获得信息判定成本、裁定高额倾销 | 应对反倾销的会计建设不足 | 建设反倾销应对导向的会计基础工作、内部控制和审计制度，在平时设置相应的反倾销调查科目、收集可能被作为"替代国"的企业信息，加强内部控制、审计监督功能，提高会计举证信息的可信度 |
| 4 | 我国认定为非市场经济国家，常常被采用"替代国"核算产品成本，在提供可选择的"替代国"上，由于企业前期准备工作不足，未能提供对自己更有利的"替代国"，导致高额倾销 | | |
| 5 | 反倾销调查方不但对资料信息要求严格到千分之一，对信息资料的生成程序同样严格要求，我国企业由于自身内控资料的不完善，常常因此被认定为信息生成程序存在问题，直接降低所提供的信息资料的可采信度，以至于被裁当局按"最佳可获得资料"核算成本，判为高额倾销 | | |
| 6 | 作为市场经济地位判定的重要标准，企业必须有一套明细的基础会计账簿，该账簿需按国际通用会计准则进行独立审计，并有通用性。正由于我国企业的账簿在明晰、符合国际标准和经过独立审计上的不足，导致企业申请市场经济地位的失败，进而造成高额倾销判定 | | |

续表

| 序号 | 企业应对反倾销困境的原因表述 | 类别 | 协调机制的解决途径 |
|---|---|---|---|
| 7 | 我国企业出口时的无序竞争，竞相压价、利益冲突，盲目倾销，且出口产品的档次和附加值低，这些因素是频遭反倾销的重要原因 | 反倾销的联合应诉不力 | 建设行业协会应诉协调机制，从应诉基金到产品出口的有序出口定价、投放，应诉企业的组织、协调、配合，直至促使政企联动、人员调度有序，实现资金、高效的应诉局面协同应诉工作顺利开展的协同 |
| 8 | 企业应诉时各怀心思，都想借此机会打击本国其他竞争对手，扩大自己的市场份额，致使应诉效果大打折扣 | | |
| 9 | 反倾销应诉成本高，光是律师费，一个小官司就高达数百万美元，大的官司更以千万计，我国出口企业大部分属中小规模，单个企业根本无力承担高额的应诉费用 | | |
| 10 | 由于反倾销带来极强的政治性贸易保护色彩，单纯的企业层面应诉易受到反倾销当局以高强度的调查要求、非市场经济地位的歧视对待，倾销额度的随意计算等等种种习难，急需政府层面的国家抗辩支持 | | |
| 11 | 我国被认定为"非市场经济国家"，以"替代国"核算企业产品成本，是企业应诉面对的最大障碍，为获得理想的应诉结果，企业必须申请单独税率，而获得单独税率的重要标准，等效，是按国际准则反倾销，我国会计准则的国际趋同，对企业应诉起着重要的积极作用 | 应对反倾销的法规、制度、准则的制定与运用尚不完善 | 推进会计准则国际趋同与等效、建设、完善反倾销法规、条例，提高WTO争端解决机制的运营能力，全面提升反倾销应对、威慑能力，制约反倾销的频繁发起、高额裁定 |
| 12 | 欧美对我国企业提供的会计举证资料，习惯性按本国会计准则一致，需要我国会计准则尽可能与欧美准则趋同，且对我国市场经济地位的认定，其中一条重要是会计准则符合国际标准，所以我国会计准则的国际趋同，对反倾销应诉意义重大 | | |
| 13 | 国外对我国企业"强词夺理"式的高额反倾销裁定，警示我们，必须要完善自身的反倾销法律体系，以对别国形成一种威慑，制约日益猖獗的对华反倾销 | | |
| 14 | 对华反倾销发起日益频繁，裁定的反倾销幅度越发高涨，不单是欧美传统反倾销者，印度等新兴反倾销者对中国产品也发起近乎疯狂的反倾销，唯有运用WTO争端解决机制，才有可能遏制日益高涨的反倾销浪潮，由于我国对争端解决机制经验欠缺，运用能力匮乏，未能发挥出应有的制约、威慑作用 | | |

续表

| 序号 | 企业应对反倾销困境的原因表述 | 类别 | 协调机制的解决途径 |
|---|---|---|---|
| 15 | 为平衡自己国家的贸易格局，缓解内部压力，转移内部矛盾，反倾销成为各国首选的贸易保护工具，所以我国需要减少外贸顺差，推进产业升级，逐步实现经济发展转型，不再唯 GDP、出口创汇，这也是缓解我国货币超发引起的通货膨胀的重要途径 | 应对反倾销政策的支持力度不够 | 稳步推进产业升级，积极引导跨国投资规避反倾销，逐步实现人民币汇率市场化自由浮动，从政策层面对反倾销应对形成立体化支持体系 |
| 16 | 低层次的廉价产品，不但在发达国家易遭受反倾销，在发展中国家，也因为与对方国家的生产结构雷同，产品相似，而备受反倾销打击，所以必须优化我国产业结构，发展高端产品，提高产品的附加值，实施多元化战略 | | |
| 17 | 对华反倾销常常以倾销成立结案，对中国产品征税，所以，我们应积极拓展海外市场，设立海外生产基地，规避反倾销风险 | | |
| 18 | 判定市场经济地位是非常重要标准之一，是货币可兑换程度，即该货币转换成其他国家货币的程度，所以，推进我国汇率制度改革，建立可自由浮动的市场化的国家取市场经济地位，对于争夺制衡反倾销，战略制衡反倾销，具有重大意义 | 缺乏应对协调 | 建设企业、行业协会和政府联动应对反倾销的协调运作机制 |
| 19 | 反倾销应对的重要经验，就是我国商务部、地方政府、出口企业和律师应抱成一团，以整体力量全方位出击，形成反倾销的团队形象，才能有力推进反倾销进程，夺取应诉胜利，正由于缺乏企业积极应对、行业协会和政府配合、支持的协调机制，企业的反倾销应对常常陷入困境 | | |

# 7.4　个案论证分析

　　由于受数据收集、样本数量、回归分析和案例归纳分析方法等局限，以上两节对假设的检验的说服力仍然不够强。而案例研究是进行实证分析的重要方法，因为从大样本中提取一个案例，从个别到一般，更易把握全局，作出推断，并可对所提的假设作出检验。因此，本节拟通过对反倾销个案进行深入剖析，以对本文的论证及假设提供进一步的佐证。以下将选取两个典型的反倾销个案——欧盟对华塑料袋反倾销案和美国对华彩电反倾销案，进行分析。在个案论证过程中，先简述案件的基本情况，然后分析案例成功与失败的启示，揭示会计支持下，企业、行业协会和政府协调行动、努力应对如何影响最后的裁决结果。

## 7.4.1　欧盟对华塑料袋反倾销案分析

### 1. 案情简介

　　2005 年 6 月，欧盟对华塑料袋产品发起反倾销立案调查，调查期为 2004 年 1 ~ 12 月。涉案的中国塑料袋生产企业有上千家。按照欧盟程序，企业必须在规定时间内决定是否应诉并索要有关市场经济地位的调查问卷，提供有关反倾销调查的一切信息。在规定时间内提供信息的企业将被欧盟认为是合作的，否则就是非合作企业，即放弃应诉。如果放弃应诉，按照世界贸易组织的有关条款，等待的将是缺席裁决，这对企业是十分不利的。此时，行业协会发挥了重要作用，在欧盟把反倾销调查通知有关方面后，中国轻工业商会立即组织行业开会，并邀请律师到各省市演讲。由于中国塑料加工工业协会的积极组织，企业的应诉积极性大大提高，最终共有 108 家企业应诉。

　　欧盟选取了出口量前十的 10 家企业作为抽样调查企业。于 2006 年 7 月 6 日，公布了初裁决定，对被实地核查的 10 家企业，给予其中 9 家以"市场经济地位"，由于一家公司伪造出口发票，未给予其市场经济地位。10 家企业分别判定 0 ~ 15.2% 的反倾销税，其余 98 家应诉企业在没有经调查核实的情况下，采用替代国马来西亚的相关数据，进行反倾销的税率估算，最终裁定的平均税率是 15.2%。此外，欧盟指责我国对塑料袋生产企业的额度有要求，甚至有的企业被要求将 100% 的产品出口到国外，因此有故意倾销的嫌疑。其中，上海的两家家居用品公司——赛德和声科则分别拿到了 13.6% 和 13.7% 的关税，在同类企业中属较高。

　　面对这样的结果，商务部迅速作出回应，新闻发言人崇泉表示，欧方虽然在终裁披露中对本案的替代国、抽样企业市场经济待遇等问题做出了慎重考虑和处理，但是，欧方未做任何审查就否决了 98 家未抽样企业的市场经济待遇和分别裁决待遇，且没有作出任何合理解释，这违反了 WTO《反倾销协议》的有关规定。同时，相关企业也进行了积极有力的抗辩。帮助代理这 10 家企业以及未拿到市场经济地位资格的企业的诉讼律师，于 2006 年 7 月 18 日向欧盟委员会提出书面诉讼书。针对欧盟的指控，他们从市场经济地位、出口限制、替代国数据等方面进行抗辩。

　　以声科家居用品（上海）有限公司为例，在披露的欧盟终裁草案中，其反倾销税率是 13.7%，按照这个税率，声科将基本失去欧盟市场。对于获得市场经济待遇的企业产品正常价值的计算，欧盟方面采用的是推定正常价值，即生产成本加上合理的管理、销售和一般费用。这是目前国际上反倾销当局最常用也是最易引起争议的计算正常价值的方法。倾销幅度就是根据正常价值和出口价格比较得来的。经过细致的研究，声科有充分的理由认为欧盟的税率草案计算不合理，它过高地计算了一些费用以及应有利润。比如，欧盟方面以声科国内销售的毛利率作为出口的合理利润，但实际上扣除给商场的返利，利润率远没有那么高。因此声科申请举行听证会并说服了欧盟方面，并在最终的终裁中获得了 4.8% 的较低税率。声科税率的降低对整体应诉企业的税率降低都大有好处。因为对于没有被选为抽样企业的应诉企业，欧盟采用七家获得市场经济待遇企业的平均税率。也就是说，它们获得了相当于市场经济待遇的待遇。

　　由于商务部相关部门的强力介入以及企业和商会的积极抗辩，在一定程度上改变了裁定结果。经过欧盟理事会投票，欧盟委员会在 2006 年 9 月 29 日发布终裁公告，10 家抽样企业中总共 7 家获得市场经济地位，享受 4.8% ~ 12.8% 的单独税率。其中，上海的 2 家赛德和声科分别获得 7.4% 和 4.8% 的税率，远低于之前的 13.6% 和 13.7%。应诉而未被抽样的 98 家应诉企业征税额度则统一执行 8.4% 的加权平均税率，而未应诉的企业则被征收高达 28.8% 的反倾销税。对于此次应诉企业获得的税率，大多数企业表示可以承受，不会对出口造成太大影响，但对没有应诉的企业来说，高达 28.8% 的反倾销税很难承受，宣告它们基本退出欧盟市场。这对塑料制品出口格局产生了很大的影响，对欧出口的塑料制品企业大幅减少。

　　原本在终裁披露阶段获得市场经济地位的两家企业在终裁决定中被取消了市场经济地位，欧盟认为这两家企业没有说明它们之间存在的关联关系。

　　在替代国的选择上，最初欧盟方面选择美国作为中国正常价值的参照国，但美国的各项成本费用都高出中国许多，如果选取美国作为替代国将对中国企业非常不利。因此国内企业、政府部门以及进口商建议从马来西亚、泰国、印度尼西亚、印度中选取一个作为替代国，经过多方抗辩，欧盟方面综合考虑，最终选取马来西亚作为中国的参照国。这也是此次塑料袋反倾销案应诉企业整体反倾销税不高的一个关键原因。

2. 案例的启示及评论

（1）企业积极应诉，政府和协会的大力支持是应诉成功的保证。

相对于以往欧盟对中国反倾销案，此次塑料袋反倾销案是应诉企业最多的一次。我国企业从维护企业自身的权益出发，合理利用反倾销规则，进行了积极有力的交涉与抗辩，这是应诉反倾销成功的先决条件。本案自始至终得益于商务部有关部门和中国轻工工艺品进出口商会以及中国塑料加工工业协会的悉心指导和大力支持。商务部有关部门就许多问题在中欧政府层面进行了交涉，主产区的商务主管部门也做了大量预警、协调和指导工作，为企业解决了许多实际困难，比如，聘请具有丰富应战经验的律师，现场讲解欧盟反倾销法律和程序，详细解答企业提出的问题，并鼓励企业拿起法律武器勇敢维护自己的合法权益等。通过反复分析评估，大大增强了企业应诉信心。中国轻工工艺品进出口商会以及中国塑料加工工业协会在组织企业应诉、协调等方面发挥了至关重要的桥梁纽带作用。此外，此案应诉比较成功与选择具体得当的应诉策略也是分不开的。同时，面对反倾销调查，有关各方讲究应对策略，紧紧围绕无倾销、无损害两大方面进行积极的抗辩，达到成功应诉。所以，企业、行业协会和政府的相互支持、相互配合、协同行动，是成功应诉的保障。

（2）对企业应诉方面的启发。

第一，积极地应诉是获得反倾销诉讼胜利的先决条件。对待反倾销等贸易摩擦，企业应以平常心和责任心来对待这个问题，不能采取回避的态度，应该积极地应诉。第二，抛弃任何幻想，清醒认识到欧盟反倾销政策的消极性，脚踏实地地做好应诉工作。不要以国内打官司的思维去理解国外的做事方式，理智地以法律手段去应对。第三，充分利用律师的专业性，不放过法律上任何一点对被诉企业有利的规定，寻找法律和事实上的突破口。第四，加工贸易型企业在遭遇欧盟反倾销时，一定要与海外的关联公司捆绑应诉。在应诉过程中，企业应第一时间如实向欧委会解释整个关系和业务流程，并及时和主动地报告各种必要信息，例如，生产成本及关联交易情况，这有助于与核查官员建立合作和信任的关系。第五，积极联合欧盟境内零售商向欧盟委员会施压争取对应诉有利的裁决。在此案中，有13家欧盟零售商自发向欧盟委员会提出抗议，要求停止对原产于中国、马来西亚、泰国的塑料袋产品的反倾销调查，但由于力量弱小，欧盟委员会没有采纳其意见。第六，企业在实际的经营过程中要规范财务制度、规范经营、规范竞争。因此，积极应诉、联合进口国经销商、做好会计基础工作，是成功应对的基石。

（3）关于市场经济地位的获得。

要想使反倾销应诉成功，最主要的是获得市场经济地位。欧盟为中国企业申请市场经济地位制定了五条标准：

第一条，企业按照市场供求关系决定价格、成本和投入（包括原料、技术和劳动力成本、产品销售和投资等事项），其决策没有明显地受到国家干预，主要生产要素的成本基本反映市场价值；

第二条，企业有一套明晰的基础会计账簿，该账簿需按国际通用会计准则进行独立审计并有通用性；

第三条，企业的生产成本和财务状况没有受过去的非市场经济体系的显著影响，特别是在资产折旧、购销账目、易货贸易、偿债冲抵付款等方面；

第四条，涉诉企业应受破产法和财产权法的约束和保护，以保证其在经营中法律资格的确定性和稳定性；

第五条，货币兑换汇率的变化由市场决定。

企业获得市场经济地位的前提是符合上述的五条标准，对中国大部分企业来说，上述五条标准中的第四、第五条在合法经营的情况下相对而言比较容易符合。

对于第四条，欧盟的假设是中国政府利用行政手段保护和扶持企业，从而扭曲市场竞争，使企业免受市场经济压力。而目前中国绝大多数企业按照《公司法》等设立，如果经营不善，达到破产条件，则按照《破产法》规定的程序进行清算，宣布破产，注销营业执照。

第五条涉及的是汇率问题。中国目前实行的是以市场供求为基础、参考一篮子货币进行调节、有管理的浮动汇率制度。因此中国现行的汇率制度与欧盟要求的货币兑换汇率遵从市场汇率是一致的，为了在应对反倾销中争取有利地位，需要我国继续完善市场化的人民币汇率形成机制。

中国企业普遍觉得困难的是符合欧盟五条标准中的前三条。

第一条标准是一条笼统的、政策性的规定。在实际操作中，由于许多涉案企业属于国有企业，因此，欧盟非常可能在笼统地标准里刁难中国企业，认为它们无法提供足够的证据证明它们的经营没有受到政府干预，从而判定中方不符合第一条标准并否定市场经济地位。比如在本案的仲裁草案中，在10家抽样企业中有一家企业没有获得市场经济地位，欧盟方面给出的理由就是根据调查，这家企业的市场行为明显受到了地方政府的干预，而且这家企业无法提供足够的证据证明其可以根据市场信号自由地作出决策。因此，要直接从第一条突破论证企业的经营管理不受国家干预存在一定困难。

那么，在实务操作中与其直接在企业的控制权问题上进行无休止的争论，不如用企业完备、明晰的数据资料来作为突破口，也即证明企业符合五条标准中的第二、第三条，符合比较具体的、专业性的、技术性的标准。在解决好第二、第三条标准的基础上，再结合中国现行的关于国有资产投资、管理方面的法律、法规，进一步解释国有资产的所有权和管理权分开的现状，将更有利于使欧盟企业确信中国企业达到了第一条标准。因此，应诉反倾销成功与否，最重要的是获得市场经济地位，其中的关键问题是建立完备的财务、会计制度。所以，亟须我国稳步推进会计准则国际趋同、制定国际接轨的审计准则、实施高效的审计制度安排，完善反倾销应对导向的会计基础工作，为成功申请"市场经济地位"奠定基础。

总体来看，欧盟对中国的反倾销政策是比较消极的。但是，五条标准毕竟给了中国企业一些据理力争的机会和应诉成功的希望，因此企业应在平时练好内功，建立健全完善的财务会计制度，严格遵照执行。只有这样，中国企业才能在对欧盟的反倾销应诉中维护自己的合法权益。

（4）对国内塑料袋制造业竞争战略的反思。

国内塑料袋制造业无序竞争以及出口产品档次低、附加值低是遭遇此次反倾销的重要原因。

由于塑料袋产业制造工艺比较简单，数万元投资就可以马上投产一条生产线，因此在我国塑料袋生产企业众多，鱼龙混杂，整体水平不高。最新的国家经济普查结果显示，国内塑料制品加工企业约有 9 万家，且小企业占绝大多数。许多小企业技术装备落后、产品档次低，有些企业因贪小利而扰乱出口市场秩序。这种为争夺欧盟市场无序竞争、自相残杀的行为使本已微薄的利润空间更加雪上加霜，严重损害了行业的健康发展并直接导致了欧盟对中国塑料袋产业的反倾销。

另外，国内塑料制品企业生产多走低端路线，出口产品档次和附加值低，主要为日常生活用品和工艺品，特殊工程塑料制品比重过低，高技术含量和高附加值产品极少，企业出口量虽然不少，但利润却难以增加，也制约出口竞争力的提升。塑料袋大都是用不可再生降解材料生产的，处理这些白色垃圾只能挖土填埋或高温焚烧，这两种办法都不利于环保。塑料袋埋在地里需要 200 年以上才能腐烂，并且严重污染土壤；而焚烧所产生的有害烟尘和有毒气体，同样会造成对大气环境的污染。欧洲环保组织一直在对各国政府施加更大的压力，促使它们采取行动。目前爱尔兰和丹麦已在对塑料袋征税，法国也正在采取相关立法措施以禁止塑料袋的使用。需要看到，环保型塑料袋将是未来的发展趋势，目前欧盟有的地区已经开始使用可降解的塑料袋，尽管成本较高，推广还需要一个过程，但随着环保意识的全球化以及技术的不断发展、成熟，可降解塑料袋的普及只是时间早晚的问题。

因此，扩大出口不能仅仅依靠物美价廉。我国塑料袋企业应充分利用此次反倾销裁决带来的行业"洗牌"效应，转变思路，以质取胜，加强技术研发，进行产品创新，努力提高产品附加值，逐步实现产品的差异化，创建品牌，提升产品的核心竞争力，加快产业升级和技术创新，依靠生产高科技含量的绿色环保和高附加值产品来抢占国际市场。我国政府应该因势利导，积极引导企业进行产业链升级，通过创新提高产品的附加值，避免低价竞销的恶性竞争，从根本上规避反倾销。

从欧盟对华塑料袋反倾销案可以看出，我国企业取得低税率除了靠企业积极应诉之外，轻工业商会和下设的塑料加工工业协会从反倾销调查伊始的积极组织应诉起了重要的协调作用，而我国商务部等有关部门自始至终积极与对方交涉，让欧盟不敢对我国企业歧视对待，为我国企业争取了有利地位。所以，应诉成功靠的是企业、行业协会和政府三方高效协调联动，而企业自身良好的会计基础工作也发挥了重要作用，尤其是在替代国选取上，由于前期的会计准备工作到位，对可能选择的替代国情况有一定了解，所以能在欧盟选取替代国时，建议采用马来西亚的成本数据，由于该国塑料袋生产成本与我国相近，这为后期争取低的反倾销税率打下了基础。所以，应对反倾销会计协调机制是夺取反倾销应诉胜利的保证。

## 7.4.2　美国对华彩电反倾销案分析

1. 案情简介

在 2003 年 5 月，美国五河电子公司及两家工会组织，对中国和马来西亚出口到美国的彩电产品提起反倾销申诉。申请调查的产品范围为 21 英寸以上采用阴极射线管的彩电接收器，包括背投彩电、普通阴极射线管彩电和高清晰数码彩电。2004 年 5 月 15 日，美国国际贸易委员会作出判决，中国彩电在美倾销成立，并对中国彩电征收反倾销税，其中，长虹反倾销税率 26.37%，TCL 为 21.25%，康佳为 9.69%，厦华为 5.22%，其他应诉企业加权平均税率为 22.94%，未应诉企业的统一税率为 78.45%。

2. 案例的启示及评论

（1）厦华取得低税率的原因分析。

对于中国彩电业来说，反倾销税只要超过 10%，出口就无利可图，也就基本扼杀了对美国出口。但是，与国内同行相比，厦华获得了最低终裁（倾销幅度为 5.22%）。这一胜利，使得厦华在美国商务部做出终裁后一周内，就接到来自美国主流客商的数字彩电有效订单 6.28 万台。

第一，积极应诉是赢得胜利的前提。最初美国并没有将厦华列入调查名单，为争取独立公正的裁决，厦华主动提出申请要求接受单独调查，并最终被美国商务部选中为特别调查对象，从而成功地为争取单独税率走出关键的一步。

第二，厦华预先进行"模拟核查"。在美国律师的实地指导下，厦华预先进行"模拟核查"，并做出了"三规定"：不论查到谁的头上；不论律师需要了解什么情况；不论调阅什么资料，都必须在半小时内送达"模拟核查室"；同时要求工作人员绝对配合，不论涉及任何人，一旦应诉反倾销小组（包括律师在内）指出有任何问题，当事人必须服从，并立即予以更正，以保证资料的真实性和完整性。经验告诉厦华，如果美方核查员有一个数据要了三次，你还不能拿出来，他就不会再要这个数据，也不会"采信"你过后提供的数据，而是采用"替代国"的相关数据来替代，这样企业就会因小问题吃大亏。

第三，详细的财务记录和原始资料可供抗辩。近年来，厦华坚持企业内部改革，实行"精益管理"，对自身企业制度进行改革，按照国际规范建立起一套企业运行机制和财会制度，财务报表体系。依照 WTO 规则下的国际贸易的各种需要（包括应对反倾销调查的需要），对财务数据的生成严格把关，保证财务信息不但真实可信，而且完全符合国际通行的会计准则。通过"精益管理"，做到在核查中，对于对方要的材料，在半小时内就送达，从而大大增强了对方的信任度。例如，美方在初裁之前为了图省事，将厦华填写的"问卷调查"中上千项的元器件和零部件简单地合并成几十个项目来简化运算，如把"后机壳"归入"其他"类，并将"其他"类材料的价格统一设定为每千克 25 美元。这样，假设后机壳为 3 公斤，一个后壳的成本就被计算为"5 公斤 × 25 美元 = 75 美元；而实际成本是：3 公斤 × 6 元 = 18 元人民币，约折合 2.7 美元，仅此一项就使得该机型的成本被高估了约 72.3 美元。在美方进行的实地核查中，厦华发现了不少类似的问题，即请核查人员一个个仔细比对，尽量使对方"采信"企业提供的数据，使其真正符合实际成本。这样，才把初裁的 31.7% 高倾销幅度降下来。事实证明，科学的企业管理制度，才能充分证明自己的产品是在市场经济条件下形成，这是胜诉重要条件，而建立完善的应对反倾销的会计制度，是成功应对反倾销的关键。

（2）彩电反倾销应诉失利的启示。

在当前的政治游戏规则下，反倾销制度在世界上有日渐流行之势。我们不能指望迅速解决中国的市场经济地位问题，更不能指望在可预见的未来取消反倾销等贸易救济制度，现实工作重点只能是改进反倾销的预防和应诉工作。从这个视角出发，面对中国彩电企业此次反倾销应诉失败，给我们以下启示：

第一，需要调整低价竞争策略。根据美国国际贸易委员会的判决书，2003年美国彩电厂商总产量为 380 万台，总价值 19 亿美元，均价 500 美元；相比之下，2003 年中国对美出口彩电 180 万台，总价值 3.189 亿美元，均价 177.2 美元。价格差别过大，不仅降低了我们的出口效益，而且容易引起反倾销诉讼。

第二，出口市场需要多元化。中国产品对一个市场的出口量往往在短期内暴涨，这样更容易诱发反倾销起诉。如美国对华彩电反倾销案中，长虹公司对美国出口量在短期内大幅度增长，一旦出现这个情况，反倾销也就离中国商品不远了。

第三，积极发动进口商团体的力量。在此次彩电反倾销案应诉中，我们驾驭美国商业法律和公众舆论的技巧有所进步，美国著名的卫理律师事务所以及一些国际贸易法律师、著名经济学家和美国大零售商代表等 10 余人先后到庭为中方作证，并为中方进行了有理有据的辩护，但仍然不够娴熟，以至于未能摆脱最终应诉失败的厄运。今后，我们还需要继续从这方面发展壮大在贸易伙伴国的反贸易保护主义同盟军。

第四，企业应诉需要"众志成城"。在这场诉讼中，由于各行其是难成合力，中国彩电企业失去了宝贵的赢得主动权的机会，在长达一年时间内没能做到步调一致地采取更多有效行动，以致应诉频频失利。以聘请律师为例，在北京会议讨论中，中国彩电企业达成了共同聘请律师的共识，但是随后的行动背离了共识。开始约定，创维、TCL、康佳、海信将联手聘请律师，后来就各行其是。机电商会代表所有涉案企业共同聘请了美国普恒律师事务所，而厦华、长虹、海尔、TCL 则单独再聘请了各自的律师事务所。按照初始的约定，机电商会的律师主要负责的是应付美国国际贸易委员会的损害调查，企业各自聘请的律师主要应付美国商务部的倾销幅度调查。但是在实际操作过程中，基本是各自为战。如果有应对反倾销的行业自律协调机制，有效组织起各企业统一应诉，那么应诉结局将会不同。

第五，外交力量是应诉的重要可选手段。马来西亚彩电是本案的共同被告。在一开始，马来西亚驻美大使就代表本国政府分别给美国商务部和国际贸易委员会发出公函，为马来西亚企业进行了积极的辩解，马来西亚政府出面，要求美国反倾销主管机关对该案进行调查时谨慎从事，从而为本国企业争取到有利地位，最终裁决为马来西亚企业无倾销。所以我国如果建立起应对反倾销的政府引导协调机制，一旦反倾销发起，政府将自动进入协调阶段，主动地为我国企业积极辩解，争取有利地位，那么我国企业也可能获得无损害裁决。

第六，制定可行的国际化战略。康佳是较早涉足国际市场的彩电企业之一，随着加工产业全球化的趋势日益明显，公司开始有步骤地调整原有的外销策略：一方面，通过 OEM 模式来开拓国际市场，同时通过加大与国际间相关企业的合作，利用对方的品牌和销售渠道使自己的彩电产品进一步本地化，目前康佳已与若干家美国企业开展了此项合作；另一方面，公司继续保持和维护自己的产品品牌，立足全球范围来开拓国际市场。这种结合时势及自身情况而做出的国际化战略无疑有利于公司长期发展的需要。

第七，动态调整出口产品结构。目前，国内的彩电行业正处于产品结构调整时期，正由普通彩电向数字电视过渡、低端产品向高端产品延伸，在这一市场背景下，国内彩电企业也应随着公司产品定位的动态发展相应地调整产品出口结构。美国此次限制的主要是国内普通彩电，而并非数字电视，针对这一情况，国内部分企业应该有意识地调整产品出口结构。

第八，多层次开展国际合作。中国彩电企业要想使自己的产品更深入地渗透到国际市场并迅速本土化，多层次开展国际间合作显得十分必要。在这方面，已有相当部分国内彩电企业较早地开展国际间合作，并取得了一定的成绩。格力电器早在 2000 年的时候就利用配股资金在巴西投资 2000 万美元，配套流动资金人民币 5000 万元设立格力电器（巴西）有限公司，该公司自 2001 年 6 月投产以来，在巴西建立了营销网络，格力品牌凭先进的技术，优异的品质在巴西树立了良好的口碑，影响力也上升到第三位。这种寻求与国外企业合资的方式无疑会帮助公司迅速敲开进入国际市场的大门。

第九，行业协会应发挥重要作用。行业协会实力较弱，不能有效组织协调，是中国应诉失利的另一个重要原因。从世界各国反倾销的经验来看，国家与民间力量的整合极为关键，而要整合二者力量，行业协会是首选。一方面，行业协会熟悉本行业企业情况，能有效组织业内企业齐心协力应诉反倾销；另一方面，行业协会还起着企业与政府沟通的桥梁作用，因为行业协会天然具有沟通联系的优势，从而使双方尽可能地协调一致。由于目前我国市场经济体系不完善，行业协会在组织、协调、反应能力等方面还有待进一步提高。目前，由于我国彩电企业的行业协会是中国机电商会，属于政府机构转型而来，带有浓厚的行政色彩，缺乏对一些企业强有力的约束手段，不能有效地发挥协调、沟通的作用。完善、高效的行业协会组织协调，是整合各方力量，全力应对反倾销的关键。

综上所述，良好的预警机制、完善的会计基础工作、内部控制和审计制度、高效的行业协会应诉组织与协调、国际趋同的会计准则、逐步完善的反倾销条例、稳步提升的 WTO 争端解决机制运用能力、合理的跨国投资规避指导、国际接轨的人民币汇率形成机制、有效的产业升级的引导推进，对于反倾销的成功应对，起着重要的积极作用，所以，假设 7.1、假设 7.2、假设 7.3、假设 7.4、假设 7.5 和假设 7.6 成立。

# 7.5 本章小结

根据 logit 实证回归结果，我们可以清楚地看到，协调机制的各项应对措施能确保反倾销应对的成功，协调应诉、会计预警和会计建设是应对反倾销成败的关键，所以，我们必须做好反倾销预警、反倾销应诉和以反倾销应对为导向的会计基础建设工作。同时，我们还需要完善应对反倾销的法规、制度和准则，提升政策支持力度，促进应对中的企业、行业协会和政府联动与协调。由于回归分析难以揭示应对反倾销中法规、政策、制度和准则的具体作用，为了考察反倾销法的制定、WTO 争端解决机制运用能力的提升、会计准则国际趋同的推进、跨国投资规避的引导、汇率形成机制的完善、产业升级的推动，诸多措施对反倾销应对的具体影响，笔者运用案例归纳分析和个案论证分析，考察了上述措施的具体作用，得出上述法规、政策、制度和准则的实施，对于反倾销应对的成败，极为重要，而企业、行业协会和政府的配合支持、协调联动，则是成功应对的关键，所以，应对反倾销的协调能够有效降低被反倾销数，提高胜诉率，取得理想的应对效果。

| 第 8 章 |
# 应对反倾销协调机制的保障体系

作为保障机制效率实现的重要环节，评价体系在保障实施中发挥重要指引作用，为设计有效的保障体系，需要对协调机制进行评价，以揭示其设计是否合理、运行是否有效，找出机制存在的问题与不足，为保障体系的设计提供方向指引。所以，笔者首先对协调机制进行评价，然后根据所揭示的问题与不足，着重从会计层面详细阐述如何构筑协调机制的保障体系。

## 8.1 应对反倾销协调机制的评价分析

协调机制评价能够及时发现设计中的薄弱环节所在，为保障体系的构建提供指引。为了检验协调机制是否设计合理、运行有效，需要建立相应的评价体系检验其协调效果。在建立评价体系之前，首先需要明确评价的目标。

### 8.1.1 协调机制评价的目标

会计协调机制评价的目的是通过评价分析找出存在的问题，据此建立评价机制的保障体系，确保机制有效运行，提高反倾销应对成效，减少我国企业遭受反倾销的损失，机制评价的运作流程见图 8-1。

如图 8-1 所示，政府、行业协会和企业应对反倾销的情况，经过收集整理，形成原始资料，在评价中经过评价目标设定、评价目标分解、评价指标选取、评价方法确定等步骤完成对协调机制实际运行效果的综合评价，最终以报告形式出具经过处理的评价报告，据以构建协调机制的保障体系，以保障协调机制的高效运行。

评价指标设置的合理性与评估方法选择的恰当性是进行协调机制综合评价的关键所在。下面来设置协调机制的评价指标。

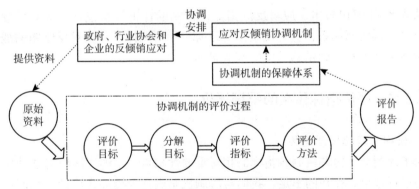

**图 8 - 1　会计协调机制评价的运作流程**

## 8.1.2　协调机制的评价指标体系设计

评价指标是根据一定的评价目标确定的、能反映评价对象某方面本质特征的具体评价条目。评价指标是评价内容的载体，是评价内容的外在表现。而评价指标体系是系统化的、具有紧密联系的、反映评价对象本身逻辑结构形成的有机整体。评价指标只能反映评价对象和评价目标的一个方面或几个方面，评价指标体系则能反映评价对象和评价目标的全部。评价指标体系不是一些指标的简单堆积和随意组合，而是根据一定原则建立起来并能反映一个协调机制水平的指标集合。

根据我们构建的协调机制，笔者设计出如表 8 - 1 所示的评价指标体系。

表 8 - 1　　　　　　　　　　　协调机制的评价指标体系

| 应对反倾销的会计协调机制评价（A） | | | |
|---|---|---|---|
| 一级指标<br>（B） | 应对反倾销的行业协会应诉协调状况（$B_1$） | 应对反倾销的政府引导协调情况（$B_2$） | 应对反倾销的战略制衡情况（$B_3$） | 应对反倾销的总体协调效果（$B_4$） |
| 二级指标<br>（C） | 行业应对反倾销预警系统建设情况（$C_1$） | 国家应对反倾销预警系统建设情况（$C_4$） | 反倾销法建设情况（$C_9$） | 反倾销的发起情况（$C_{13}$） |
| | 行业协会组织企业应诉反倾销的情况（$C_2$） | 企业应对反倾销导向的会计基础工作情况（$C_5$） | WTO 争端解决机制运用情况（$C_{10}$） | 企业、行业协会和政府的协调配合情况（$C_{14}$） |
| | 行业协会协调功能情况（$C_3$） | 应对反倾销的内部控制建设情况（$C_6$） | 会计准则国际趋同的建设情况（$C_{11}$） | 反倾销的裁定情况（$C_{15}$） |
| | | 应对反倾销的审计制度安排情况（$C_7$） | 引导跨国投资规避反倾销状况（$C_{12}$） | |
| | | 应对反倾销导向的政策制定与执行情况（$C_8$）① | | |

---

①　以反倾销应对为导向的政府政策包括：产业升级，汇率的形成机制改革，出口退税政策等。

从表8-1可以看出，应对反倾销协调机制的评价体系包括：应对反倾销的行业协会应诉协调体系，应对反倾销的政府引导协调体系，应对反倾销的战略制衡协调体系和应对反倾销的总体协调效果体系。

## 8.1.3　评价指标体系的模糊评价

1. 模糊判断的模型建构

为了评判会计协调机制各指标的相对重要性权重，了解实际应对活动中协调机制的运行效果、存在的不足，我们对协调机制进行模糊综合评价。我们设定评估等级为五级，分别代表优、良、中、差、很差。根据 Fuzzy 理论，应用模糊综合评价法来构建协调机制指标体系的模糊判断模型，其基本步骤如下：

（1）建立专家评定小组。

成立专家小组，按照分析要求确定专家组成员，并且根据设定的指标结构模型，请评定专家根据模型中各项指标的重要性给出评判。笔者以构建的协调机制为基础设计、发放问卷。主要是向国内大专院校国际贸易、反倾销法律领域内的有关学者、行业协会内专业人士、政府有关部门人员、出口成品、半成品的企业、国内大型进出口贸易公司发放调查问卷。被测量的成员对出口贸易摩擦也有较多的实际感受和经验，而且具有丰富的出口贸易理论知识。共测量了290名相关成员，回收问卷275份，其中大专院校有关学者65份，政府、协会有关专业人员160份，出口企业及进出口贸易公司50份[①]。

（2）构造判断矩阵。

采用对偶方法构造判断矩，采用 1~9 的比例标度来反映人的判断能力。设对于某一准则 $X$，几个比较因素构成了一个两两判断矩阵 $U = (u_{ij})_{n \times n}$，则判断矩阵为

$$U = \begin{bmatrix} u_{11} & \cdots & u_{1n} \\ \cdots & \cdots & \cdots \\ u_{n1} & \cdots & u_{nn} \end{bmatrix}$$

式中，$U$ 表示评价指标集，$u_{ij}$ 为因素 $u_i$ 与 $u_j$ 相对于 $X$ 的重要性的比例标度。

（3）计算单一准则的重要性排序。

通过几何法求出 $U$ 的最大特征根 $\lambda_{max}$ 所对应的特征向量，并正规化处理，所求特征向量即为各评价指标重要性排序。公式为

---

① 调查问卷见附录 E。

$$w_i = \frac{\left(\sum_{j=1}^{n} u_{ij}\right)^{\frac{1}{n}}}{\sum_{i=1}^{n}\left(\sum_{j=1}^{n} u_{ij}\right)^{\frac{1}{n}}}$$

其中，$i$，$j = 1$，$2$，$\cdots$，$n$，则 $W = (w_1, w_2, \cdots, w_n)^T$ 即为特征向量。

（4）一致性检验。

由于有主观指标，因此必须进行评分者信度检验，以确定评分之间是否具有一致性。其方法是：设 $U$ 为 $n$ 阶矩阵，$u_{ij}$ 则为 $U$ 的元素，其对任意 $1 \le i \le n$，$1 \le j \le n$，矩阵 $U$ 的元素具有传递性，即满足等式：$u_{ij} \times u_{jk} = u_{ik}$，则称 $U$ 为一致性矩阵。一致性检验采用如下公式：$CR = CI/RI$。方法如下：

a. 计算随机一致性指标 $CI$

$$CI = \frac{(\lambda_{\max} - n)}{n - 1}$$

$$\lambda_{\max} = \frac{1}{n} \sum_{i=1}^{n} \frac{\sum_{j=1}^{n} a_{ij}}{w_i}$$

式中，$\lambda_{\max}$ 为判断矩阵的最大特征根；$n$ 为判断矩阵的阶数。欲求 $\lambda_{\max}$，则需先求出 $a_{ij}$，计算公式如下：

$$a_{ij} = \begin{bmatrix} u_{11} & u_{12} & \cdots & u_{1n} \\ u_{21} & u_{22} & \cdots & u_{2n} \\ \cdots & \cdots & \cdots & \cdots \\ u_{n1} & u_{n2} & \cdots & u_{nn} \end{bmatrix} \times \begin{bmatrix} w_1 \\ w_2 \\ \cdots \\ w_n \end{bmatrix}$$

b. 计算一致性比率 $CR$

$$CR = \frac{CI}{RI}$$

式中，$RI$ 为平均随机一致性指标，由表 8-2 查得。

表 8-2　　　　　　　　　　　　平均随机一致性指标

| 矩阵阶数 | 1 | 2 | 3 | 4 | 5 | 6 | 7 | 8 | 9 | 10 | 11 | 12 |
|---|---|---|---|---|---|---|---|---|---|---|---|---|
| $RI$ | 0 | 0 | 0.58 | 0.89 | 1.12 | 1.24 | 1.36 | 1.41 | 1.46 | 1.49 | 1.52 | 1.54 |

当 $CR < 0.1$ 时，即认为判断矩阵具有满意的一致性，说明权数分配是合理的；当 $CR \ge 0.1$ 时，证明一致性差，需调整判断矩阵，直到达到满意的一致性为止。

（5）计算各层因素对系统的组合权重。

在以上已经完成各个层次诸指标对上一层中有关指标的相对重要性权值，即单层排序，那么可以由上而下计算综合权重 $W$，进行总排序。

（6）指标的隶属度确定。

假定准则层指标为 $n$，方案层指标为 $m_1$，$m_2$，$\cdots$，$m_n$，则可得到下列公式：

$$R_1 = (r_{ij})_{m_1 n}, \ R_2 = (r_{ij})_{m_2 n}, \ \cdots, \ R_n = (r_{ij})_{m_n n}$$
$$R = (R_1, \ R_2, \ \cdots, \ R_n)^T$$

在矩阵 $R_i$ 中，对于定性指标和无法收集到数据的定量指标，$r_{ij}$ 表示在第 $i$ 个评价指标上，对它第 $j$ 等级评定的人数占全部专家组人数的百分比，即 $r_{ij} = d_{ij}/d$，$d_{ij}$ 表示第 $i$ 个评价指标上，对它作出第 $j$ 个等级评的人数，$d$ 表示全部专家人数。

我们将我国应对反倾销的现状划分为五个等级：优、良、中、差、很差，由专家判断，具体的细化指标属于哪一个等级[1]，从而赋值 $r_{ij} = 1$，否则 $r_{ij} = 0$。

（7）计算评价值。

在隶属度矩阵 $R$ 获得后，可计算综合评价向量 $S$。我们采用加权平均型模型：

$$S = W \times R$$

式中，$W$ 为二级指标层 $C$ 对目标层目标 $A$ 的综合权重。

2. 模糊综合评判分析

（1）根据专家问卷获取评价数据，采用模糊判断模型建构中的步骤（2）~（5）进行各级指标集的单一权重（如表8-3所示）和二级指标的综合权重 $W$：

$W = ( 0.0079, \ 0.0373, \ 0.0518, \ 0.0107, \ 0.0499, \ 0.0208, \ 0.0109,$
$0.1019, \ 0.0168, \ 0.0454, \ 0.0691, \ 0.1127, \ 0.0809, \ 0.1414, \ 0.2427)$

表8-3　　　　　会计协调机制评价指标单一权重及一致性检验

| 矩阵名称 | 判断矩阵 | | | | | | $w_i$ | 一致性检验结果 |
|---|---|---|---|---|---|---|---|---|
| | $A$ | $B_1$ | $B_2$ | $B_3$ | $B_4$ | | | |
| $A - B$ | $B_1$ | 1 | 1/2 | 1/3 | 1/4 | | 0.097 | $\lambda_{max} = 4.1509$ |
| | $B_2$ | 2 | 1 | 2/3 | 1/2 | | 0.194 | $CI = 0.0503$ |
| | $B_3$ | 2 | 3/2 | 1 | 3/4 | | 0.244 | $RI = 0.89$ |
| | $B_4$ | 4 | 3 | 2 | 1 | | 0.465 | $CR = 0.0565 < 0.1$ |
| $B_1 - C$ | $B_1$ | $C_1$ | $C_2$ | $C_3$ | | | | $\lambda_{max} = 3.0291$ |
| | $C_1$ | 1 | 1/5 | 1/6 | | | 0.081 | $CI = 0.0146$ |
| | $C_2$ | 5 | 1 | 1/2 | | | 0.385 | $RI = 0.58$ |
| | $C_3$ | 6 | 2 | 1 | | | 0.534 | $CR = 0.025 < 0.1$ |

---

[1] 专家赋分的表格见附录 E 的表8。

| 矩阵名称 | 判断矩阵 | | | | | | $w_i$ | 一致性检验结果 |
|---|---|---|---|---|---|---|---|---|
| | $B_2$ | $C_4$ | $C_5$ | $C_6$ | $C_7$ | $C_8$ | | |
| | $C_4$ | 1 | 1/5 | 1/2 | 1 | 1/8 | 0.055 | $\lambda_{max} = 5.1633$ |
| $B_2 - C$ | $C_5$ | 5 | 1 | 3 | 4 | 1/5 | 0.257 | $CI = 0.0408$ |
| | $C_6$ | 2 | 1/3 | 1 | 2 | 1/6 | 0.107 | $RI = 1.12$ |
| | $C_7$ | 1 | 1/4 | 1/2 | 1 | 1/7 | 0.056 | $CR = 0.0365 < 0.1$ |
| | $C_8$ | 8 | 5 | 6 | 7 | 1 | 0.525 | |
| | $B_3$ | $C_9$ | $C_{10}$ | $C_{11}$ | $C_{12}$ | | | |
| | $C_9$ | 1 | 1/3 | 1/4 | 1/5 | | 0.069 | $\lambda_{max} = 4.111$ |
| $B_3 - C$ | $C_{10}$ | 3 | 1 | 1/2 | 1/3 | | 0.186 | $CI = 0.037$ |
| | $C_{11}$ | 4 | 2 | 1 | 1/3 | | 0.283 | $RI = 0.89$ |
| | $C_{12}$ | 5 | 3 | 3 | 1 | | 0.462 | $CR = 0.0416 < 0.1$ |
| | $B_4$ | $C_{13}$ | $C_{14}$ | $C_{15}$ | | | | |
| | $C_{13}$ | 1 | 2/3 | 1/3 | | | 0.174 | $\lambda_{max} = 3.1073$ |
| $B_4 - C$ | $C_{14}$ | 2 | 1 | 1/2 | | | 0.304 | $CI = 0.05365$ |
| | $C_{15}$ | 3 | 2 | 1 | | | 0.522 | $RI = 0.58$ |
| | | | | | | | | $CR = 0.0416 < 0.1$ |

（2）根据模糊判断模型建构中的步骤（6）~（7），计算评价值。由于该模型的判断矩阵层次较多，计算量较大，故略去中间的具体计算情况。现只给出其最终计算结果：

$$S = W \times R = (0, 16.74\%, 41.75\%, 33.27\%, 8.26\%)$$

从结果上看，我国应对反倾销状况不佳，还需要大力提高、完善，应对状况隶属于良的隶属度为 16.74%，隶属于中的隶属度为 41.75%，隶属于差的隶属度为 33.27%，而隶属于很差的隶属度为 8.26%。所以，我们在现阶段需要大力推进应对反倾销的协调机制建设，通过激励约束考核体系，促使企业、行业协会和政府认真执行各自的职责，协同应对反倾销，以实现应对反倾销的最大效益，具体落实各主体职责的方案措施可见 9.1.2 中对我国企业、行业协会和政府的对策建议。同时，通过问卷分析得出，目前协调机制运行效果不佳的重要原因是会计相关的应对工作不到位，致使会计的支持作用没能得到有效地发挥，要想充分发挥会计的支持作用，保障会计协调机制有效运行，我们需要从企业的会计基础工作完善、会计准则制定、内部控制建设和审计制度安排上就如何应对反倾销做细致分析。

应对反倾销的会计基础工作包括：会计资料的重新归类、生产成本的合理计算、正常价格的适当选择、会计方法有目的的调整等，企业会计需要完成以上具体任务，以便在应诉反倾销能及时、准确地提供为反倾销裁决当局所采信的会计举证资料与信息。基础会计工作中最重要的就是生产成本的合理计算，因为，倾销认定的依据在于产品是否以低于其正常价值的价格出口。所以，应诉反倾销争论的焦点集中在产品出口价格是否低于产品的真实价值，即是否以低于成本价出口，成本核算管理决定着反倾销应诉的成败。应对反倾销导向的成本核算管理，要求企业在日常的出口产品成本核算工作中，既要单独就该产品相关的销售费用、管理费用和财务费用进行归集和分配，且单独设立账簿记录、反映制造该产品的成本耗费，包括直接材料、直接人工、制造费用、销售费用、管理费用、财务费用以及其他相关费用，还要对潜在可能遭受反倾销调查的产品进行成本还原。下面详细论述如何进行应对反倾销的产品成本模块化管理。

## 8.2　应对反倾销的产品成本模块化管理

反倾销不是一个单纯的法律问题，而是体现在既定法律程序之下的会计纷争。我国之所以面临日趋严重的反倾销威胁，除了欧美一些国家对华贸易采取歧视性法律和政策的原因外，还有一个会计上的诱因，就是我国企业的成本会计核算不规范、不合理。在提出具体的成本核算管理对策之前，需要先剖析成本会计核算中存在的问题。

### 8.2.1　应对反倾销的出口产品成本管理问题剖析

既然在应诉反倾销中，需要对产品成本加以追溯分解，真实反映企业真实的成本竞争力。以便反倾销裁决当局采信企业提供的会计举证信息。所以应诉企业产品的成本管理是企业填写反倾销调查问卷、进行会计举证和抗辩的关键，其成本核算的可采信度和通用程度直接关系到应诉反倾销的会计举证能否被反倾销当局所认可。但在我国现有成本管理中，不仅在提供成本信息核算的具体项目上有缺陷，而且在成本信息的可采信度和通用程度上也存在严重不足。具体表现在以下方面。

1. 成本会计核算方法的不足

部分企业将当期费用作为资产挂账，导致当期资产高估、费用低估，虚增当期利润；或者将资产费用化，增加当期费用而低估资产价值，虚减当期利润，这一做法不仅仅是影响当期，还会导致之后的若干时期内成本信息以致会计信息的虚假。另外，不少企业存在随意变更成本计算方法和各项费用的分配方法的行为，导致成本信息缺乏可比性。致使反倾销裁决当局在调查取证时无法使用该项信息，最终采用推定价格，导致高额的反倾销裁定。部分企业甚至存在核算产品成本的项目构成不完整问题，导致产品成本虚低，而产品成本作为界定产品价格的基本尺度，产品成本的虚低使得出口产品价格也虚低，被进口国认为构成了"以低于产品正常价值的价格抛售商品"的倾销行为，从而成为进口国裁定存在倾销，并作为征收反倾销税的重要理由。因此，规范产品成本会计核算，真实反映出口产品的内在价值，缩小产品价格与正常价值的差距，向反倾销调查当局提供符合国际标准的产品成本信息资料，是出口企业反倾销应诉中会计工作的关键。

2. 成本动因选择的进化

根据国际反倾销法，企业应按照变动成本法核算产品成本。但依据我国的会计制度、准则的规定，产品成本的核算应采用制造成本法，所以，我国企业在成本核算的方法选用上与国际反倾销法的规定有较大差异。并且，随着现代企业的集团化、巨型化发展，间接费用在产品总成本中所占的份额越来越大，间接费用归集分配的准确与否是反倾销应诉能否成功的关键。例如，在传统成本核算系统中，具体采用何种分配方式，依据的是该种分配方式是否能真实反映制造费用与产品间的相关程度，最经常使用的分配方式有：直接人工、机器工时、产出单位、材料成本等。但是，在现代化大生产的条件下，产品种类繁多，制造费用也越来越繁杂，产品与制造费用间的相关性逐渐减弱；在现代生产条件下的制造费用所代表的是一类业务所发生的费用，可以将此类费用视为各类作业所发生的费用，则费用分配的成本动因就应是作业了。采用作业成本法进行成本动因的追溯、还原和分摊相对容易，更能反映产品的真实成本。

3. 确认成本追溯要素的需求

成本是价格的重要组成部分，且成本的定义、范围、确认和计量等核算的规定直接关系到倾销的认定。我国企业目前在成本追溯的要素确认方面，将成本分为料耗、工耗，制造费用以及其他耗费，整个成本计算过程不考虑管理费用、销售费用和财务费用的分摊。而国际反倾销法中所认可的产品成本包括"生产成本"和"销售、管理和一般费用"两部分。由此可见，两种不同的成本追溯的要素确认方法将直接影响最终正常价值的计算。另外，我国一些企业经常为了粉饰当期利润而对成本费用进行人为的调整，譬如费用与资产要素的人为滥用、随意变更成本计算方法和费用分配标准、随意变更固定资产、无形资产的摊销方法，等等。基于此，必须建立一套与国际惯例接轨的成本核算制度，按照国际会计准则的要求设计成本会计科目、账簿体系，并对成本核算、成本及费用分别予以分类细化，从而提供完善且符合规范的有关会计资料和成本数据。

4. 成本筹划分析的演进

成本分析是以成本核算为基础。在应对反倾销时，为了提供反倾销调查当局所需的财务成本资料，争取企业应诉抗辩的有利地位，掌握应诉的主动权，企业既要对本企业的出口产品成本予以详细、准确的记录、核算与分析，还要实时了解进口国企业的成本结构、成本资料、产品研发等财务资料。全面成本管理理论和基于价值链的分析方法，为企业改善成本核算管理，进行有效的成本控制，扩大成本的理解范围，提供了更有力的依据。无论是全面成本管理，还是价值链分析，均强调对成本的控制，并不仅仅局限在生产流水线上，而前期的项目调研、工艺设计、产品设计对产品的最终成本有着重大的甚至是决定性的影响。正因为我国企业忽视了前期三个阶段的成本控制，致使企业成本一直居高难下。随着成本管理理论的演进与发展，我国企业不仅要进行全员、全方位、全过程的成本管理，还需要将成本管理追溯到研发、设计环节，做到从源头节约、控制成本。

## 8.2.2 出口产品成本管理模块构建

为解决上述问题，达到会计部门应诉反倾销的举证目标，企业需要构建出口产品的成本管理模块，实施模块化的成本管理策略。

1. 差异化成本管理模块

为推进产业转型，我国中央和地方政府制定了相应的产业政策，对扶持产业发展给予一系列的财政援助与政策补贴，伴随着经济全球化进程的加快，这些财政援助和补贴越来越与国际惯例接轨。尽管如此，其他国家仍然将政府财政援助和补贴作为政府补贴倾销的证据，并提起反倾销指控。因此，有必要将此类事件作为与反倾销法中有个体差异的模块进行管理，即进行差异化成本管理，具体管理内容包括以下几点。

①政府直接的财政援助和补贴。譬如，政府提供价格低廉的水电和其他原材料，通过将债务转为政府投资的形式减免企业的债务，为企业提供长期低息的优惠贷款，减免国有企业应上缴的利润并将其无偿留给企业，甚至直接给予企业各类补贴，如对符合高新技术认定的企业给予奖金。

②政府间接的财政援助。对于扶持的产业我国政府会通过出口退税的方式予以补贴，这种方式在企业出口困难、亏损严重时对企业的帮助最大；政府还会给予相应的出口优惠政策来支持企业发展，如精简出口环节与程序、减免所得税、提供出口信贷担保等。

③土地价格。在我国土地不允许私有，土地的所有权属于国家，市场上交易的土地都是由国家先征用，然后才能在二级市场上买卖，且交易的只是土地使用权，不是所有权，因而我国土地的价格要低于土地私有化的国家。尤其是工业用地，为了吸引投资，搞活地方经济，地方政府纷纷对土地进行经营，或以低廉价格出让土地兴办厂房，或以土地作为政府出资参与生产经营，或直接提供低价土地作为招商引资的优惠条件等，这些活动的直接后果就是生产经营的土地成本过

低。由于土地成本需计入产品成本中，由出售产品所得收益补偿，这就导致我国产品成本比国外同类产品成本低。

差异化成本管理模块往往属于反倾销调查的重要内容，企业在进行成本核算时应考虑这些差异，尽量选择符合国际惯例的方法，使我国企业提供的成本资料容易被对方反倾销当局所采信。

2. 销售成本管理模块

针对出口产品设立单独的财务会计、成本会计核算模块，即对出口产品按出口国家、类型型号实行单独的会计账簿反映。为填写调查问卷和进行抗辩提供基本的资料，该模块要能够提供出口商品的销售资料，具体包括以下几点。

①在各出口国销售的具体日期、销售产品的数量、各种出口产品的销售价格、运输方式、运输距离及发生的运输费用、保险费、折扣或佣金、合同资料、销售成本及计算方法等。

②销售过程中发生的各种费用，如售前的仓储费用、包装费用、保险、运费、使用专利权费用的分摊、广告费用的分摊、相关技术服务费用、关税、销售人员工资、售后的服务费、维修费用等。对此类费用要细化核算，按反倾销调查要求归类并进行分摊。

为了保证在应诉反倾销时能迅速、准确地提取相关成本信息资料，在日常工作中，首先应保证出口产品销售量及价格信息正确完整的记录保存，譬如销售日记账、提货单、保险单、海关报关单、装箱单、收款汇单、银行对账单、发票（海关发票、会计商用发票）等凭证、存货记录、发运单据等大量的支持文件。其次，为了让企业能准确把握出口产品的出口量、价格、盈利以及竞争力状况，需要编制有关出口产品的独立财务报表。最后，还要确保出口产品的每笔交易都能在销售清单中得以正确完整地列示。

由于美国商务部在进行价格比较时，会根据不同的销售情况区分直接销售费用和间接销售费用，对价格进行某些调整。直接销售费用是指如消费信贷费用、担保成本、保险费用、销售佣金等与产品直接相关，是随着销售量的变化而变化的费用。间接销售费用则包括企业的一般管理费用，如销售人员工资、场地、租金等。直接销售费用在价格调整时应当从销售价格上扣除，而间接销售费用不能扣除，因此，直接销售费用越多，越能够降低计算出的产品正常价格。从企业角度来讲，如果想要减少被反倾销的风险，就应当尽量使在美国的销售费用被作为间接销售费用不被扣除；而使在国内的销售费用尽可能地被作为直接销售费用予以扣除，从而减少两种价格间的差距。所以，我们的销售成本管理应进行价格间接调整，尽可能地使在国内销售产品所发生的销售费用作为直接销售费用，如将销售人员的工资作为代理销售机构的销售佣金核算；而将出口产品的销售费用作为间接销售费用，如将销售佣金作为销售人员的工资核算。

### 3. 生产成本管理模块

国际反倾销法所认可的成本是指产品成本，它包括"生产成本"和"销售管理及一般费用（selling and administrative and general costs，简称 SA&G）"两部分，即反倾销调查中所指的产品成本除包括生产成本外，还包括"SA&G"。其中，"生产成本"通常是指在原产国正常贸易条件下的原材料成本、加工或制造成本，即原料、半成品和零配件的固定和可变成本、工资或薪金支出、燃料的支出、场地的租赁费及设备保养等支出。"SA&G"是指生产成本以外的有关成本费用，包括销售费用、管理费用和一般费用。"SA&G"中的一般费用是指在正常贸易条件下，除生产成本、管理费用、销售费用以外所发生的其他各项费用。在此，为做好生产成本管理，除运用电算化会计信息系统之外，还需建立以下子模块：

①信息的沟通。成本是企业管理的内核，涉及企业的采购、成本中心、生产车间、财务、研发、营销、技术服务等部门。因此，首先要保证相关生产信息应当在上述各部门间进行及时有效的沟通，尤其是有关出口产品的战略信息应及时通知到各部门，使大家的行动协调统一。

②生产成本的归集。要求我们将与出口产品有关的原材料的投入数量、生产零部件数量，到总装成品数量等信息按照不同的出口国别和不同的型号，归集到生产成本数据库模块中，以便于准确核算出口产品成本。该模块核算的具体内容有：第一，原材料成本的分类归集。如在生产过程中原材料、燃料的消耗数量，可按出口产品的不同型号分类进行领料和投料记录。第二，薪酬的归集。薪酬即人工成本，包括工资、奖金、津贴、劳保、加班费、绩效奖励、股权激励、辞退福利、带薪休假等形式。反倾销调查中需要企业提供生产每一涉诉产品所耗费的人工。由于工人在流水线上可能交错生产不同型号的产品，或者销往不同国家的产品，企业必须能追溯生产中的人工消耗，挖出工人在每种产品上耗费的劳动时间，从而核算具体的产品人工，体现出良好的人工工时动因，以便向反倾销当局提供准确的人工消耗，为应诉成功创造条件。第三，间接成本的归集。间接成本主要指制造成本，包括燃料、仓储费用、保险费、设备维护费等各项花销。对于间接成本的分配是当代成本会计核算的中心话题，恰当选择分配方法是解决间接成本分配问题的关键，在应对反倾销的成本核算中，比较有效的分配方法是按成本动因进行分配。在选择成本动因时，一方面要考虑动因的合理性；另一方面还要顾及到出口产品与国内产品在成本分配中的平衡。目前常用的一种可行方法就是按照基于对产品作业的分析，找到各种间接成本与出口产品之间的回归关系，构建成本分配矩阵，用这种关系来分摊各产品消耗的间接成本。第四，辅助生产费用的归集。企业往往设有多个辅助生产车间，并且车间之间相互提供劳务、作业等服务。因此，辅助生产费用的分配和归集要考虑对辅助生产车间内部和外部

各受益对象进行分配。常用的分配方法较多，分配准确性越高，其成本也就越高，因此，选用的分配方法需要经过成本收益的考量分析。由于涉诉产品通常仅是几个或几类，而不是车间中的全部产品，这样对涉诉产品辅助生产费用的分配问题，就需更加缜密的分析。通常可以有以下的归集方法：一是将辅助生产费用分配到生产车间，再分析具体的成本动因，然后依据成本动因将辅助生产费用分配到涉诉产品；二是辅助生产费用通过交互或矩阵分配法直接分配到涉诉产品。

③增加相应的会计科目。反倾销法要求的成本核算对象仅为涉诉产品，需要的是涉诉产品最真实，最根本的成本。因为，只有获得涉诉产品的真实成本，才能准确地确定涉诉产品的正常价值，进而做出有效的倾销判断。为配合反倾销当局的核查，出口企业需要在"制造费用""生产成本""库存商品"账户下设置"变动成本""固定成本"二级科目，专门用来核算与产品生产相关的变动成本和固定成本，以准确反映出口产品的真实成本。问题的关键是如何正确区分变动成本和固定成本，实际工作中很难分清纯变动成本和纯固定成本，如水费、电费、车间耗用的一般性材料、按产量提取的折旧费、环境成本等。因此，在分析变动成本和固定成本时，既要运用历史成本资料，又要考虑企业经营能力和环境因素（物价、政策等）的影响，更需要会计人员的专业能力和职业判断力。

在这里反倾销调查机构要取得的与涉诉产品相关的销售费用、管理费用和一般费用的成本信息资料，与我国会计中的销售费用、管理费用和财务费用确认、核算的口径是不一致的。反倾销中的管理费用不是我国会计中的管理费用，而是我国企业生产车间中管理人员和技术人员所发生的费用，该项耗费已经进入制造费用并分配到了产品成本中。因此，为了反倾销调查的需要，出口企业有必要在"制造费用"账户下设置"车间管理费"明细科目，归集到应诉反倾销举证信息中的管理费用中，做到与反倾销调查的要求一致；反倾销中的销售费用及一般费用与我国会计中的销售费用口径基本一致，无须另作会计处理。

4. 环境成本管理模块

环境成本是指在某项商品的生产经营活动中，从资源开采、生产、运输、使用到回收处理，为解决环境污染和生态破坏所需的全部费用，相对传统的财务会计来说，环境成本的内容界定远远超出了传统会计对成本的认识。目前我国企业基本上没有对环境成本加以核算，会计系统计算出来的产品成本低于其正常价值，当我国产品以低价向国外出口时，对方就会认为我方是低于成本的倾销。为了避免这种困境，我们需要按照国际惯例对环境成本进行核算。下面介绍其具体的核算方法：

①根据成本性态把环境成本分为变动成本和固定成本两部分。所谓成本性态又称成本习性，是指在一定条件下产品成本总额与特定业务量之间的相关关系。若该项成本随业务量的增加而增加，则为变动成本；若该项成本与业务量大小无

关，则为固定成本。变动成本一般随产品产量成正比例变动，且单位变动成本不变；而固定成本不随产品产量发生变动，且单位固定成本与产品产量成反比例变动。世界贸易组织《反倾销协定》、欧盟反倾销基本法以及美国反倾销调查问卷中关于"生产成本部分计算项目表"都明确提出，应该将产品成本划分为变动部分和固定部分，这表明成本性态的划分在反倾销的结构价格的计算中有着重要的地位。为了适应反倾销法的要求，企业有必要将环境成本按性态划分为变动部分和固定部分。

②运用作业成本法归集环境成本间接费用并分配至产品成本中。作业成本法的理论基础认为生产过程可以描述为：生产导致作业发生，产品耗费作业，作业耗费资源，从而导致成本发生。所以将作业成本法（activity-based costing）定义为以作业为对象，通过成本动因来确认和计量作业量，进而以作业量为基础分配间接费用的成本计算方法。制造企业作业的划分，可以从市场需求和产品设计开始，经过物料供应、工艺流程和生产、总装、质检等环节，直到发运销售及服务全过程，通过各环节作业及作业成本的确认和计量，最终计算出相对准确的产品成本。环境成本包括资源消耗成本、环境预防成本、环境治理成本、环境损毁成本、企业形象成本、其他与环境相关的支出、环境控制成本和循环再生成本等，其大多属于间接费用，出口企业可以运用作业成本法将环境成本间接费用进行归集并分配到产品成本中去，主要步骤如下：首先分析和确定作业。由于各项作业都要消耗资源并导致相应的成本，在作业识别时，只须识别主要的作业类型，而将各类细小的作业加以归类，在确定主要作业的基础上，将发生的环境成本中的间接费用与主要作业相联系进行归集，形成一系列的作业成本库。接下来选择环境成本动因，即环境资源被各作业消耗的方式和原因。

应选择与实耗资源相关性较强且易于量化的成本动因作为分配环境成本间接费用的依据。然后计算环境成本分配率，将环境成本中的间接费用分配至产品成本。某成本库环境成本分配率＝某成本库环境成本间接费用/成本动因消耗额，某产品分摊的环境成本间接费用＝某成本库环境成本分配率×某产品消耗成本动因数量。最后将产品涉及的各作业成本库中环境成本间接费用汇总，再加上直接环境成本，就是该产品的环境成本总额。

显然，上述四个方面的成本管理模块是相互联系、相互作用，且涉及同一财务和会计信息平台下的不同管理信息系统。我国建立企业应对反倾销的出口产品成本管理模块应注意从已有的会计信息系统中提取数据，针对反倾销调查的要求对数据进一步加工、整理、分析和研究，做到既立足实际，又适应国际形势的发展，生成能有效地应对反倾销的举证信息。目前，我国财政部正在编写全国统一的《产品成本核算制度》，必将为我国企业提高反倾销举证抗辩能力打下坚实基础。

我国主要是通过建设与国际趋同的会计准则体系来提高我国会计信息的国际可信度，从而提高反倾销应对能力，下面我们来分析新会计准则对协调机制的保障作用。

## 8.3　新会计准则对反倾销应对的保障性分析

我国新会计准则实现了与国际会计准则的全面趋同，依据新准则生成的会计信息符合国际惯例，因而容易获得对方国家反倾销当局的认可，这让我国企业的反倾销应诉抗辩，有了良好的信息生成机制支持，从而有力地保障会计协调机制的高效运行。已全面实行的 39 项新会计准则与旧准则有较大区别，笔者尝试在对新旧准则差异比较分析的基础上，揭示新准则对反倾销应对的具体保障作用，并给出完善现有准则的具体措施，以提高企业的反倾销抗辩举证能力。由于反倾销的论争主要集中在产品成本核算上，所以影响反倾销应对的主要是《存货》《固定资产》和《政府补助》这三个准则①，下面逐一对其进行分析。

### 8.3.1　新《存货》准则对反倾销应对的保障

新《存货》准则通过限制发出存货的核算方法、扩大成本范围、放宽借款费用资本化条件、规范存货成本信息披露，实现与国际会计准则的等效，从而有力地保障企业的反倾销应对成效，下面逐一阐述新存货准则的变化及其对反倾销应对的保障作用。

1. 对发出存货的成本核算按国际惯例予以规范

IAS2 在 2003 年取消了后进先出法，以解决存货的成本结转与货物的实际流转不一致的问题。在新存货准则实施之前，我国企业在结转发出存货的成本时可以选用后进先出法（该方法与先进先出法在资产计价和损益形成上有实质性的差异），这一宽松规定在为企业提供选择多种余地的同时，客观上也为企业利用会计政策操纵利润创造了便利条件，因为当市场价格剧烈波动时，后进先出法容易导致货物实际成本与记账成本脱节，从而为企业从事利润操纵提供了空间。有鉴于此，新存货准则取消了后进先出法且不再提及移动平均法，对企业发出存货的成本核算，新准则规定只能采用先进先出法、加权平均法或个别计价法这三种方法；对于企业能够多次重复使用而不变形，价值逐渐转移的周转材料，例如，包

---

① 还有其他一些准则对反倾销应对有影响，如《长期股权投资》《无形资产》《企业合并》《合并财务报表》等，但并不是起主要作用，所以本节未对其加以详细阐述。

装物、低值易耗品，要求采用一次转销法或五五摊销法进行摊销，不再使用分次摊销法（施工企业的钢模板、木模板、脚手架和其他周转材料等除外）。

在此之前，企业利用后进先出法进行利润操纵，频繁变更存货成本核算方法，且在原始单据、会计凭证、账簿、报表和档案管理上存在诸多漏洞，致使存货成本信息失去了真实性价值基础，无法获得境外反倾销当局的信任，以致企业在反倾销应诉中处境极为不利。

另外，反倾销调查要求的数据周期长，动辄3年~5年，甚至更长。在这么长的调查期内，由于会计政策的变动而使得所提供的同一项目数据的经济意义前后年不一致，容易使对方认为所提供的成本信息不真实。因此，从长远看，取消后进先出法和限制分次摊销法，与国际会计准则保持一致，减少企业在确定发出存货成本方法时可选择的余地，客观上能更真实地反映存货的流转情况，从而提供更为可靠的成本信息，有利于我国企业在反倾销应诉中凭借真实可靠的存货成本资料获得境外反倾销当局的认可。

2. 对商品存货的成本范围按国际惯例加以修正

原准则特别指出："商品流通企业存货的采购成本包括采购价格、进口关税和其他税金等。"这与一般工业企业存货的采购成本相比少了运输费、装卸费、保险费等采购费用，而其他国家的准则均未将商品流通企业作为特例处理。新准则取消了对商品流通企业存货采购成本内容的特别说明，同时在新准则第九条"不计入存货成本"的说明中也取消了"商品流通企业在采购过程中发生的运输费、装卸费、保险费、包装费、仓储费等费用"的内容。我国新存货准则第五条规定：存货成本包括采购成本、加工成本和其他成本三个部分。存货的采购成本包括购买价款、相关税费、运输费、装卸费、保险费以及其他可归属于存货采购成本的费用；存货的加工成本包括直接人工以及按照一定方法分配的制造费用；存货的其他成本是指除采购成本、加工成本以外的使存货达到目前场所和状态所发生的其他支出。

上述规定扩大了商品存货的成本范围，使商品流通企业成本的初始确认与制造业企业保持一致，与《国际会计准则第2号——存货》（IAS2）相关规定已基本一致。我国部分企业在对存货入账价值进行确认时，仅仅因为购买方企业的类型不同而采用不同的初始成本记账，造成对方反倾销当局对我国企业提供的存货成本信息抱怀疑态度，致使企业应诉失利；还有些商业企业在成本项目和入账价值的确定上不同程度地存在随意性。这些均是导致我国企业在反倾销调查阶段处境被动，抗辩举证无力的重要原因。通过详细、准确地规定存货的成本范围，扩大了存货成本的核算内容，而依靠具体、细致地明确存货的初始计量方法，则使企业存货核算有了更合理的操作规程，这些修订均有利于企业所提供的成本信息为对方所认可，提高企业的抗辩举证能力，奠定成功应诉的基础。

值得注意的是，IAS2 规定在确定购买价款时应扣除相应折扣，而我国存货准则规定仅扣除商业折扣而不扣除现金折扣。另外，IAS2 规定在"Costs of Conversion"环节把与存货加工相关的行政管理费用也确认为间接加工成本。这两点仍是我国存货准则与国际会计准则的差异，对我国企业生产产品的成本计算会产生不利的影响。我国企业应对这两项差异提前做好相应的辅助记录，以备在反倾销调查阶段能及时响应对方要求，提供对应的资料，以最大限度地消除准则差异所带来的不利影响。

3. 存货的借款费用资本化规定与国际会计准则趋于一致

新准则第十条规定，应计入存货成本的借款费用，按照《企业会计准则第 17 号——借款费用》处理。这意味着借款费用资本化的范围已经不再仅限于固定资产，需要经过相当长时间的生产活动或建造活动才能达到预定可销售状态的存货也可以考虑借款费用的资本化，如房地产开发企业开发的用于出售的房地产开发产品、机械制造企业制造的用于对外出售的大型机械设备等。这将对那些存货的生产周期比较长、并且需要借入专门款项的企业财务状况、经营成果产生一定的影响。按照我国原借款费用准则，我国企业的存货由于借款费用不需要做资本化处理，导致产品成本偏低，给对方发起反倾销提供了口实，使我国企业处境被动。

我国 2007 年前涉及大型设备出口的反倾销个案 50 余起，由于对借款费用及利息的归集不规范，导致成本偏低，结果大多以败诉告终。现在，存货准则适时增加了对借款费用计入存货成本的具体规定，对经过相当长时间的生产活动或建造活动才能达到预定可销售状态的固定资产、投资性房地产和存货等资产，可以对其借款费用予以资本化。这样，虽然会使得部分企业的财务状况和经营业绩受到一定程度的影响，但就反倾销应诉而言，其正面价值在于可以在一定程度上提高使用借款所建造的长期资产的成本，从而使那些专门为出售而生产大型机器设备、船舶等生产周期较长的企业产品成本计量符合国际惯例，让其对外提供的存货成本信息更具可比性，从而在反倾销应诉中发挥积极作用，为企业胜诉提供基本保障。

4. 加强存货会计信息的披露

会计信息贯穿于反倾销调查和反倾销应诉的全过程。会计信息先对是否存在倾销提供事实依据，再对倾销幅度及损害幅度提供数量依据，最后对倾销仲裁提供征税依据。可见没有会计信息，反倾销调查和反倾销应诉就缺乏事实依据。而系统、客观、真实的存货会计信息对企业进行反倾销应诉和会计举证有着重要意义。我国存货准则对存货信息的披露做了明确的规定，要求企业披露以下内容：各类存货的期初和期末账面价值；确定发出存货成本所采用的方法、存货可变现净值的确定依据以及存货跌价准备的计提方法；企业当期计提存货跌价准备的金额、当期转回存货跌价准备的金额以及计提和转回的有关情况说明。此外，用于担保的存货账面价值也应当在财务报表中进行披露。

反倾销应诉是一个系统的过程，其中成本核算方面客观存在的差异是诱发国际反倾销的重要因素。对于反倾销中成本的研究，不仅要了解成本构成的中西方差异，还应从影响成本的因素入手进行分析。以往，我国不少企业因存货会计基础工作薄弱，漏洞较多，原始凭证不合法、不真实、不完整，以及滥用会计政策等造成存货会计信息失真，以致在接受反倾销调查时不能充分举证说明而导致应诉失利。我国存货准则在促进与国际会计惯例保持一致、加强存货会计基础工作、细化核算办法和加强信息披露等方面作了较大的努力，从总体上提高了存货会计信息质量。同时还有助于注册会计师按照国际会计准则对企业会计账簿进行审计，提供高质量的审计报告，从而，进一步提高涉外企业成本核算和会计资料的可信度。

客观、公允、基础牢固的存货会计信息体系必将有利于我方企业在国际贸易市场上强化反倾销应诉工作。2008年7月，在我国商务部提议下、由美国管理会计师协会开展的中国企业成本核算研究在没有任何外部压力和行业针对性的前提下，对我国会计制度的演变、我国企业成本实践方法进行了全面深入的调查，形成了《中国企业成本计算方法与成本管理实践》这一研究报告，报告认为"中国企业会计制度与国际会计准则趋同"，并指出，不能简单地由成本核算方法上的差异推断出中国产品存在倾销。

## 8.3.2 新《固定资产》准则对反倾销应对的保障

新《固定资产》准则从初始确认、减值准备、弃置费用、装修投入、借款费用和信息披露六个方面向国际会计准则趋同，有力增强了会计信息的可比性，提高了反倾销应诉的会计抗辩举证能力，下面对新固定资产准则的对反倾销应对的保障作用逐一分析。

### 1. 固定资产初始确认的调整

新固定资产准则对资产的初始确认做了更为详细的规定，由于固定资产的入账价值直接关系到资产每期折旧额的高低，折旧又决定了具体的产品成本，所以，固定资产的初始确认影响到企业应诉反倾销的抗辩能力。就固定资产的初始确认问题，准则主要在两个方面作了较大调整。

①对某些符合条件的固定资产允许使用公允价值进行确认计量，如以一笔款项购入多项没有单独标价的固定资产，应当按照各项固定资产公允价值的比例对总成本进行分配，分别确定各项固定资产的成本。

②固定资产准则应用指南对固定资产初始计量作出了一系列新的规定，固定

资产准则应用指南指出：下列各项满足固定资产确认条件的，也在固定资产科目核算：平常作为存货确认，但符合固定资产定义和确认条件的备品、备件和维修设备，如企业（航空）的高价周转件；企业以经营租赁方式租入的固定资产发生的改良支出，如满足固定资产确认条件的装修费用等；企业（建造承包商）为保证施工和管理的正常进行而购建的各种临时设施；企业购置计算机硬件所附带的、未单独计价的软件，与所购置的计算机硬件一并作为固定资产；企业为开发新产品、新技术购置的符合固定资产定义和确认条件的设备，等等。这些资产，在新固定资产准则发布之前，大多不在固定资产核算范围之内，此举必使企业固定资产原值有一定程度的提高。

第一项调整增强了我国企业所提供的固定资产初始成本的真实程度，采用符合国际会计准则的固定资产初始计量方法，提高了我国固定资产的核算水平，使得相关会计信息更具可比性，有利于企业提供的信息为对方反倾销当局所信任，便于我国企业在反倾销调查中夺取主动；第二项调整提高了我国企业出具的成本信息的可信度，它使得我国企业的固定资产规模大幅上升，直接提高了相对应的资产折旧额，从而使得产品成本因折旧额的升高而增加，这种变化有利于我国企业应对国外反倾销，因为按新准则生产的成本信息符合国际惯例，更具可比性，我国企业运用此成本数据进行举证抗辩，更容易获得应诉成功。

2. 固定资产减值准备与国际惯例一致

固定资产的减值是指固定资产的可收回金额低于其账面价值。这里的可收回金额，是指资产的销售净价与预期从该资产的持续使用和使用寿命结束时的处置中形成的现金流量的现值两者之中较高者。其中，销售净价是指资产的销售价格减去处置资产所发生的相关税费后的金额。

原准则规定如果有迹象表明以前期间据以计提固定资产减值的各种因素发生变化，使得固定资产的可收回金额大于其账面价值，则以前期间已计提的减值准备应当转回，但转回的金额不应超过原已计提的固定资产减值准备。新的会计准则体系增加了资产减值准备准则，资产减值准则明确规定固定资产减值准备不得转回。国际会计准则与美国会计准则也规定部分长期资产减值后不能转回，新规定实现了国际接轨，避免了企业利用减值准备进行利润调整，从而提高了会计信息可信度，容易取得反倾销调查当局的信任，为夺取应诉主动权奠定基础。

3. 弃置费用新规定对反倾销应诉的作用

新固定资产准则增加了关于弃置事项的会计处理规定。弃置义务通常是指根据国家法律和行政法规、国际公约等规定，企业承担的环境保护和生态恢复等义务，如石油天然气企业的油气水井及相关设施的弃置、核电站核设施的弃置等。

在新规定颁布实施之前，我国企业一直未将弃置费用计入固定资产的原始价值，对于弃置费用，一般是直接摊入期间损益，或者通过政府补助予以冲销，所以弃置费用未进入产品成本，从某种程度上降低了产品成本，在此方面，资源类企业表现尤其突出。这一缺陷，与国际惯例不符，隐瞒产品本应负担的环境成本，变相降低成本，反而留给对方反倾销当局以低价倾销的口实，进而不采信我国企业提供的产品成本信息，在我国企业申请市场经济地位上设置障碍，从而给我国企业的反倾销应诉带来极大困难。

新固定资产准则明确规定：（企业）在"确定固定资产成本时，应当考虑预计弃置费用因素。"，同时规定，弃置费用仅适用于特定行业的特定固定资产，如石油天然气企业油气水井及相关设施的弃置、核电站核废料的处置等。一般企业的固定资产成本不应预计弃置费用。弃置费用的义务通常有国家法律和行政法规、国际公约等有关规定约束。比如，国家法律、行政法规要求企业的环境保护和生态恢复的义务等。弃置费用的金额较大时，企业应当根据《企业会计准则第13号——或有事项》的规定，按照现值计算确定应计入固定资产原价的金额和相应的预计负债。一般企业固定资产的报废清理费，应在实际发生时作为固定资产清理费用处理。这一新规定增加了资产的环境成本，相应地提高了使用该资产生产的产品，使我国企业提供的成本信息更真实、准确，容易得到境外反倾销当局的认可，提高了我国企业应诉反倾销会计举证的可信度。

4. 固定资产装修新处理规定的意义

固定资产装修是固定资产后续支出中的一个重要内容。固定资产后续支出是指固定资产在使用过程中发生的日常修理费用、大修理费用、更新改造支出等。以往我国在会计实务中的处理一般是将其作为长期待摊项目，分次计入损益。但《IAS16 不动产、厂场和设备》规定：与某项已被确认的不动产、厂房和设备有关的后续支出，当超过原先确定的业绩标准的未来经济利益有可能流入企业时，该后续支出应增加资产的账面金额。因此，在这一问题上，我国以前与国际会计惯例是有实质性差距的。新固定资产准则第六条规定：与固定资产有关的后续支出，如有关经济利益很可能流入企业，且该支出能够可靠地计量，则该后续支出应确认为固定资产。

据《企业会计准则应用指南》（2006）所附之"会计科目和主要账务处理"规定，固定资产装修支出符合条件计入固定资产账面价值的，应当在"固定资产"科目下单设"固定资产装修"明细科目核算，并在两次装修期间与固定资产尚可使用年限两者中较短的期间内，"采用合理的方法单独计提折旧。"如在下次装修时，相关的"固定资产装修"明细科目仍有余额，应将该余额一次全部计入当期营业外支出。而对于融资租入固定资产所发生的装修费用，符合条件计入固定资产账面价值的，应在两次装修期间、剩余租赁期与租赁资产尚可使用年限三者中较短的期限内，采用合理的方法单独计提折旧。

由于固定资产装修支出费用高、使用周期长，按照国际惯例，将符合条件的装修支出确认为固定资产，让固定资产的账面价值真实反映其经济实质，并相应地增加每期折旧额，从而提高使用该类固定资产所制造的产品成本，进而增强企业抗辩应诉能力，提高对方反倾销当局对我国企业成本信息的信任程度，为我国企业应诉抗辩，获取有利地位创造条件。

5. 借款费用处理办法的国际趋同

在新准则发布之前，我国企业的会计处理中，只能将为建造固定资产而发生的专门借款利息支出计入固定资产成本，其他一般借款（如流动资金借款等）如果被用于建造固定资产，其利息支出是不能被资本化的。按照国际惯例，只要是符合资本化条件的借款费用，无论是否专门为建造固定资产借入的资金所发生的利息，都应将其资本化，具体金额采用将资本化比例乘以发生在该项资产上的支出的方式来确定。资本化比率应是借款费用相对于企业当期尚未偿还的所有借款，而不仅仅是为获得某项资产而专门借入的款项的加权平均数。所以，无论是专门借款还是一般借款，只要是在实质上用于建造固定资产，就应根据其加权平均支出和确定的适当利率计算借款利息，计入资产成本。新准则发布之前，由于在费用资本化上与国际通行做法存在实质性差异，使得在同等条件下，我国企业对固定资产计价过低，资产折旧费也就相应地偏低，进而导致摊销到产品成本中的费用随之偏低，从而给对方反倾销当局以低价倾销的口实，不利于我方应诉反倾销。

新的固定资产准则及时对此作了修改，准则第十条规定："应计入固定资产成本的借款费用，按照《企业会计准则第 17 号——借款费用》处理"。而借款费用准则第六条的相应规定是："为购建或者生产符合资本化条件的资产而占用了一般借款的，企业应当根据累计资产支出超过专门借款部分的资产支出加权平均数乘以所占用一般借款的资本化率，计算确定一般借款应予资本化的利息金额。资本化率应当根据一般借款加权平均利率计算确定"，从而使得此类会计事项的处理与国际会计准则体系（IAS）基本保持了一致。

6. 基于反倾销应诉的固定资产信息披露

反倾销的应诉抗辩，依赖于会计信息的举证支持，倾销是否成立、损害是否存在、倾销与损害是否存在直接的因果关系，以及具体的倾销幅度确立、倾销仲裁措施的选择都需要依据会计信息做出判断。所以，系统、客观和真实的固定资产会计信息对企业应诉反倾销，尤其是会计举证有着不可忽视的重要意义。因此，新固定资产准则明确要求企业完整、真实、准确地进行信息披露，准则的第二十五条规定，企业应当在附注中披露与固定资产有关的信息，包括固定资产的确认条件、分类、计量基础和折旧方法；各类固定资产的使用寿命、预计净残值和折旧率；各类固定资产的期初和期末原价、累计折旧额及固定资产减值准备累计金额；当期确认的折旧费用；对固定资产所有权的限制及其金额和用于担保的固定资产账面价值；准备处置的固定资产名称、账面价值、公允价值、预计处置费用和预计处置时间等。

新准则在固定资产的初始确认、分类计量、入账核算、弃置费用处理、装修支出和借款费用的资本化以及信息披露等方面均实现了与国际会计惯例的实质性趋同，从而大大提高了我国出口企业在固定资产的确认、计量以及信息披露等方面的水平，也使我国企业所提供的固定资产信息可比性大大提高，有利于我方的会计信息为对方反倾销当局所认可，为我国企业成功应诉创造条件。

## 8.3.3 新《政府补助》准则对反倾销应诉的保障

我国企业被反倾销的一个重要原因，是发起方认为我国政府为企业提供补贴，支持企业的低价倾销行为。其实政府补助在欧美等发达国家很平常，为了发展本国产业，政府常会为鼓励发展的行业内企业提供补贴。我国政府为企业提供补贴之所以饱受争议，很大程度上是由于我国一直没有专门的核算政府补助的会计准则，对政府补助的会计处理散见于财政部颁布的各项部门规章、制度之中，《政府补助》准则的出台，对政府补助的会计处理作了专门的规范，实现了与国际会计准则的趋同，提高了应诉反倾销的会计举证信息的可比性，为我国企业应诉反倾销发挥了积极作用，具体体现为以下几点。

1. 政府补助处理方法的国际趋同效应

在政府补助的确认上与国际会计惯例接轨，便于企业在反倾销应诉时证明自己接受的是正常的补助，竞争力来自于成本费用的节约、管理效率的提升或技术革新。《国际会计准则第20号——政府补助的会计处理和政府援助的披露》（以下简称IAS20）在将政府补助划分为与资产相关的政府补助和与收益相关的政府补助的基础上，明确规定了政府补助的会计处理方法是收益法。本准则颁布以前，会计实务中关于政府补助的处理方法，针对不同的情况既有资本法，又有收益法，既有总额法，又有净额法。《政府补助》准则则统一规定采用收益法和总额法对政府补助进行会计处理，这样的规定实现了与国际会计惯例的趋同。

该准则明确了政府补助应采用收益法和总额法并分别不同情况进行处理。对于与资产相关的政府补助，应当确认一项负债（递延收益），自相关资产形成并可供使用时起，在相关资产使用寿命内平均分配，分次计入以后各期的损益（营业外收入）。相关资产在使用寿命结束前被出售、转让、报废或发生毁损的，应将尚未分配的递延收益余额一次性转入资产处置当期的损益。但是，以名义金额计量的政府补助，直接计入当期损益；与收益相关的政府补助，用于补偿企业以后期间的相关费用或损失的，在取得时确认为一项负债（递延收益），在确认相关费用的期间计入营业外收入；用于补偿企业已发生的相关费用或损失的，取得时直接计入营业外收入。

如果已确认的政府补助需要返还的，应当作为会计估计变更，分别作下列情况处理：存在相关递延收益的，冲减相关递延收益账面余额，超出部分计入当期损益；不存在相关递延收益的，计入当期损益。

2. 解决贸易争端的会计依据：政府补助准则

政府补助准则的实施，有利于更好地履行加入 WTO 的承诺，为解决国际贸易争端提供了会计依据。根据 WTO《补贴与反补贴措施协定》的规定，补贴是政府（也包括公共部门）提供给企业的、能够给企业带来经济利益的财政资助。WTO 框架下的政府补贴根据是否应诉分为可诉补贴、不可诉补贴和禁止性补贴三种。我国加入 WTO 时承诺政府补贴应逐步减少，因为政府补贴是国际贸易中比较敏感的问题，甚至政府为企业提供担保、向企业提供贷款、作为企业所有者向企业投入资本以及从企业采购货物等都可能被视为政府补贴。在签订国际贸易协议、反倾销协议以及解决国际贸易争端的过程中，涉及的政府补贴是否遵循了WTO 协议、其会计处理是否符合国际惯例等问题将是谈判方关注的焦点。本准则的颁布使得政府补助的会计处理实现了与国际惯例接轨，必将为解决上述问题提供充分依据。

3. 补助确认的权责发生制与反倾销应诉

政府补助按权责发生制进行确认，这一处理方法与国际会计准则一致，从而让反倾销应诉的举证更为可信。虽然 1993 年分行业的会计制度中曾经规定对于政府补助采用权责发生制核算，还专门设置了"应收补贴款"账户，但是在后来的会计实践中却发现有的上市公司利用政府补助按权责发生制核算所固有的漏洞，进行利润操纵，以达到粉饰经营业绩的目的。例如，某上市公司在期末发现其当期的正常经营业绩达不到监管规则的要求，于是便向当地政府部门求援。出于"保护"地方上市公司的需要，当地财政部门按照有关手续规定向该公司拨出一笔所谓的政府补助，但是并没有真正将资金拨入该企业。按照权责发生制的要求，即使在没有收到资金的情况下，只要具备了相关手续，该上市公司仍然可以在账面上确认一笔政府补助资产，从而"满足"了监管规则的要求。针对上述情况的存在，2001 年开始实施的企业会计制度规定了采用收付实现制对政府补助进行会计核算。新规定虽然在一定程度上解决了上述问题，但是一些上市公司仍然可以利用政府补助来进行盈余管理，并且新规定也违背了国际会计惯例，使得我国政府补助的会计处理和其他国家出现了差异。因此，《政府补助》准则对于政府补助的确认基础又重新明确为权责发生制。

除了积极与国际会计准则趋同之外，我国财政部本着立足国情的原则，在准则的制定上紧紧把握社会主义市场经济发展的需要，努力与国际会计准则委员会沟通，让其接受符合我国国情的会计处理细则，对国际会计准则进行扩充，以适应中国的具体情况。通过我国会计准则与国际会计准则的双向互动，不但我国会计准则向国际会计准则逐步趋同，国际会计准则也与我国会计准则逐渐一致，这样更有利于提高会计举证的力度，增强应诉抗辩的效力，增加对方对我们会计信息的认可度，获得应诉的主动权。目前，在对关联方披露准则的处理、资产减值准备的处理、公允价值的运用、企业合并和企业年金基金的核算、持有待售的非流动资产和终止经营的记录以及恶性通货膨胀的计量报告等方面的核算细则上国际会计准则委员会接纳我方的建议，适应我国的实际国情，对国际会计准则加以补助、修订，使得国际会计准则具有了中国特色。除此之外，我国政府还就相互之间的会计准则的互认、等效与其他国家和地区进行积极地磋商与合作，欧盟已经承认我国会计准则与其实行的国际会计准则等效，香港也紧随其后，承认我国会计准则在香港具有国际会计准则的同等效力，这意味着，我国公司在欧盟和香港上市时可按照中国会计准则编制财务报表，而不必根据国际财务报告准则进行调整，这样可为企业省下一笔数目不小的上市费用，而且我国企业应诉反倾销时，所提供的会计举证信息的生成机制与对方等效，处于与对方同样的信息平台，更容易获得认可，赢得平等的待遇。

可见我国的新会计准则对于企业应对反倾销起到积极作用，保证了会计信息质量，有利于举证信息为境外反倾销调查当局认可。企业的内部控制和外部审计制度安排对企业会计的信息质量影响极大，对企业应对反倾销的会计举证能力至关重要，下面从企业内部、外部分别分析如何建设内部控制和设计审计制度以提高会计信息的可信度，增强会计举证能力，夺取应诉的主动权。

## 8.4　反倾销视角下的企业内部控制建设

### 8.4.1　企业应对反倾销内部控制的现状分析

我国财政部会同证监会、审计署、银监会、保监会联合制定并于 2008 年 6 月发布了《企业内部控制基本规范》，该规范已于 2009 年 7 月 1 日起在上市公司范围内施行，紧接着于 2010 年发布了《企业内部控制配套指引》，标志着中国企业内部控制规范体系的建成。根据五部委规定，中国的内控体系自 2011 年 1 月 1 日起首先在 60 多家境内外同时上市的公司施行，自 2012 年 1 月 1 日起将扩大到所有主板上市公司，之后择机在中小板和创业板上市公司施行。内控体系借鉴了 COSO 报告五要素框架，并明确将内部环境、风险评估、控制活动、信息与沟通和内部监督这五项要素规定为企业内部控制的基本要素。目前，我国企业的内部控制离内控体系所要求的标准尚存在很大的差距，远不能满足应对反倾销的需要，主要表现在以下 4 个方面：

（1）内部环境不够完善，如企业管理层对反倾销风险缺乏足够的认识、企业没有树立良好的风险管理意识、欠缺防范风险、精益求精的文化氛围以及企业治理结构或组织结构设置存在缺陷等；

（2）企业没有建立专门的反倾销风险评估机制来预测、识别、分析和处理反倾销风险；

（3）没有针对应对反倾销的要求对采购、生产、销售等相关流程进行控制，未能对会计系统、法务管理等重要环节设置控制点，以保障反倾销应对机制的有效运行；

（4）缺少专门的反倾销信息收集平台，没有针对反倾销风险建立沟通机制，企业内部各部门、不同层级的员工之间，企业与外部利益相关团体之间，均缺乏高效、有序的沟通渠道，无法在反倾销应对上形成合力。

上述控制中的缺陷集中表现为缺乏一个以应对反倾销为导向的内部控制体系，要从会计信息的相关性、可靠性、可比性和可采性四个方面提高会计信息质量；从内部控制五要素出发全面增强企业应对反倾销的能力，保障会计协调机制的有效运行，为企业胜诉奠定基础。

## 8.4.2　应对反倾销的内部控制系统建设

建设反倾销应对导向的内部控制系统刻不容缓。笔者认为，应对反倾销内部控制系统应是融入企业内部控制之中的，符合我国内部控制体系要求的，同时又超越了常规企业内部控制机制的以应对反倾销风险为战略重点的内控系统。它是引入风险管理和价值链管理，在企业内部各个部门（乃至企业外部价值链中其他企业）团结一致、通力配合的同时与政府相关部门和行业协会以及中介机构进行有效沟通、协作的全面控制协调。该系统整合分散在企业、行业协会和政府的会计资源，从相关性、可靠性、可比性、可采信四个方面提高会计质量，从内控五要素出发全面增强企业应对反倾销能力，是应对反倾销会计协调机制的有力保障。该系统的具体描述见图 8 - 2，下面从各基本要素入手，分别阐述该如何建设企业的内部控制，以更好地应对反倾销。

1. 内部环境

内部环境是影响、制约企业内部控制建立与执行的各种内部因素的总称。主要包括治理结构、机构设置与权责分配、企业文化、人力资源政策、内部审计等。应对反倾销是一项艰巨而又复杂的系统工程，既需要企业内部各部门积极配合、共同努力，又需要企业与其外部的行业协会、政府相互沟通协作。无论是调查问卷的填写，还是应诉中的抗辩举证，因为时间短、任务重、涉及面广，靠单个企业无法胜任这样繁重而艰巨的工作。建设良好的内部控制环境，树立积极合作的企业氛围，做到反倾销应对职责明确、分工具体、各司其职、各负其责、相互配合、步调一致，才能最终获得理想结果。

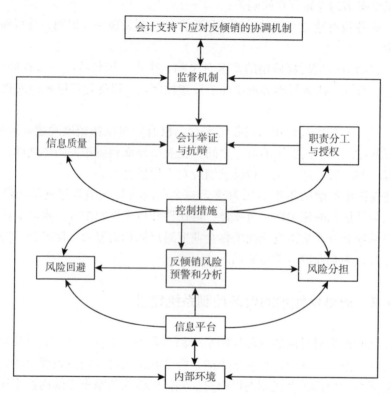

图 8 - 2　企业应对反倾销的内部控制系统

内控环境对反倾销应对起着重要的基础性支持作用。健全的治理结构、科学的内部机构设置和权责分配是建立并实施反倾销应对会计协调机制的基本前提。内控环境的支持保障作用体现在两个方面：一方面，通过建立、健全企业内部各项规章制度，明确企业内部各部门、各层次及其员工的职责，从而有效地保障调查问卷填答准确及时，应诉举证材料真实可信。具体的规章、制度包括：内部财务牵制制度、稽核制度、定额管理制度、财务清查制度、成本清算制度、财务收支审批制度等基本管理制度；另一方面，企业管理决策层的理念决定了企业对待反倾销风险的态度与行为。若管理者风险意识强，则企业在具体经营管理和营销战略制定中就会重视反倾销风险，准确侦测进口国动态，一旦有反倾销活动的风吹草动，就会立刻通知行业协会，配合协会做好价格、出口量协调，化解危机于无形，从源头上规避和控制反倾销风险；如果管理者毫无反倾销的风险意识，在危机来临时还浑然不觉，一旦反倾销发起，企业将不知所措、仓促应对，最终将遭受严重损失。

完善的公司治理结构是决定内控环境好坏的核心因素，这一点在马钢应诉经验中得以体现。2003 年，美国对马钢生产的 H 型钢发起反倾销调查，由于采用替代国核算产品成本，初审判决征收高达 159% 反倾销税，面临生死存亡的考验时，马钢人不急不躁，通过充分的证据展示，向调查人员证明企业具备完善的公司治理结构和自主经营的现代企业制度，从而成功获得市场经济地位的待遇，最终以 0% 的倾销幅度和无产业损害结案。

2. 风险评估

风险评估的作用及用途是通过企业反倾销预警，使我国企业能提早发展和预防外国的反倾销调查，将可能降临的反倾销风险消灭在萌芽之中。预警源于军事上的"预警机"，包含风险识别和风险应对双重含义，其中识别为用，应对为体。根据应对反倾销内部控制要求，建立反倾销信息平台，即建立以会计信息为主，其他相关信息为辅的综合、全面的信息库，从提供反倾销诉讼双方的全面、详细的基础资料和比较分析资料来研究分析企业内外部的风险因素。从信息收集、风险识别分析，风险信息发布和风险管理，建立基于价值链管理的风险评估机制，以实时侦测、评估反倾销风险，防患于未然。风险应对是核心，企业通过综合运用风险规避、风险降低、风险分担和风险承受等风险应对策略来化解反倾销风险。就风险规避而言，企业可以采用短期与长期两种策略，短期策略是指在企业现有的生产能力和规模下，在不改变企业的战略目标和重大部署的情况下，对企业的局部安排进行调整，以达到合理规避反倾销风险的效果。通常包括启动会计定价战略、适时提高出口价格、价格承诺以及积极开拓新市场等；长期策略就是从长远出发，优化产业结构、提高产品质量、增强自身竞争力，这也是治本之策。对于风险分担，可以按照横向价值链和纵向价值链进行，横向分担是在出口企业间协作分担风险；纵向分担则是出口企业、进口商和销售商间合作分担风险。

3. 控制活动

控制活动是以政策或程序的形态，保证企业经济活动正常实施的方法或手段。反倾销应对的控制活动设计就是将应对反倾销的具体要求与企业内部控制流程相结合，落实责任、强化监督，促进企业各部门各层次反倾销应对的职责及流程规范化。控制活动是针对关键环节制定的，因此可以结合企业采购、生产、销售等具体流程以及法务管理、会计系统等关键环节，运用价值链分析，设计专门的控制机制，保障会计信息真实可靠和反倾销应对机制有效运行。此外，按照反倾销应对的控制活动所设计的机制应发挥这样的作用，一方面，通过对销售策略、定价机制等环节的控制，有效地规避反倾销风险；另一方面，一旦遭遇反倾销诉讼，出口企业规范的生产经营、明晰的核算资料以及基于完备制度保障的市场化运作可以提供有利的举证和抗辩，维护和保障出口企业的权益。

由于生产成本举证信息的真实性、可采性决定了反倾销应诉的成败，所以，生产管理的控制至关重要。根据"产品消耗作业，作业消耗资源"，以作业成本法核算产品成本能准确、真实反映产品的实际耗费，所以建立以作业链为基础的成本核算体系，能有力地增强成本信息的可采性。具体实施的要点为：第一，制定各类凭证的记录制度；第二，计算产品消耗作业及作业消耗资源的数量；第三，确定各作业中心的成本动因，即在众多的作业中选择一个主要的作业作为驱动成本发生的代表（即作业中心的成本动因），将该作业中心的所有作业成本以该作业动因为分配基础，分配到相关产品中去。

可见，高质量的会计举证信息依赖于控制活动的高效执行，而会计信息的质量又决定了企业应对反倾销的成败，它是会计协调机制能否有效运行的关键，从这个角度上看，控制活动是协调机制会计层面的重要保障。

4. 信息及沟通

信息与沟通是指及时、准确、完整、全面地收集、汇总与企业经营管理相关的各种信息，并将这些信息以合理的方式、方法在企业内部各管理级次、责任单位、业务环节之间以及企业与外部投资者、债权人、客户、供应商、中介机构和监管部门等有关方面之间进行及时传递、有效沟通和正确应用的过程。

信息系统对企业内部控制的效率与效果起决定性作用，信息沟通、互通有无对反倾销应对极为重要。首先，关键信息能左右反倾销应对的成败。因为出口企业需要与行业协会、中介机构和政府以及进口商、进口国消费者等利益相关方积极沟通、展开合作。通过化解信息不对称，克服关键信息的盲点，协调统一各方利益冲突，团结一切可以团结的力量，构筑应对反倾销的协作体系；其次，应诉反倾销其实就是一个信息举证、调解沟通的过程。企业不但需要在内部展开沟通，以获取企业内部各部门的协作支持，生成真实可信的举证信息。还需要与外部各利益相关方进行沟通，建立应对反倾销的统一战线，获取各方法律、政策、资金和技术等多方面支援配合，最大限度地取得起诉国调查机关的认可与理解，为胜诉奠定基础；另外，信息沟通的重要载体：应对反倾销信息平台，集合了企业内外部以会计信息为主的各项信息资料，能为事前防范、事后举证提供强有力的支持；最后，保持企业内部畅通的信息沟通渠道，能确保内部控制系统的高效运转，督促企业董事会、管理层和员工尽力履行反倾销应对职责，从而保障应对反倾销会计协调机制的有效运行。

5. 监督检查

由于人具有机会主义倾向，所以监督必不可少。在反倾销防范上，监督的作用主要体现在两个方面：一方面，在企业发展战略、组织结构、经营活动、业务流程、关键岗位员工等发生较大调整或变化的情况下，进行针对性监督检查，确保企业信息生成的各项工作顺利运转，确保生产经营信息和财务会计信息真实可信，从而为反倾销举证的采信提供支持；另一方面，在日常经营中及时纠正各项偏差，确保各项活动在正确的轨道上运转，时刻保持应有的戒备状态，降低与防范反倾销风险。而且，作为申请市场经济地位和单独税率的重要条件，引入审计监督力量，证实企业会计信息的公允性、一贯性和合规性必不可少。

## 8.5　反倾销举证支持的审计制度安排

正如在内部控制中所分析的那样，出口企业向反倾销调查当局申请市场经济地位和单独税率的一个重要条件是，审计这一外部监督形式能否有效发挥作用，以保证出口企业财务会计信息的可信度。然而，由于我国上市公司基本上是国有企业①，作为掌握公司最终控制权的国家，对公司的控制一方面表现为行政上的"超强控制"，另一方面表现为产权上的"超弱控制"，而作为理性经济人的公司经理人员可以利用政府对产权的"超弱控制"追求个人高收入、高在职消费及进行报表操纵和审计合谋，又可以利用政府行政上的"超强控制"推卸责任。这样其他国家对我国企业的外部审计监督能否发挥应有的作用便心存疑虑，进而影响了对所出具的财务报告的信任程度。而且由于制度环境缺陷所导致的审计合谋问题层出不穷，科龙财务舞弊案，德勤也被指涉嫌审计合谋，最近由美国次贷危机引发的全球金融风暴，使全球经济陷入自 20 世纪 30 年代大萧条以来的最大衰退，"隐性合谋"的事务所降低执业标准，未能查出潜藏问题是导致这一灾难的重要原因。所以设计有效的审计制度，可以阻止合谋，保证注册会计师审计的有效性，提高企业会计举证应诉反倾销的能力，奠定胜诉的基础。笔者在 Fred Kofman 等人研究基础上，结合我国特殊制度环境，对利用审计师"囚徒困境"阻止合谋的方法加以发展，提出更为完善的防范审计合谋的制度安排，以保证会计信息的可信度，进而提高反倾销会计举证能力，下面对分析过程进行描述。

### 8.5.1　模型描述

1. 博弈顺序

笔者借鉴 Fred Kofman 和 Jacques Lawarree （1996） 提出的三层委托代理模

---

①　根据 2003 年 6 月 16 日沪深股市收盘数据，国有股占总股份比重超过 50% 的上市公司占总数的 48%，国有股比重超过 25% 更是高达 81%，这意味着我国上市公司大部分为国家控股。

型：委托人—审计师—经营者。委托人拥有企业[1]，但由于缺乏运营企业所需要的技能和时间，他们必须通过雇用经营者（代理人）来管理企业。经营者是具有经营才能的个体，但苦于缺少资本，只能靠出卖自己的个人经营技能谋生。注意到现实中委托人根据代理人提交的财务报表决定他的薪金，笔者假定委托人付给代理人的薪酬为 $w^m(s_i)$，$i \in (l, h)$，其中 $s_i$ 为代理人提交的财务报表所反映的经营状况，$s_h$ 代表经营状况好，$s_l$ 代表经营状况差，显然委托人会付给经营状况好的经营者更高的薪酬，即 $w^m(s_h) > w^m(s_l)$。委托人也缺乏审查监督经营者的技术与方法，于是他雇用审计师对企业进行审计，为简化分析，在此假定审计师执行审计时无成本支出（这样假定可以避免考虑审计师的投机取巧行为，诸如审计时偷懒甚至不进行审计等道德风险问题）。付给审计师的报酬为 $w^a$。所有参与者均为风险中性[2]。

经营者运营企业利润高低取决于委托人无法观测到的因素，如企业的先进文化、市场垄断地位、容易获得的廉价劳动力等。经营者能清楚地察觉到这些，形成他的私有信息，正是这些因素决定着企业生产率的高低。笔者假定经营者仅有两种类型，高生产率和低生产率。无论经营者属于哪一种类型，他的运营成本是一样的，即都是 $c^m$。在缺乏监督的情况下，经营者将获得信息租金 $\pi(s_i)$，$i \in (l, h)$，在这样一种次优契约约束下，为了少上缴利润，多占有产出，高生产率的经营者报告低产出，获得信息租金 $\pi(s_l)$；由于低生产率的经营者本身产出就少，他只有靠骗取投资者、债权人等利益相关者的信任，从而运用其他方式牟利，如通过披露虚假财务信息来赚取高额薪酬、骗取贷款、操纵股价等，这种情况下，对企业利益相关者伤害更大，而经营者获利更多，虽然经营者需要向委托人上缴高生产率时的产出，但扣除掉这一支出后，他仍可获得高额的信息租金 $\pi(s_h)$，但如果他靠欺骗获得的利益还比不上因此而多上缴的产出时，则 $\pi(s_h) < 0$。考虑到经营者伪装成另一类型会改变他本应获得的薪金，我们定义经营者舞弊伪装时最终可以获得的收益为 $\eta_i$，$i \in (l, h)$，如果经营者是高生产率，其伪装成低生产率时可以获得的利益为 $\eta_h = \pi(s_l) + w^m(s_l) - w^m(s_h)$；如果经营者是低生产率，其伪装成高生产率时可以获得的利益为 $\eta_l = \pi(s_h) + w^m(s_h) - w^m(s_l)$。高生产率经营者伪装成低生产率的，需要 $\eta_h > 0$，即要求 $\pi(s_l) > w^m(s_h) - w^m(s_l)$，否则他不会去舞弊；而低生产率经营者要伪装成高生产率的经营者，需要 $w^m(s_h) - w^m(s_l) > -\pi(s_h)$。

---

① 国有企业的监管者（国资局负责人）拥有政府赋予的权力监管企业，他们就是委托人，因为没有企业的所有权，他们相应地对企业的剩余没有索取权，但是他们仍然有动力去查处审计合谋，因为这样有利于他们政绩的提升。

② 这里为了分析审计师在监督下对合谋风险的权衡，假定他有风险偏好。

为了防止经营者舞弊，委托人以审计成本 $w^a$ 雇用一个审计师，为了证明企业所披露的成本信息的真实性，获得境外反倾销当局的信任，委托人会雇用信誉卓著的会计师事务所，如排名全国前十的大型事务所，这些事务所的审计师能够准确、无误地发现企业报告的信息中的错误，并找到真凭实据，证实企业的舞弊行为，但审计师的个人效用，甚至是事务所的效用取决于对审计活动所能带来的成本收益的衡量与判断，当审计师被经营者贿赂，甚至是胁迫时，审计师的独立性将大大受到质疑。经营者会与审计师分享他的伪装收益 $\eta_i$（给予审计师贿赂 $B$）来让审计师报告委托人错误信息。能否阻止审计师与经营者的合谋，保证真实会计信息的提供，是境外调查当局采信我国企业成本数据的根本保证，因此，需要设计出保障审计师说真话，防范审计合谋的制度，而这正是本书下面所要做的工作。

为了防止合谋，委托人将给审计师奖励 $R$，以激励其披露真实情况。为了抵御经营者给予审计师的贿赂的诱惑，委托人可能付出高达 $\eta$ 的奖励给审计师，这就是"赏金猎手"方案，此时审计师可以获取经营者的全部租金 $\eta$（见 Kofman & Lawarree，1993）。

还有一种方法就是花费成本 $w^a$ 再聘请另一家事务所进行审计，通过核对两个事务所出具的审计报告的一致程度，判断其是否揭示出真实的情况，通过对比审计报告，并让事务所的审计师为自己所出具的报告辩解，由于说真话的审计师能出具有力的证据证明自己的清白，而说假话的审计师无力让谎话成真，委托人可以辨别出审计师意见的真伪。委托人将没收经营者欺诈所获取的信息租金，并对说谎话的审计师加以金额为 $K$ 的惩罚，获得罚没收入，作弊情节严重的，审计师还可能遭受到牢狱之灾。考虑我国主导国计民生的企业均有国资背景，分析设计如何防范国有背景下企业审计合谋的制度，能更好地改变国外对我国政企不分、舞弊盛行、信息混乱的误导性观念，从而确保我国企业在反倾销举证抗辩时能得到公平对待。对于国有企业而言，委托人是国有企业的上级主管部门领导（国资局的相关负责人），其查处合谋的利益驱动在于查错防弊，制止合谋可以积累良好政绩，为其升迁奠定基础①。毫无疑问，委托人雇用两个审计师的理性约束为 $2w^a < \eta_i$。

假定审计师在合谋时，会因为作弊行为违背自己的职业道德准则，良心上备受折磨，同时又因害怕被查处，每日担惊受怕，这种心理折磨对其造成的效用损失为 $l$。

假定对合谋的审计师的惩罚所造成的损害最大不得超过 $\bar{K}$，$\bar{K}$ 是法律上规定

---

①　对于国有企业的监管者来说，查处合谋收缴的 $\eta_i$，他们可以按一定比例 $d$ 分享，而对其政绩的贡献，用 $m$ 表示，所以对监管者而言其查处合谋的收益为 $d\eta_i + m$。

的对合谋行为允许的最大惩罚力度，本书中要分析最低的足以阻止合谋的惩罚 $\overline{K}$ 是多少。

企业被诉反倾销时，它如果执行的是有效的审计制度，会使其提供的成本信息更容易为反倾销调查当局所采信，从而增大了应诉反倾销的胜算，这相当于增加了委托人收益，设其为 $V$。这样，委托人给揭露舞弊的审计师奖励可以在原来的基础上再增加 $V$。

假定 $R + 2l \leqslant \eta_i$，因为一旦 $R + 2l > \eta_i$，经营者和审计师就可能合谋来分享 $R$ 超出 $\eta_i - 2l$ 的盈余[①]。这里 $R$ 取决于委托人对经营者舞弊所可能获得收益的判断，委托人认为经营者的舞弊收益与其类型有关，由于委托人并不知道经营者真实的类型，他只能根据经营者提交的财务报表来判断其是高生产率还是低生产率，即奖励为 $R(s_i)$，$i \in (l, h)$。依据"人性本恶"的法律判定原则，先假定你是有罪，只有你证明自己是无罪时，才能免于刑罚。这里我们假定经营者均有舞弊偏好，所以当委托人收到低生产率报告时，他认为经营者可能是高生产率的，他将付出不超过 $R(s_l) = \eta_h - 2l$ 的奖励以抵御合谋，当委托人收到高生产率报告时，他认为经营者可能是低生产率的，他将付出不超过 $R(s_h) = \eta_l - 2l$ 以抵御合谋，一般来说，$\eta_h < \eta_l$，所以应有 $R(s_l) < R(s_h)$。如果委托人给出的奖励 $R(s_l) > R(s_h)$，将导致经营者与审计师合谋以分享 $R(s_l)$ 超出 $\eta_h - 2l$ 的部分，所以激励约束为 $R_{\max}(s_l) = \eta_h - 2l$，$R_{\max}(s_h) = \eta_l - 2l$，否则奖励无法达成目的。假设不奖励第一个揭露存在信息租金的审计师。

总结上面的分析，博弈顺序为：

①经营者通过报告虚假信息，欺骗投资者、债权人等利益相关者获取的信息租金为 $\eta_i > 0$，经营者生产率高低与否由外部给定；

②为了查清经营者提供报告的真实情况，获得境外反倾销当局的信任，委托人派出审计师进行审计，在高生产率经营者的背景时，两审计师收益矩阵将为（见表 8 - 4）；

---

① 委托人至多会付不超过 $\eta_i$ 的奖励给审计师，因为作为理性人，他不会付出超过自己所能得到的收益，而且委托人注意到可以利用审计师在合谋情况下承受心理压力这一点（审计师内心深处会偏向于不合谋，因为他可能蒙受损失 $l$），委托人清楚自己需要支付的 $R$ 可以不用超过 $\eta_i - 2l$（在可能派出两个审计师时），这样可以最大化自己的收益。下面，我们来分析此时国有企业监管者的权衡过程，他在查处合谋时可以得到 $d\eta_i + m$ 的收益，他也不会随意地去提高 $R$，以诱使审计师揭发经营者的舞弊行为（现实中高额的奖励也很少见）。因为一旦 $R > \eta_i$ 时，审计师可能与经营者合谋以分享 $R$ 超出 $\eta_i$ 的部分，尤其是在 $R$ 很大时，所以对于国有企业的监管者，他开出的奖励也是 $R \leqslant \eta_i - 2l$。

表 8 - 4 收益矩阵

|  | 高生产率报告 | 低生产率报告 |
|---|---|---|
| 高生产率报告 | 0, 0 | $R, -K-l$ |
| 低生产率报告 | $-K-l, R$ | 0, 0 |

③两个审计师先后对企业展开审计，查出企业的真实经营情况，弄清经营者是高生产率还是低生产率；

④为保住已经获取的信息租金，经营者向审计师们行贿，买通审计师从事合谋，希望他们披露虚假审计报告；

⑤两审计师各自提供自己的审计报告；

⑥委托人检查两份审计报告，核对其一致程度，对不相符的地方要求审计师出具辩解证据，判断审计师是说真话还是说假话，并据以对审计师实行奖惩，委托人、经营者和审计师三方实现各自的收益。

2. "囚徒困境"分析

在面临反倾销诉讼时，依靠独立的审计师出具的公正、无误的审计报告，可以充分举证企业的成本信息、会计程序、治理结构和组织机构的合理与完善，为争取企业的市场经济地位、单独税率，或是低税率结案创造积极有利的条件。正是出于这种考虑，委托人会同时派出两个独立的审计师，并尽量增大惩罚力度，使得 $P > \eta_i/2$，此时，每个审计师在考虑真实披露还是虚假披露时，陷入了"囚徒困境"的博弈之中，从而有力地保证了审计师拒绝经营者的贿赂，公允、独立地披露审计报告，这种情况下审计师的收益矩阵为（见表 8 - 5）：

表 8 - 5 收益矩阵

|  |  | 审计师 2 | |
|---|---|---|---|
|  |  | 真实报告 | 虚假报告 |
| 审计师 1 | 真实报告 | 0, 0 | $R, B-K-l$ |
|  | 虚假报告 | $B-K-l, R$ | $B-l, B-l$ |

为确保（真实报告，真实报告）是该博弈的纳什均衡，需要 $K \geq B-l$。因为显然 $B \leq \eta_i/2$，而 $K$ 可以比 $\eta_i/2$ 大（$\bar{K} \geq \eta_i/2$ 并且 $K \leq \bar{K}$），所以这一条件可以满足。

为保证（虚假报告，虚假报告）不是该博弈的纳什均衡，需要 $R > B-l$。$B \leq \eta_i/2$，$R > \eta_i/2$ 可以实现这一保证。

因此，只要 $K \geq B-l$，$R > B-l$，委托人总可以得到审计师给出的真实报告。但在实际聘请审计师时，却很少同时聘请两家会计事务所对同一家企业进行审计，这是为什么呢？因为同时雇用两个审计师的成本太高。那么能否以一定的概率 $\gamma$ 雇用第二个审计师，通过这种方式让第一个审计师不敢与经营者合作舞弊，从而最终阻止审计合谋呢？这是本文下面将要分析的问题。直觉告诉我们，如果 $K$ 增大，那么 $\gamma$ 能相应地减少，这样就可以降低雇用审计师的成本。那么如何使 $K$ 大到足以使合谋不发生呢？我们可以通过对合谋的审计师追究其法律责任，使其受到牢狱之灾，这样他所遭受的损失要远远大于其有上限的经济损失，这样他就不敢与经营者合谋舞弊了①。这样一种审计制度安排，可以确保审计师出具的是可靠的审计报告，提高了企业会计举证信息的可采信度，也为企业争取市场经济地位和单独税率创造了优良条件。

## 8.5.2 贝叶斯均衡博弈分析

现在让我们回到两个潜在的审计师这个问题上来，注意到委托人对先派出谁无所谓，因此笔者定义派出每个审计师的概率是 1/2。假定委托人不告诉审计师他是第一个还是第二个被派出的。设 $\xi$ 为告诉第二个被派出的审计师他的位置的概率。在此，假定 $\xi = 0$。

现在我们有必要重新回顾一下博弈过程。

假定经营者是高生产率还是低生产率由外部给定，且他通过虚假披露、欺诈相关利益者获得的信息租金为正（$\eta_i > 0$）。经营者的类型是他的私有信息，委托人无法得知经营者生产率是高还是低，他需要依赖审计师来查清经营者报告的真实与否（如果自然决定经营者的 $\eta_i = 0$，博弈顺序也是一样的，只是不会有行贿发生）。

①委托人以一个随机的概率派出第一个审计师，如果 $\eta_i > 0$，该审计师能通过审计，查出经理隐藏的租金。

②经营者向第一个审计师提供贿赂 $B_1$。

③（a）如果审计师接受贿赂，他收到经营者提供的贿赂 $B_1$ 并且向委托人报告 $\eta_i = 0$。（b）如果审计师拒绝接受贿赂，他向委托人报告经营者隐藏的租金 $\eta_i$ 为正。经营者的租金将被委托人没收。

④委托人以概率 $\gamma$ 派出第二个审计师，这是共同知识。

⑤经营者向第二个审计师行使贿赂 $B_2$。

⑥（a）如果第二个审计师接受贿赂，他报告 $\eta_i = 0$。两个审计师保留各自

---

① 目前许多会计师事务所是有限责任合伙制的，这样它在审计失败后，面临的最大惩罚是其有限的公司注册资本，为了利用这一漏洞，国际四大事务所在中国注册的公司注册资本仅达 250 万元，这样他舞弊被查处时，赔偿的上限为其注册资本。

的受贿所得，经营者保住自己隐藏的租金 $\eta_i$。博弈结束。（b）如果第二个审计师拒绝贿赂，他报告存在租金 $\eta_i > 0$，从而得到委托人的奖励 $R$。第一个审计师保留他的受贿但被惩罚，遭受损失为 $K$。经营者给第一个审计师付出了贿赂但无法保住租金 $\eta_i$。委托人没收租金 $\eta_i$，并向第二个审计师支付奖励。博弈到此结束。

Fudenberg 和 Tirole 曾用贝叶斯均衡完美地展现了利益相关者的博弈互动过程，借鉴他们的方法，笔者对该博弈中各居中人行为展开分析。博弈中，每个居中人的策略选择一定是他们相对于其他居中人策略选择的自己可选择范围之内的最优反映，他们根据所获得的信息，在事先信念的基础上按照贝叶斯法则推导出更符合实情的事后信念。所以，经理一定会考虑到底应给予审计师多大金额以贿赂其从事舞弊（$B_1 \geqslant 0$ 和 $B_2 \geqslant 0$）而审计师一定会考虑是否接受此贿赂。博弈条件依赖于审计师的策略，这一策略可以用参数 $\gamma$，$R$，$K$，$\xi$ 来表示。而且要满足条件：$R \leqslant \eta_i$，$0 \leqslant \gamma \leqslant 1$，$K \leqslant \bar{K}$，$0 \leqslant \xi \leqslant 1$。

在审计师面临是否拒绝贿赂的抉择时，对他而言至关重要的是知道他是第一个还是第二个审计师。例如，假设他知道第一个审计师已经接受了贿赂。在这种情况下，他只需简单地比较经营者给他的贿赂和他通过揭发第一个审计师所可能得到的奖励何者更多。然而如果他知道自己是第一个审计师，他的行为将取决于他对第二个审计师是否接受贿赂的信念判断。

为简化分析，假定被作为第一个审计师派出的概率为 1/2。当第一个审计师报告 $\eta_i = 0$ 时，委托人派出第二个审计师的概率为 $\gamma$。设 $\beta$ 为第一个审计师与经营者合谋舞弊的可能性。那么委托人派出第二个审计师的概率为 $(1/2)\beta\gamma$，派出审计师的概率为 $(1/2)(1 + \beta\gamma)$。

假设审计师可以准确无误地发现企业会计记录中各项错弊，查出经营者实际的获益，即一旦审计师被派去审计，他就可以清楚地查出经营者的类型，即经营者的生产率的高低程度。

根据贝叶斯法则，审计师的事后信念为：被作为第一个审计师派出的概率是 $(1/2)/[(1 + \beta\gamma)/2] = 1/(1 + \beta\gamma)$，被作为第二个审计师派出的概率为 $\beta\gamma/(1 + \beta\gamma)$。

假设 $\beta = 0$（即审计师都不会接受贿赂），那么当审计师被派出时，他知道在自己审计之前没有审计师对该企业审计过，因为审计师一旦被派出，就会拒绝贿赂并揭发合谋意图，审计活动就此结束，也就不存在派他来继续审计了。

为了找出博弈的均衡，我们现在需要计算审计师拒绝或接受合谋时所导致的期望成本。审计师拒绝贿赂时的期望成本 ECr（Expected Cost, refuse）为

$$ECr = P(1)C_L + P(2)(C_L - R) = C_L - \frac{R\beta\gamma}{1 + \beta\gamma} \qquad (8-1)$$

其含义为：若为第一个审计师，则其审计成本为 $C_L$，而如为第二个，除 $C_L$ 外，还可能因揭露第一个审计师与经营者合谋得到奖励 $R$，进而降低其实际成本。

该审计师接受贿赂时的期望成本 ECa（Expected Cost，accept）为

$$ECa = P(1)\{C_L + l - (1-\gamma)B_1 + \gamma[-\beta B_1 + (1-\beta)(K-B_1)]\}$$
$$+ P(2)(C_L + l - B_2)$$
$$= C_L + l - \frac{B_1 + \beta\gamma B_2}{1+\beta\gamma} + \frac{K\gamma(1-\beta)}{1+\beta\gamma} \qquad (8-2)$$

其含义为，当该审计师为第一个被派出的审计师且接受了经营者提供的贿赂时：（1）如果第二个审计师拒绝经营者的贿赂（概率为 $1-\beta$），则第一个审计师将受到惩罚 $K$；（2）如果第二个审计师接受经营者提供的贿赂（概率为 $\beta$），则第一个审计师可以保住所收受的贿赂 $B_1$。在当该审计师为第二个且接受贿赂时，其实际审计成本可因为收取到贿赂而减少 $B_2$。$\gamma$ 为委托人派出第二个审计师的概率，在两种情况下第一个审计师都会损失 $l$，因为其从事舞弊活动而受到良心自责，遭受效用损失。当 $ECa > ECr$ 时，理性的审计师会选择拒绝贿赂，由式（8-1）、式（8-2）整理可得

$$R\beta\gamma > (B_1 + \beta\gamma B_2) - K\gamma(1-\beta) - l(1+\beta)\gamma \qquad (8-3)$$

现在，我们把注意力限定在只考虑 $\beta=0$ 或 1 的纯策略，以及纯策略下的两种均衡：当 $B_1 = B_2$ 时，经营者向两个审计师提供的贿赂相同，形成混同均衡（a pooling equilibrium）；当 $B_1 \neq B_2$ 时，则形成分离均衡（a separating equilibrium）。

1. 混同均衡分析（$B_1 = B_2$）

当两个审计师都认为对方不会接受贿赂，即两个审计师都认为 $\beta=0$ 时，第一种混同均衡会出现。由式（8-3）可知

$$B < K\gamma + l\gamma \qquad (8-4)$$

这表明，当贿赂额一定时，委托人派出第二个审计师的概率 $\gamma$ 越大，审计师的道德水平越高，阻止审计合谋所需的惩罚力度越小。另外，可以看出，当惩罚十分严厉，如追究合谋审计师的刑事责任，让其受牢狱之灾，这种情况下，威慑力度足以保证不需要派出第二个审计师。

当两个审计师都预期对方会接受贿赂时（$\beta=1$），则会出现另一种均衡，由式（8-3）有

$$B < \frac{\gamma(R+2l)}{1+\gamma} \qquad (8-5)$$

即对每一个审计师而言，他愿接受的经营者提供的贿赂额至少为 $B_{min} = \frac{\gamma(R+2l)}{1+\gamma}$。

为了更好地理解这一公式背后的含义，我们来考虑 $\gamma=1$ 的情况（当第一个

审计师向委托人报告经营者不存在舞弊时，为杜绝舞弊，委托人总是会派出第二个审计师，检查审计师是否说谎）。这种情况下，要审计师协助经营者舞弊，所需的最小贿赂为 $B = (R + 2l)/2$。

从上面的推导分析，可以看出最低贿赂额是容易被满足的，并且对于审计师而言，$\beta = 1$ 时是一种更好的状态，因为 $w^a < w^a + B$。那么委托人能找到一种可行的策略来阻止合谋混同均衡的发生吗？

我们可以从下面的命题得出结论。

**命题 8.1**　当委托人没有告诉审计师其顺序 $\xi = 0$ 时，合谋混同均衡会出现。

**证明**　假定合谋混同均衡能被阻止，且 $B_1 = B_2 = B$。经营者的激励约束为 $B + B\gamma \le \eta_i$，即有 $B \le \dfrac{\eta_i}{1 + \gamma}$，其愿支付的最大贿赂为 $B_{\max} = \dfrac{\eta_i}{1 + \gamma}$。而对每一个审计师而言，他愿接受的最低贿赂为 $B_{\min}$。当 $B_{\max} < B_{\min}$ 时可以阻止合谋混同均衡发生。此时

$$\frac{\gamma(R + 2l)}{1 + \gamma} > \frac{\eta_i}{1 + \gamma}$$

即有 $\eta_i/(R + 2l) < \gamma \le 1$，这与前面假定 $R + 2l \le \eta_i$，即 $\eta_i/(R + 2l) \ge 1$ 矛盾。故 $\xi = 0$ 时合谋混同均衡会出现。

2. 分离均衡分析（$B_1 \ne B_2$）

**命题 8.2**　委托人告知审计师先后顺序（$\xi = 1$）时，合谋分离均衡会形成。

**证明**　如果经营者提供的贿赂 $B_2$ 大于对审计师的奖励金额 $R$，并足以补偿他的风险成本和良心自责所带来的效用损失时，则理性的第二个审计师会选择与经营者进行审计合谋；此时，如果 $B_1 \ge l$，$B_2 \ge R + l$，则在博弈中第一个审计师的最优策略也将是与经营者从事审计合谋。经营者的激励约束条件是，如果 $B_1 + \gamma B_2 \le \eta_i$ 时，他才会去贿赂第一个被派出的审计师，如果 $B_2 \le \eta_i - B_1$，才会去贿赂第二个被派出的审计师，而且是否贿赂第二个审计师决定着审计合谋成功与否。为了阻止合谋，需要 $R > \eta_i$，而根据已知条件，委托人不会支付如此高的奖励，所以此时合谋分离均衡会形成。

从上面的推导可以看出，由于在 $\xi = 1$ 和 $\xi = 0$ 这两种情况下最终的博弈结果是一种合谋均衡，审计师根本不用担心会被查处，这种情况下，无论委托人和相关机构给出多高的惩罚，都不会对审计师构成心理威慑和压力，因而无法阻止审计合谋，即无论 $\xi = 0$ 还是 $\xi = 1$，审计合谋都会发生。如果我们造成一种信息不对称的形势，以某一概率 $\xi \in (0, 1)$ 告知审计师他们被派出的顺序，让审计师们能更准确明了地接受贿赂和查处舞弊得到奖励的数额多少，使审计师预期通过查处舞弊，揭发前任审计师与经营者的审计合谋，可以获取更大的收益，从而诱使审计师揭露前任审计师的合谋行为。这样，我们得到了防范审计合谋的详细可

行的审计制度安排方式，具体内容将在下面的解决方法中予以阐述。

## 8.5.3 解决方法

**命题 8.3** 通过选择告知第二个审计师其在派出审计师中的先后顺序的概率 $\xi \in (0, 1)$，委托人能阻止合谋均衡的发生：

(1) 当 $R > \dfrac{\eta_i}{1 + (1 - \xi)\gamma} - l$ 时能阻止合谋分离均衡；

(2) 当 $R > \max\left\{\dfrac{\eta_i}{1 + \gamma}, \dfrac{\eta_i - (\eta_i + K)\xi\gamma - l[1 + \gamma(1 - \xi)]}{\gamma(1 - \xi)}\right\}$,

$P > \max\left\{\dfrac{B - l}{\gamma}, \dfrac{(B - l)[1 + \gamma(1 - \xi)]}{\gamma\xi} - \dfrac{R(1 - \xi)}{\xi}\right\}$ 时可以阻止合谋混同均衡。

**证明 1** 合谋分离均衡下，审计师理性约束条件为 $B_1 \geq l$，$B_2 \geq R + l$；经营者的激励约束为：

(1) 经营者没有足够的激励动机来告知第一个审计师其在派出审计师中的顺序为第二个，这要求 $B_1 + \gamma B_2 \leq B_2 + \gamma B_2$，式子右边为经营者告知第一个审计师其派出顺序是第二个时期望经营者提供的贿赂总额，因为此时向第一个审计师支付的贿赂也将为 $B_2$；由此有 $B_2 \geq B_1$。

(2) 经营者没有足够的激励动机来告诉第二个审计师其在派出审计师中的顺序为第一个，这要求 $B_1 + B_2 \leq B_1 + (1 - \xi)B_1 + \xi\eta_i$，式子左边为委托人选派第一个与第二个审计师时经营者的贿赂支出总额；右边为如果经营者告知第二个审计师其位置是第一个时的经营者付出的贿赂期望支出，其中，$\xi\eta_i$ 表示委托人告知第二个审计师顺序时（概率为 $\xi$），第二个审计师因贿赂额小于 $R + l$ 不与经营者合谋，而经营者因此失去信息租金（$\eta_i$）。

此时有 $B_2 \leq (1 - \varepsilon)B_1 + \xi\eta_i$，因 $B_2 \geq R + l$，得 $B_1 \geq \dfrac{R + l - \xi\eta_i}{1 - \xi}$。又 $\gamma B_2 \geq \gamma(R + l)$，$\eta_i \geq B_1 + \gamma B_2$。

最终有 $R \leq \dfrac{\eta_i}{1 + (1 - \varepsilon)\gamma} - l$，故当 $R > \dfrac{\eta_i}{1 + (1 - \varepsilon)\gamma} - l$ 时合谋分离均衡能被阻止。

**证明 2** 在混同均衡下，$B_1 = B_2$。

(1) 当 $B_1 = B_2 = R$ 时，经营者的激励约束为 $B_1 + \gamma B_2 \leq \eta_i$，即有 $R \leq \dfrac{\eta_i}{1 + \gamma}$，故当 $R > \dfrac{\eta_i}{1 + \gamma}$ 时可以阻止合谋混同均衡发生；

（2）当 $B_1 = B_2 = B < R$ 时，$R > \dfrac{\eta_i - (\eta_i + K)\xi\gamma - l[1 + \gamma(1 - \xi)]}{\gamma(1 - \xi)}$，$K > \max$

$\left\{\dfrac{B - l}{\gamma}, \dfrac{(B - l)[1 + \gamma(1 - \xi)]}{\gamma\xi} - \dfrac{R(1 - \xi)}{\xi}\right\}$ 可以阻止合谋混同均衡发生，证明过程见附录 F。

故当 $R > \max\left\{\dfrac{\eta_i}{1 + \gamma}, \dfrac{\eta_i - (\eta_i + K)\xi\gamma - l[1 + \gamma(1 - \xi)]}{\gamma(1 - \xi)}\right\}$，$K > \max\left\{\dfrac{B - l}{\gamma}, \right.$

$\left.\dfrac{(B - l)[1 + \gamma(1 - \xi)]}{\gamma\xi} - \dfrac{R(1 - \xi)}{\xi}\right\}$ 时可以阻止合谋混同均衡。

显然，通过引入 $\xi \in (0, 1)$，即使在 $R \leqslant \eta_i - 2l$ 的约束下，只要 $K$ 足够大[①]，我们就可以阻止合谋。

### 8.5.4　政策启示

从前面的推导可以看出，引入"第二个审计师"的双重审计制度可以有效阻止合谋，提高应诉反倾销的会计举证能力，而且一旦审计师认为"第二个审计师"一定会被派出，那么他将保持不与经营者合谋的"惯性"，从而将"派出第二个审计师"审计无形中回归到一个审计师审计的路线上来，既降低对审计师的社会监督成本，又降低委托人的审计成本。

在分析中，笔者得出国有企业监管者在扮演委托人这一角色时，其利益驱动机理虽与企业真实所有者不同，但效果一致。在收益与罚没收入挂钩、政绩考核与合谋查处挂钩的激励下，他能行使同企业所有者一致的委托监管职能。在我国相当多的企业为国有控股或持股的现实国情下，要想保证注册会计师审计的有效性，得到境外反倾销当局的认可，必须实现"引入第二个审计师"的双重审计制度，阻止审计合谋，保证会计信息的真实、可靠，提供为调查当局所采信的举证信息，提高应诉抗辩的支持力度，奠定胜诉基础。所以，应该继续完善和实施当前国有企业的财务审计统一招标制度，这能较好地解决审计的委托代理问题，同时作为审计的招标方，应实行抽查复审制度，让经营者和审计师清楚，即使对于已审计的没有问题的企业，招标方仍有可能聘请另一家事务所再次审计，这样可以有效阻止审计合谋。

所以，好的审计制度安排能确保会计信息的真实性，良好的防范合谋的审计监管可以让企业出具的会计举证信息更易为反倾销调查当局所接受，从而审计监管对企业成功应诉反倾销起到良好的支撑作用。

---

① 　$P$ 要达到足够大，需要强化刚性法律法规的"硬约束"，即对合谋者实施严厉的法律制裁。

# 8.6 本章小结

通过对会计支持下应对反倾销协调机制的评价分析，得出应从产品成本管理、会计准则完善、内部控制建设和审计制度安排这四个方面加强应对反倾销协调机制的保障体系，见图8-3。

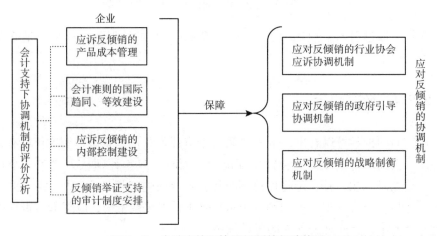

**图8-3 会计支持下协调机制的保障体系**

此四方面保障措施同评价体系一起共同构成了协调机制的保障体系。由于我们在前面分析中，虽然用应对反倾销的行业协会应诉协调机制、政府引导协调机制和战略制衡机制构造出应对反倾销协调机制的基本框架，并指出各子机制主要的任务要求，但对于如何实现这些任务要求，尚未探讨。因此，本章基于会计层面展开分析，从产品成本管理、会计准则建设、内部控制规范和审计制度安排这四个方面阐述了实现目标的具体的方法，给出了应对反倾销的整体性会计制度安排。

值得注意的是，产品成本核算管理、会计准则国际趋同、应对反倾销导向的内部控制和审计制度安排，各项相关的准则、制度、规范均由财政部制定、发布和推广实施，在我国会计的发展、进化是由政府主导和推动的，财政部发挥着统筹全局，层级推进的主导作用。所以，在会计层面的保障体系建设上，既要注意调动企业参与规则制定的积极性，又要发挥政府在宏观战略方向上的把握能力，做到微观企业层面的认真落实、执行与宏观政府层面的统筹规划、调配，相辅相成、相互支持，有机配合、协同行动，高效实现政企互动。为保障协调机制的有效运行，反映企业的真实成本，提高成本报告的可信度，营造良好的应诉环境，为夺取应诉胜利奠定坚实基础。

| 第 9 章 |

# 研究结论与展望

## 9.1 研究结论

### 9.1.1 主要结论

本书在对国内外相关文献归纳分析的基础上，首先阐述了本书的理论基础：战略贸易理论、机制设计理论、信号博弈理论和反倾销会计理论。接着，通过分析企业应对反倾销的影响因素和问卷调查，揭示企业、行业协会和政府合作应对反倾销的现状，得出我国亟须建立应对反倾销协调机制。接着对反倾销税率政策优化展开分析。据此，笔者明确机制目标、构建原则和机制内涵，从行业协会应诉协调、政府引导协调和战略制衡协调这三个层面设计出应对反倾销的协调机制，紧接着运用协调层次、协调策略和应对流程三维度分析框架描述机制的运行机理。然后构建应对反倾销的会计信息响应机制，剖析反倾销游说竞争活动，并通过 logit 回归分析和案例分析对会计协调机制做实证检验，最后，设计出协调机制的保障体系。主要结论为以下几点：

（1）综合运用战略贸易理论、机制设计理论、信号博弈理论和反倾销会计理论对应对反倾销会计协调机制的研究展开理论分析，这一理论整合为会计协调机制的设计、实施、评价和保障提供了理论依据。

（2）通过对企业、行业协会和政府协同应对反倾销的制度与主体影响因素分析，明确应对反倾销的环境约束，并通过实地调研和问卷调查，揭示企业、行业协会和政府协同应对反倾销的现状，得出现实中企业、行业协会和政府应对反倾销的合作模式，其基本表征是行业协会协调联动、基本动力是三体利益共赢、基本保证是三体激励约束，同时指出该合作应对模式的不足，以及解决的办法——建立应对反倾销的会计协调机制，从而说明了会计协调机制构建的必要性。

（3）分析在不了解涉案企业的真实成本信息的环境下，裁决当局如何制定最优反倾销税率。研究得出，差异化的税率政策并非适用于所有情况，有效的税率政策取决于涉案企业自身对成本伪装收益的判断，当进行成本伪装的收益能覆盖成本时，企业倾向于虚报成本，以获得有利的反倾销裁定，此时差异化税率政策难以达成目标，当企业判断不值得进行成本伪装，真实报告自身成本信息时，差异化税率政策才能实现预期效果。

（4）在明确机制目标、构建原则和机制内涵的基础上，笔者从微观层面的行业协会应诉协调、中观层面的政府引导协调和宏观层面的战略制衡协调出发构建出应对反倾销的会计协调机制，并运用协调层次、协调策略和应对流程三维度分析框架描述了机制的运行机理，为整合各主体会计资源，保证各主体协调配合应对反倾销，提供了科学、有效的运作模式。

（5）通过分析应诉反倾销时，企业充当组织者、追随者和"搭便车"者的利益抉择过程，得出为了获得最优应诉效果，需要建立由行业协会充当组织者的协调应诉机制，并推导出最优的协调应诉模式：行业协会按出口业务规模向企业收取应诉费用，同时向政府设立的反倾销应对专项计划申请专项资金资助，聘请律师，组织企业应诉，协调企业应诉活动，实现应诉效力最大化。

（6）在构建政府引导协调机制 GL（Government，Guild，Enterprise）中，通过分析出口国企业、进口国企业、出口国政府和进口国政府四方反倾销信号博弈，得出进口国企业有动机通过虚报自己和外国企业的成本来获得有利的反倾销保护。因此，进口国政府为了确定能实现本国福利最大化的反倾销税率，希望获得真实的成本报告，为达此目的，进口国政府会对进口国企业和出口国企业的真实成本情况加以审计。有鉴于此，笔者提出我国政府应强化审计监管，督促、辅助我国企业提供真实的成本报告，以增强我国企业提交的成本报告的可信度，进而获得有利的反倾销应诉结果。考虑到对方政府征收反倾销税时，倾向于对低成本的外国企业征高反倾销税，对高成本的外国企业征低反倾销税，因而在提交成本报告时，应将生产经营实际耗费的土地成本、环境成本、政府补助等予以真实反映，说明自己是高成本企业，以获取最优反倾销税。同时，将政府应该注意的方面明确纳入政府考核指标体系，促使政府执行这些有效的应对措施。

因此，笔者强调政府在协调应对反倾销工作中应注意引导企业，将生产经营的实际耗费真实反映，提高自身成本报告的可信度，为我国企业营造公平的应诉环境。同时通过制定政策法规，明确政府、行业协会和企业在反倾销应对中的职责，注重从企业会计基础工作完善，会计准则建设，审计制度安排和产业升级上来提升整体应诉反倾销的能力，从而夺取反倾销应诉的胜利。

（7）在 Brander 和 Krugman（1983）提出的相互倾销模型之上，笔者建立了战略制衡机制 SC（WTO，Market，Accounting），揭示了制定反倾销法，加入

WTO，运用贸易争端解决机制，实施国际趋同的会计准则，进行跨国投资规避等可以提高我国应对反倾销的报复威慑能力，进而抑制对方对我国发起的反倾销。但从实际的反倾销案例看出，我国的战略制衡效力未能有效发挥。笔者对其深入分析后得出：我国企业尚处于全球产业链的低端，产品附加值低，在出口市场面临激烈竞争，易遭受反倾销，这是效力未得到发挥的根本原因；同时，我国依赖于发达国家的先进技术，不敢轻易对其发动反倾销报复，致使报复威慑力失效；另外，我国对 WTO 争端解决机制尚不能熟练运用，跨国投资规避刚刚起步，新会计准则的国际趋同效力发挥尚须时日，这些都制约了战略制衡能力的发挥。所以，虽然我国早已制定了反倾销法，加入了 WTO，并且新会计准则已得到欧盟的认同，视为已与国际会计准则趋同，可战略制衡效力依然有限。因此，我们应大力发展高新产业，努力提高产品的技术含量，实现产业转型升级。提高运用WTO 争端解决机制的能力，学习先进国家跨国投资并购经验，积极推进会计准则国际趋同。

（8）运用时间轴—应对流程、空间轴—协调层次、方法轴—协调策略三维度分析框架对会计协调机制的运行机理展开分析，首先剖析企业应对反倾销的流程，概括为三种主要的应对活动：预警、应诉和规避，然后从空间与方法二维视角出发，将会计协调机制展开成协调层次和协调策略，其中，协调层次包括：行业协会应诉协调、政府引导协调和战略制衡协调，协调策略包括：基于工作的协调、基于技术的协调、群体关系协调和流程设计协调，并对协调层次和协调策略予以详细论述，最后结合应诉活动的应对流程，阐述反倾销应对中三个协调层次的协同配合，各种协调策略的有效运用，得出协调机制准确、详尽、科学、合理的运行模式。

（9）通过设计反倾销信息需求分析系统、信息生成机制、信息传导机制和信息反馈系统，组合构建起应对反倾销的会计信息响应机制。并从保障措施、监控手段和运行流程三个维度构建会计信息响应机制的保障体系。

（10）针对中国独特的政商环境，分析反倾销游说竞争活动，得出当不清楚裁决当局的决策偏好时，涉案企业对于游说投入持谨慎态度，而我国主要的游说方式是企业通过人大代表、政协委员来参政、议政，表达企业诉求，影响政策、法规的制定。同时，"搭便车"行为的存在会削弱企业开展游说的积极性，而信息传导也是一项重要的影响决策的因素，因此，企业对于有选择性发出对自己有利的信息也十分重视。

（11）运用欧盟 1979～2009 年对华机械冶金产品的反倾销案例数据作 logit回归分析，得出了应对反倾销的会计协调机制确实能有效降低不利裁决率，提高我们应诉的成功率。为弥补回归分析的不足，笔者进一步运用案例归纳分析和个案论证分析验证了会计协调机制的有效性。

（12）通过模糊综合评判法构建起会计协调机制的评价体系，对我国的反倾销应对现状进行评判，揭示我国还需大力建设反倾销应对体系，尤其是在应对的会计支持方面，需要提供切实有效的执行方法。据此，笔者从产品成本模块化管理、会计标准体系建设、企业内部控制优化和外部审计制度安排这四个方面加强保障效力，进而与评价体系一起从五个方面构建起会计协调机制的保障体系，从最核心的企业层面为会计协调机制的实施提供最优执行方法。

## 9.1.2　政策建议

应对反倾销是一项庞大的、艰巨而又复杂的系统工程。笔者通过加强企业会计基础工作，推进会计准则的国际趋同与等效，完善企业内部控制和审计制度安排，整合分散在企业、行业协会和政府三个主体间的会计资源，构建应对反倾销的协调机制，有力地促进了各主体协调配合、共同应对反倾销，具有重要的理论价值和现实指导意义。但是，随着经济全球化趋势的加快和各国经济发展情况不一致所造成贸易不平衡的加剧，贸易摩擦已成为常态，甚至演变为不断升级的贸易保护。因而如何做好新形势下反倾销应对工作，成为无法回避的紧迫问题，企业、行业协会和政府各部门在忠于职守，各司其职，各负其责，协调联动的基础上，还需进一步创新会计基础工作，创新体制机制，加快转变经济发展方式和技术创新，推动产业结构优化升级，认真执行以下应对策略。

1. 政府的具体应对策略

①建立国家反倾销会计预警机制。通过对重点行业、重点产品、重点国家和地区市场变化的监测、整理和分析，建立预警模型，发布预警信息。及时为企业提供准确的国际市场动态，包括各国市场的出口状况、各国具体贸易法规、政策等情况。使我国企业能提早发现和预防外国的反倾销调查，从而有效保护我国的经济安全。

②优化企业应诉环境。通过应对反倾销专项计划，资助行业协会的反倾销应诉。推进会计准则的国际趋同，强化审计监管，督促企业真实反映其实际生产经营成本，提高会计成本信息的可信度；提高 WTO 争端解决机制的运用能力，稳步推进汇率形成机制改革，倡导产业链升级，引导企业跨国投资规避，逐步取消对外商投资出口型企业的各项优惠，促使各类型企业在同一起跑线上竞争；深化市场改革，争取市场经济地位，做好国际贸易协商，为我国企业争取公平贸易地位。

③建立健全反倾销应诉机制，全力以赴做好反倾销应诉工作。要尽快建立应对国外对华反倾销的协调网络。通过协调网络建设支持国内反倾销应诉的协调机构和行业商会，及时组织相关企业积极应诉。同时充分发挥我国驻外商务机构的

作用，对进口国的反倾销法律、法规展开全面调研，随时跟踪我国出口商品被进口国反倾销机构立案调查的情况，并及时将有关信息传递回国。要强化应诉立法，加大奖惩力度。要把反倾销应诉和出口管理手段结合起来，坚决落实"谁应诉、谁受益"的原则。对积极应诉和胜诉的企业通过采用出口许可证、海关审价以及其他手段给予补贴和奖励；对不应诉或在应诉中表现消极的企业给予处罚，直至取消其生产经营许可证、外贸经营权，以形成有效的激励机制和约束机制。要加紧培养一批从事反倾销应诉的专门人才。目前，我国在反倾销应诉时，均聘请外国律师办案，不仅律师费十分高昂，而且由于语言和文化上的差异，在应诉和抗诉过程中无法充分反映我方意图，更谈不上维护我国的正当权益。因此，迫切需要从战略高度，培训我们自己的反倾销人才队伍；对业务骨干进行集中强化培训，造就一支高素质的反倾销应诉专家队伍；为构筑科学、高效的反倾销应诉机制提供人力资源支持。

2. 行业协会的应对策略

①配合政府有关部门建立应对反倾销会计预警机制，协助政府做好企业的组织协调工作。进一步加强与国外相关行业组织、机构的联系，提高行业信息服务水平，促进贸易交流；关注进口国的市场动态及其生产企业对我国出口产品的反应；提供进口国对相关产品的非关税措施、市场发展动向、国外同行业竞争对手的生产能力、市场销量和价格水平等信息服务。通过建立起来的反倾销预警机制，一方面对企业的出口规模和速度进行指导；另一方面帮助企业提前做好应对反倾销调查的准备。

②承担应诉反倾销的组织工作，及时、有效地组织企业应诉。通过收取会费的形式筹集资金，并向应对反倾销专项计划申请经费支持。对本行业出口产品价格进行协调和控制，避免一窝蜂地低价出口；做好应诉时律师聘请的协调，处理好企业间的信息沟通工作；积极对反倾销发起国公关，让对方国家的分销商、消费者这些因反倾销而利益受损的团体为自己说话，联合各利益团体共同争取反倾销应对的胜利。

③利用 WTO 争端解决机制维护会员企业权益。按照世界贸易组织争端解决机制的规定，如果我国出口商对外国政府所作反倾销裁决有异议，在磋商不成的情况下，可以提交争端解决机构解决。从世界贸易组织争端解决机构受理的案件来看，涉案方要对世界贸易组织的法律条款和反倾销协议非常熟悉，才能指出对方的不合法之处，为自己进行有效辩护，并向专家组提出合理的裁定和建议，以保证最终胜诉。但目前我国对世界贸易组织的有关法律制度方面的研究还处于起步阶段，缺少这方面的专家。行业协会作为企业的代表，集中了本行业的专家，人员整体素质较高，可以发挥其人力资本的优势，专门研究世界贸易组织的各项相关规定，总结和借鉴各国在解决争端过程中的经验和教训，以便在遇到争端时

可以积极督促并帮助企业和政府利用争端解决机制来维护企业和国家的利益。

3. 企业具体的应对策略

①企业需要建立自身的反倾销会计预警信息库，对出口商品价格和出口速度、进口国和其他国家同类产品的价格和成本等信息进行监控。做好"替代国"信息的收集、准备。重点分析产品出口数量剧增程度和市场占有率变化。如进口国是否被迫降价销售，进口国企业产品产量、利润、员工就业人数是否减少，且有具体证据显示该现象将持续恶化，该产业在近几年是否会提出倾销上诉等。根据所获得的市场资料，若预警有反倾销的征兆，可事前采取防范措施。如暂时压产、分散市场或调整价格，避免因"损害嫌疑"而被申诉。

②建立应对反倾销导向的会计核算系统，反映实际的生产经营成本，必要时可对成本作管理性调整，获取有利的反倾销裁决。强化内部控制，提高提供成本信息的可信度。在核算科目中，设置应诉反倾销的明细科目，以便在需要进行会计举证时，能迅速提供可信的举证资料。

③强化法律意识，提高企业应诉的主动性。企业作为市场经营运行的主体，要参与国际市场竞争，必须更多地学习和掌握国际贸易的法律，强化自我保护、自我发展意识。面对国外对华反倾销指控和调查时，所有的相关企业都应积极参与并善于运用法律武器来维护自身合法权益，力求在国际贸易的激烈竞争中发展壮大。

④增强国际营销观念，实施出口多元化战略。在国际竞争日益激烈的形势下，出口企业要及时转换竞争战略及策略，变"以廉取胜"为"以质取胜"，学会运用商标、包装、公关、广告等多种非价格竞争手段，在出口商品的技术含量上下功夫。同时，注重全方位地开拓国际市场，在巩固现有欧美市场的同时，积极开拓新兴的海外市场，尤其要加强对东欧、拉美、非洲等市场的开拓，以降低市场过于集中所带来的风险，避免反倾销调查。同时，中国企业还要果断跨出国门，采取境外设厂、国外组装、与第三国合作等多种方式，实现反倾销规避。

当前泛滥的对华反倾销反映了一个深层次的问题。我国传统的靠粗放投入、拼廉价劳动力、牺牲资源和环境、高度依赖外贸出口的增长模式已经无法再继续支撑经济的高速增长。需要把经济增长转移到依赖扩大内需这一永久"发动机"上来。要扩大内需就需要藏富于民，首先保障公民的医疗、教育、养老等基本需求；其次改革收入分配制度，不断提高居民的消费能力，逐步扭转收入差距扩大的趋势；最后扩大就业，努力为每一个有劳动能力的人创造就业机会，使每个人都各尽所能、各得其所，让所有劳动者的活力和创造力都得到充分发挥。这既是我国经济社会发展的需要，也是每个人全面发展的需要。

转变经济发展方式既是我国经济发展，结构调整的重大战略目标，也是在激烈的国际竞争中避免反倾销的必然选择。首先要突破技术创新"瓶颈"，延伸产业链，推动产业升级。虽然"中国制造"在一段时期还具有竞争优势，但"中国制造"的战略重点应是战略新兴产业、装备制造业、新能源产业和航天航空业。其次在现阶段要努力推动企业从制造领域进入研发、设计、采购、销售等领域，从低利润的制造环节，上升到高利润的设计、流通环节，整合产业链，掌握定价权。从"十二五"开始，中国将进入新型工业化时代，真正使廉价劳力、低产值、高能耗的"中国造"时代成为过去。最后通过政府公关，树立正面的中国制造形象。我国已制作发行中国国家形象宣传片，正面反映中国经济发展取得的巨大成就，以改变其他国家对中国的"妖魔化"形象，为我国产品进入全球市场减少阻力。

## 9.2　研究局限与未来拓展方向

由于作者的水平以及相关统计资料的可获得性，本书研究仍存在可进一步完善之处，主要表现在：

（1）在协调机制的实证分析中，由于取虚拟变量无法反映会计准则趋同、反倾销法规完善和 WTO 争端解决机制运用能力提高对反倾销应对的影响，因此笔者未加入"会计准则建设情况""反倾销法规建设情况"和"WTO 争端解决机制运用能力情况"三个变量做回归计量分析。而且回归分析所用的数据仅限于欧盟对华机械冶金行业的反倾销，实证结果的说服力不足。未来的研究可以考虑通过利用替代变量，寻找新的数据源，克服数据收集和处理上的困难，完成更具说服力的实证研究。

（2）我国已连续十五年是最大的被反倾销国，但我国的对外反倾销还在起步阶段，随着我国对自身产业保护意识的增强，对外反倾销将成为热点，未来可就建立反倾销机制进行深入研究。

（3）除反倾销措施之外，其他的贸易救济措施，如反补贴，反规避，贸易保障，技术贸易壁垒等也被其他国家广泛使用，严重阻碍我国产品出口。所以，未来的研究可以扩展到应对贸易救济措施的机制构建。

# 附　　录

## 附录 A

### 企业、行业协会和政府合作应对
### 反倾销作用要素的问卷调查

尊敬的先生/女士、专家/领导：

您好！非常感谢您在百忙中填写这份问卷！

我们正在做一项关于企业、行业协会和政府合作应对反倾销作用要素的研究。您对本问卷给予的咨询和指导，都是对我们完成本研究的最大支持！我们将为您以及您对本问卷的看法保守秘密，辛苦您了！

祝工作顺利，万事顺意！

2008 年 9 月

[说明] 对以下有关问题，请将您的看法在相关方格处打"√"，可单选、多选。

一、基本信息

1. 您所在的单位是

□制造生产企业　□出口贸易企业　□会计师事务所/律师事务所
□行业协会/商会　□政府机关　□高校　□其他

2. 您从事的工作是

□财务会计工作　□贸易工作　□法律工作
□行政事务性工作　□其他

二、测量问题

请根据实际情况在对应位置打"√"（1 = "非常不同意"，2 = "不同意"，3 = "中性"，4 = "同意"，5 = "非常同意"）

1. 合作应对反倾销中行业协会的协调作用测度

| | 题项 | 1 | 2 | 3 | 4 | 5 |
|---|---|---|---|---|---|---|
| 1 | 我国企业、行业协会和政府合作应对反倾销的成效，取决于行业协会和出口商会等中介组织的协调力度 | | | | | |
| 2 | 行业协会和出口商会等中介组织应该拥有行业最重要的话语权，是行业信息的权威发布者与价格协调者，可以成为企业的代言人，应当建立行业出口企业国家交易行为监控与反倾销预警体系 | | | | | |
| 3 | 应对反倾销胜诉的关键，您认为最重要的是否为行业协会等中介组织的会计协调效率，如指导企业会计应诉抗辩①，影响政府部门的会计准则、制度的制定，实现政企互动等活动 | | | | | |

## 2. 应对反倾销的互惠共赢方案测度

| | 题项 | 1 | 2 | 3 | 4 | 5 |
|---|---|---|---|---|---|---|
| 1 | 应对反倾销中企业、行业协会和政府要实现有效合作，必须依靠互惠共赢，让三类主体在应对活动中获得正的经济或期望效应 | | | | | |
| 2 | 互惠共赢的资金筹集方式可以通过由政府财政划拨设资金设立应对反倾销专项基金，再由行业协会按企业出口量收取应诉经费，筹集后续经费，从而实现风险分担，利益共享 | | | | | |
| 3 | 企业、行业协会和政府间的磋商机制（如应对反倾销专项计划、部门联席会议等）可以有效地平衡冲突、实现互惠共赢 | | | | | |

注：应对反倾销专项计划是针对单个行业现实的反倾销事件设立的，依托它实现企业、行业协会和政府的协调行动，共同应对；部门联席会议是指在涉及反倾销的政府相关职能部门间召开的联席会议，企业和行业协会均可派代表参加该会议，通过这种会议协商的方式，实现政企互动、互惠共赢。

## 3. 应对反倾销激励约束考核体系的作用测度

| | 题项 | 1 | 2 | 3 | 4 | 5 |
|---|---|---|---|---|---|---|
| 1 | 建立基于反倾销应对的企业利益共享和补偿机制有利于激励企业积极地应对反倾销 | | | | | |
| 2 | 建立基于反倾销应对的行业协会资质等级指标设置有利于调动行业协会的积极性，协调应对反倾销 | | | | | |
| 3 | 建立基于反倾销应对的政府绩效考核指标体系能约束政府部门的行为，促使其认真地帮助、指导企业应对反倾销 | | | | | |

注：基于反倾销应对的企业利益共享和补偿机制是指政府根据企业反倾销应对工作的优劣程度，给予其奖励（研发补贴、出口配额等）或惩罚；

基于反倾销应对的行业协会资质等级指标是政府用来评价行业协会协调应对工作，并据以评定协会资质等级的指标体系。

---

① 会计应诉抗辩是指企业生成和运用可信的会计成本信息，进行反倾销应诉的举证和抗辩。

### 4. 应对反倾销的会计支持效力测度

| 题项 | | 1 | 2 | 3 | 4 | 5 |
|---|---|---|---|---|---|---|
| 1 | 在相关法律框架下，企业应对（包括规避）反倾销的成败，从某种意义上讲，取决于应诉企业快速响应的态度和所提供会计信息（或会计数据）的支持效力 | | | | | |
| 2 | 反倾销会计的特殊会计信息质量要求，一般体现在相关性①、可靠性②、可比性③、可采性④、重要性⑤等方面 | | | | | |
| 3 | 会计管理制度体系设置和会计标准的国际化程度，以及成本会计信息的可采信是应对反倾销胜诉的关键 | | | | | |

注：①相关性，即要求会计证据与诉讼中的待证事实相关，研究的是证据中的相关性，具有能够证明待证事实的属性。

②可靠性，主要包括两个具体内容，即可验证性与恰当反映。

③可比性，由于反倾销法将倾销定义为出口价格低于正常价值之后，就要在两个价格之间进行比较，因此可比性就是要求会计信息要满足能用于正常价值与出口价值之间的比较认定。

④可采性，即会计信息证据必须为法律所容许，可用于证明案件的特征事实。

⑤重要性，即当会计信息证据在对争议中的案件事实判断是重要的，或者能够帮助确定被告是有罪还是无罪的情况下，该证据才是被接纳的。

# 附录 B

定理 3.1 的证明

通过对方程（3-7）在任意（$q_1$，$\tau$）点上分别对 $q_1$ 和 $\tau$ 求导，再将结果相除，得到等利润曲线的斜率为

$$s(q_1,\ \tau)=\frac{\mathrm{d}\tau}{\mathrm{d}q_1}=\frac{(2a-4q_1-2c)(1-\delta)}{(a-\tau-c)\delta}$$

对 $s(\cdot)$ 在任意（$q_1$，$\tau$）点上对 $c$ 求导，得

$$\frac{\mathrm{d}s(\cdot)}{\mathrm{d}c}=\frac{-2(1-\delta)(2q_1-\tau)}{\delta(a-\tau-c)^2} \tag{B-1}$$

所以当 $\tau>(<)(=)2q_1$ 时，$\bar{\pi}_h$ 的斜率大于（小于）（等于）$\bar{\pi}_l$ 的斜率，且由于垄断厂商的收益严格按 $\tau$ 单调递减，所以任意两条等利润曲线在由 $\tau=2q_1$ 划分的两个空间中只能相交一次。

推论 3.1 的证明：

设定序贯分离均衡结果是 $h$ 出口 $q_1^*\in S^c$，$q_1^*\neq\hat{q}_1$，$l$ 出口 $q_{1l}^o$，在此 $S^c$ 是 $S$ 的完备集。假设有一个非均衡的产量 $q_1'\in S^c$，且 $|q_1^*-q_h^o|>|q_1'-q_h^o|$。

让我们来构造可以让两种类型企业偏离均衡的政府对 $q_1'$ 的序列理性反应。根据 $S$ 的定义，没有反倾销税 $\tau\in[\tau_h^o,\ \tau_l^o]$ 能使 $l$ 从 $q_{1l}^o$ 偏离到 $q_1'$。如果 $q_h^o$ 能使进口国政府征收 $\tau_h^o$，$h$ 盈利函数的连续性和单调性保证出口量 $q_1'$ 将严格趋近于 $q_h^o$。因此

$$E_l^o(q_1')\cup E_l(q_1')\subseteq E_h(q_1')$$

并且由于这一情况符合 Cho 和 Kreps（1987）的 $D_1$ 标准，它要求信号接收者认为出口量 $q_1'$ 为 $h$ 类型企业的可能性为 1。显然这使 $h$ 偏离我们初始设定的均衡。

如图 3-2 所示 $q_h^o=\hat{q}_1$，所以对于所有 $q_1^*\neq\hat{q}_1$ 它们都会产生偏离，所以 $h$ 唯一的可能分离 $D_1$ 均衡结果是出口 $\hat{q}_1$。

推论 3.2 的证明：

首先注意到公式（4-8）对 $l$ 的激励相容限制意味着，可能的序列混同均衡出口量必须存在 $S$ 中。假设两种类型企业在第一个时期都有正的出口量 $q_1^*$，进口国政府序列理性反应是 $\tau^*\in(\tau_h^o,\ \tau_l^o)$，并且企业利润为 $\pi_i^*$。定理 3-1 证明了均衡中 $h$ 的等利润曲线在点（$q_1^*$，$\tau^*$）处的斜率严格小于 $l$ 等利润曲线相应的斜率。这意味着 $h$ 将比 $l$ 更偏好 $q_1'$，$q_1'$ 比 $q_1^*$ 小 $\varepsilon$。因此在 $D_1$ 均衡中，进口国政府的信念认为 $q_1'$ 是 $h$ 出口的可能性为 1，相应的反倾销税是 $\tau_h^o$。因为在混同序

列均衡中 $\exists \Delta > 0$ 有 $\tau^* - \tau_h^o > \Delta$，根据利润函数按 $\tau$ 连续和严格的单调性，$\exists \varepsilon$ 有 $|q_1' - q_1^*| < \varepsilon$ 和 $\pi_h^* < \pi_h(q_1', \tau_h^o)$。这会诱使 $h$ 打破假设的混同均衡并出口 $q_1'$。

推论 3.3 的证明：

毫无疑问，此时出口 $q_{1l}^o$ 将是 $l$ 的最优策略，我们所需要做的是按照 $D_1$ 标准构造均衡，并检查 $h$ 会不会偏离所描述的均衡。

我们已经说明在 $\delta < \delta^p$ 时，$h$ 在点 $\hat{q}_1$ 的等利润曲线的斜率比 $l$ 小。定理 3-1 和盈利函数在 $\tau$ 上的单调性确保在由 $\tau = 2q_1$ 划分的两个空间中的任意一个，两条等利润曲线最多只能相交一次。因此对于所有 $q > \hat{q}_1$，$h$ 穿过点 $(\hat{q}_1, \tau_h^o)$ 的等利润曲线比 $l$ 的低，而当 $q < \hat{q}_1$ 时则比 $l$ 的高。在 $D_1$ 均衡中，进口国政府认为产量高于 $\hat{q}_1$ 的产商为 $l$ 的可能性为 1，而对于 $q < \hat{q}_1$ 的认为可能性为 0。既然（在推论 3-1 中已经证明）$\hat{q}_1$ 是 $h$ 为获得 $\tau_h^o$ 的最优选择，其他的包括能得到 $\tau_l^o$ 的产量都是严格次于给定的均衡策略，$h$ 没有任何动力从 $\hat{q}_1$ 偏离。

推论 3.4 的证明：

这一要求等同于证明 $\hat{q}_1$ 不是 $h$ 的符合 $D_1$ 标准的策略。

让我们把 $h$ 出口 $\hat{q}_1$ 这一结果固定。通过假定 $\delta \geq \delta^p$，意味着 $\hat{q}_1 < \tau_h^o/2$，$h$ 通过点 $(\hat{q}_1, \tau_h^o)$ 的等利润曲线比 $l$ 的等利润曲线的斜率更大（根据定理 3-1）。这意味着对于 $q_1'$（比 $\hat{q}_1$ 大 $\varepsilon$），$l$ 序列理性偏好 $(\hat{q}_1, \tau_h^o)$，同时 $q_1'$ 属于 $h$ 严格偏好的均衡行为的最优反应集。如果给定均衡有 $D_1$ 结果，我们能相信政府将认为 $q_1'$ 是 $h$ 的可能性为 1。将 $\tau_h^o$ 固定，$h$ 的盈利在 $q_1'$ 处单调递增，低效率公司将偏移至 $q_1'$，这样就让 $D_1$ 纯策略分离均衡不存在。

定理 3.2 的证明：

我们先来证明沿着 $\tau = 2q_1$ 在点 $(q_1, \tau)$ 处 $h$ 的等利润曲线低于 $l$ 的。我们已经证实沿着 $\tau = 2q_1$ 的任何点都是等利润曲线 $\pi_i(q_1 = \tau/2, \tau) = \pi_i(q_1, \tau)$ 与 $\tau = 2q_1$ 的唯一交点，所以对于任意 $q_1' < q_1$ 和 $\tau'$ 有 $\pi_i(q_1 = \tau/2, \tau) = \pi_i(q_1', \tau')$，意味着 $\tau' > 2q_1'$。

假定在 $q_1' < q_1 = \tau/2$ 处，$\pi_l(q_1, \tau) = \pi_l(q_1', \tau')$ 和 $\pi_h(q_1, \tau) = \pi_h(q_1', \tau'')$，且 $\tau'' > \tau'$，于是 $h$ 的经过点 $(q_1, \tau)$ 的等利润曲线高于 $l$ 的。我们将说明这一假定与模型不符。根据利润函数在 $\tau$ 上的单调性我们有

$$\pi_l(q_1, \tau) = \pi_l(q_1', \tau') > \pi_l(q_1', \tau'') \qquad (B-2)$$

因为 $\tau'' > 2q_1'$，定理 3-1 表明 $h$ 的经过点 $(q_1', \tau'')$ 的等利润曲线斜率大于 $l$ 的相应的斜率。这可转化为

$$\pi_l(q_1, \tau) \geq \pi_l(q_1', \tau'') \Rightarrow \pi_h(q_1, \tau) > \pi_h(q_1', \tau'')$$

最后的陈述与我们构造的 $\pi_h(q_1, \tau) = \pi_h(q_1', \tau'')$ 相矛盾。当 $q_1' > q_1$ 时，也可以做相似的论证。所以沿着 $\tau = 2q_1$ 在点 $(q_1, \tau)$ 处 $h$ 的等利润曲线低于 $l$ 的。

根据在定理 3 - 1 中给定的企业得益函数双交叉的特性和前面所做的证明，混同均衡的条件唯有在 $\tau = 2q_1$ 上才能满足。

推论 3.5 的证明：

正如前面步骤所观察到的，在 $D_1$ 混同均衡中 $h$ 一定会有 1 的可能性出口混同产量 $q_1^*$。原因如下：如果 $\pi_l^*$ 是 $l$ 的均衡得益，一定有 $\pi_l^* \geq \pi_l^s$。在 $\tau$ 上的单调性意味着对于所有 $q_1$，$l$ 求得利润 $\pi_l^*$ 的等利润曲线在它的完全信息条件下的等利润曲线的下面。根据定理 3 - 2，进口国政府对 $q_1^*$ 的反应一定是 $\tau^* = 2q_1^*$，$h$ 的得到收益 $\pi_h^*$ 的均衡等利润曲线的各点一定在 $l$ 的均衡等利润曲线之下。因为由 $\pi_l^*$ 定义的等利润曲线在 $\tau = \tau_l^o (\forall q_1)$ 下面，$h$ 的均衡得益一定严格高于 $\tau_l^o$ 和任何 $q_1$ 组合所产生的收益。

上面描述的均衡等利润曲线意味着 $\forall q_1 \neq q_1^*$：

$$E_h^o(q_1) \cup E_h(q_1) \subseteq E_l(q_1)$$

因此在 $D_1$ 均衡中，进口国政府在 $q_1 \neq q_1^*$ 时一定认为是 $l$ 的可能性为 1，征收相应的反倾销税 $\tau_l^o$。这将使 $h$ 出口 $q_1^*$ 的可能性为 1。

假设对 $l$ 类型出口商的先验概率为 $\mu$，有 $\pi_l^s \geq \pi_l(q^e = \tau^e/2, \tau^e)$，这里 $\tau^e = \mu\tau_l^o + (1-\mu)\tau_h^o$ 是相应的最优税率。

我们认为在这种情况下，在任何序列均衡中 $l$ 不能以 1 的可能性采取混同策略。因为如果 $l$ 以 1 的可能性采取混同策略，那么政府的最优反应将是 $\tau^e$，对应于产量 $q^e = \tau^e/2$。对于 $l$ 而言点（$q^e$，$\tau^e$）严格次于在 $q_{1l}^o$ 处的完全分离的结果。这意味着 $l$ 在 $q^e$ 处不能以 1 的可能性采取混同策略。因此，唯一可能的结果一定是部分混同均衡。

正如上面所讨论的，在任何 $D_1$ 混同均衡中所有的非均衡反倾销税将会是 $\tau_l^o$。$l$ 盈利函数的严格内凹将保证有正的可能性生产唯一的并且与 $\tau_l^o$ 相对应最大产量 $q_{1l}^o$。而且，这一行动的得益一定与 $l$ 是随机决定产量时的混同均衡得益一致。这意味着混同均衡一定发生在 $l$ 的完全信息条件下的等利润曲线（见公式（3 - 7））与 $\tau = 2q_1$ 线的交点上。称此产量为 $q_1^p$。为了与反倾销税 $\tau^p = 2q_1^p$ 相符，$l$ 的序列理性反应一定是按满足自身利益最大化的方式随机决定产量，即 $l$ 采取产量 $q_1^p$ 的概率将为 $\rho$，它决定了 $q_1^p$ 的条件概率：

$$\eta = \mu\rho/[\mu\rho + (1-\mu)]$$

该概率使得进口国政府对 $l$ 在 $q_1^p$ 上的反倾销税为

$$\tau^p = \eta\tau^o + (1-\eta)\tau_h^o$$

这一反倾销税可满足 $l$ 利润最大化。

这样我们证明了当 $\pi_l^s \geq \pi_l(q_1 = \tau^e/2, \tau^e)$ 时，存在一个唯一的部分混同 $D_1$ 均衡。

另外，如果 $\pi_l^s < \pi_l(q_1 = \tau^e/2, \tau^e)$，那么 $l$ 在 $q^e = \tau^e/2$ 处将宁愿采取混同策略而不愿实行分离策略。这时前面描述的部分混同甚至不会是序列结果，因为事后信念 $\eta$ 将认为 $l$ 出口 $q_1^p$ 的可能性大于 1（假设在任何混同 $D_1$ 均衡中，$h$ 选择混同策略的可能性为 1）。这表明在纯策略中的唯一的 $D_1$ 均衡是出口为 $q^e$、反倾销税为 $\tau^e$。非均衡结果是 $\tau_l^i$，$\forall q_1 \neq q^e$。

# 附录 C

## 激励相容的一阶条件和期望利润

设 $\mu$ 为主管当局调查国内企业报告成本参数真实性的概率，$K(\tilde{\theta}, \theta)$ 为谎报企业所受的惩罚（报告的类型为 $\tilde{\theta}$，而调查得到的结果为 $\theta$）

虚报的期望利润为

$$E_\mu \prod (\tilde{\theta}, \theta, \tilde{c}, c) = (1 - \mu)[P(\tilde{\theta}, c)q_h(P(\tilde{\theta}, c))$$
$$- C(q_h(P(\tilde{\theta}, c)), \theta)] - \mu K(\tilde{\theta}, \theta) \qquad (C-1)$$

由于虚报外国企业成本在此不影响激励相容一阶条件和期望利润的最终结果，在此对（C-1）简化为

$$E_\mu \prod (\tilde{\theta}, \theta) = (1 - \mu)(P(\tilde{\theta})q_h(P(\tilde{\theta}))$$
$$- C(q_h((\tilde{\theta})), \theta)) - \mu K(\tilde{\theta}, \theta)$$

通过加、减 $E_\mu \prod (\tilde{\theta}, \tilde{\theta})$，可得

$$E_\mu \prod (\tilde{\theta}, \theta) = E_\mu \prod (\tilde{\theta}, \tilde{\theta}) + (1 - \mu)[C(\tilde{\theta}, \tilde{\theta})$$
$$- C(\tilde{\theta}, \theta)] + \mu(K(\tilde{\theta}, \tilde{\theta}) - K(\tilde{\theta}, \theta)) \qquad (C-2)$$

这里 $C(\theta, \theta) \equiv C(q_h(P(\theta)), \theta)$

基于损害的保护规则是激励相容的，如果

$$E_\mu \prod (\theta, \theta) \geqslant E_\mu \prod (\tilde{\theta}, \theta) = E_\mu \prod (\tilde{\theta}, \tilde{\theta}) + (1 - \mu)[C(\tilde{\theta}, \tilde{\theta})$$
$$- C(\tilde{\theta}, \theta)] + \mu(K(\tilde{\theta}, \tilde{\theta}) - K(\tilde{\theta}, \theta))$$
$$(C-3)$$

对公式（C-3）重排，得到公式（C-4）

$$E_\mu \prod (\theta, \theta) - E_\mu \prod (\tilde{\theta}, \tilde{\theta}) \geqslant (1 - \mu)[C(\tilde{\theta}, \tilde{\theta}) - C(\tilde{\theta}, \theta)]$$
$$+ \mu(K(\tilde{\theta}, \tilde{\theta}) - K(\tilde{\theta}, \theta)) \qquad (C-4)$$

让 $\tilde{\theta} \to \theta$，我们得到公式（C-5），保护规则激励相容的一阶条件

$$\frac{dE_\mu \prod (\theta)}{d\theta} = -(1 - \mu)C_\theta - \mu K_\theta \leqslant 0 \qquad (C-5)$$

这里

$$\prod (\theta) = \prod (\theta, \theta) \qquad (C-6)$$

$$C_\theta = \lim_{\tilde{\theta} \to \theta} \frac{[C(\tilde{\theta}, \tilde{\theta}) - C(\tilde{\theta}, \theta)]}{\tilde{\theta} - \theta} > 0 \qquad (C-7)$$

$$K_\theta = \lim_{\tilde{\theta} \to \theta} \frac{[K(\tilde{\theta}, \tilde{\theta}) - K(\tilde{\theta}, \theta)]}{\tilde{\theta} - \theta} < 0 \qquad (C-8)$$

在 $[\theta, \bar{\theta}]$ $(\tilde{\theta} > \theta)$ 上对式（C-5）积分，我们得到

$$E_\mu \prod (\theta) = (1 - \mu) \int_\theta^{\bar{\theta}} C_\theta d\theta + \mu \int_\theta^{\bar{\theta}} K_\theta d\theta + E_\mu \prod (\bar{\theta}) \qquad (C-9)$$

假定现在 $\bar{\theta} = \theta^+$，通过设 $E_\mu \prod (\theta^+) = 0$，并对公式（B-9）在 $[\theta^-, \theta^+]$ 上按 $g(\theta)$ 求期望，得期望的利润价值为

$$\int_{\theta^-}^{\theta^+} E_\mu \prod (\theta) g(\theta) d\theta = \int_{\theta^-}^{\theta^+} [(1-\mu)C_\theta(q_h(P)) + \mu K_\theta] G(\theta) d\theta \qquad (C-10)$$

## 附录 D

命题 6.7 的证明：

给定 $U(\theta)$，$q(\theta)$，企业合作游说时的共同收益最大化函数为

$$(\tilde{\rho}^M):\ \max \int_{-\delta}^{\delta} \left\{ -\frac{1}{2}(q(\theta) - a_1)^2 - \frac{1}{2}(q(\theta) - a_2)^2 \right.$$

$$\left. -\frac{\beta}{2}(q(\theta) - \theta)^2 - U(\theta) \right\} \frac{\mathrm{d}\theta}{2\delta}$$

约束条件为方程（6-20）和方程（6-22）。

设 $\lambda$ 为方程（6-20）的共态变量，$\tilde{\rho}^M$ 的 Hamiltonian 方程为

$$H(U,\ q,\ \lambda,\ \theta) = \left\{ -\frac{1}{2}(q - a_1)^2 - \frac{1}{2}(q - a_2)^2 - \frac{\beta}{2}(q - \theta)^2 - U(\theta) \right\}$$

$$\frac{1}{2\delta} + \lambda\beta(q - \theta)$$

设 $p$ 为状态限制方程（6-4）的 Lagrangian 乘数，则 Lagrangian 函数为：

$$L(U,\ q,\ \lambda,\ p,\ \theta) = H(U,\ q,\ \lambda,\ \theta) + pU$$

为求最优 $\{U(\theta),\ q(\theta)\}$，对 Hamiltonian 方程求导，即

$$\frac{\partial H}{\partial q} = 0 \tag{D-1}$$

$$U'(\theta) = \beta(q(\theta) - \theta) \tag{D-2}$$

$$\lambda'(\theta) = \frac{1}{2\delta} - p(\theta) \tag{D-3}$$

$$p(\theta)U(\theta) = 0,\ p(\theta) \geqslant 0,\ U(\theta) \geqslant 0 \tag{D-4}$$

$$\lambda(-\delta) = \lambda(\delta) = 0 \tag{D-5}$$

这里 $p(\theta)$ 和 $\lambda(\theta)$ 是分段连续变量，$\lambda(\theta)$ 的不连续跳跃点为 $\tau_j$，$-\delta \leqslant \tau_j \leqslant \delta$（$j = 1,\ \cdots,\ n$）。

$$\lambda(\tau_j^-) - \lambda(\tau_j^+) = \varepsilon_j,\ \varepsilon_j \geqslant 0 \tag{D-6}$$

$$\varepsilon_j = 0 \begin{cases} \text{a)}\ \ U(\tau_j) > 0 \\ \text{b)}\ \ U(\tau_j) = 0\ \text{且}\ q(\theta)\ \text{在}\ \tau_j\ \text{不连续} \end{cases} \tag{D-7}$$

根据方程（A-1），最优政策为

$$q(\theta) = \frac{\beta\theta + 2\beta\delta\lambda(\theta) + a_1 + a_2}{\beta + 2} \tag{D-8}$$

根据方程（D-6）、方程（D-7）、方程（D-8），可得引理 6.2。

引理 6.2　均衡政策函数 $q(\theta)$ 和共态变量函数 $\lambda(\theta)$ 在区间 $\theta \in (-\delta,\ \delta)$

内均为连续变量。当且仅当 $q(\theta)$ 在点 $\theta = \pm\delta$ 处不连续，且 $U(\theta) = 0$ 时，$\lambda(\theta)$ 在点 $\theta = \pm\delta$ 处连续。

现在证明命题 6.7，根据上面给出的实现最优化的充分条件，我们推导能满足方程（D-1）~方程（D-6）的均衡结果。可能存在两种情况。

1. 在区间 $\Theta$ 内零租金

当 $\theta \in \Theta$，$p(\theta) > 0$，意味着 $U(\theta) = 0$。此时当且仅当 $\beta \geq 2$，能满足（D-1）~（D-6）的均衡状态为 $(U(\theta), q(\theta), \lambda(\theta), p(\theta)) = \left(0, \theta + \dfrac{a_1 + a_2}{\beta + 2}, \dfrac{\theta}{\beta\delta}, \right.$

$\left. \dfrac{\beta - 2}{2\beta\delta} \right)$；$\varepsilon_1 = \varepsilon_2 = \dfrac{1}{\beta} > 0$，$\lambda(.)$ 在端点 $\tau_1 = -\tau_2 = \delta$ 不连续。

2. 仅在端点处零租金

为求 $\beta < 2$ 时的均衡结果，设当 $\theta \in \Theta$，$p(\theta) = 0$。当且仅当 $0 \leq \beta \leq 2$，满足方程（D-1）~方程（D-6）的均衡状态为：

$$(U(\theta), q(\theta), \lambda(\theta), p(\theta)) = \left( \dfrac{\beta(\beta - 2)}{2(\beta + 2)} (\theta^2 - \delta^2) + \dfrac{a_1 + a_2}{\beta + 2} \beta\theta, \right.$$

$\left. \dfrac{2\beta\theta + a_1 + a_2}{\beta + 2}, \dfrac{\theta}{2\delta}, 0 \right)$；$\varepsilon_1 = \varepsilon_2 = \dfrac{1}{2} > 0$，$\lambda(.)$ 在端点 $\tau_1 = -\tau_2 = \delta$ 不连续。

引理 6.3 当国内企业分别提供游说贡献，存在 $(\tilde{\rho}_i^c)$ 的均衡解，即各自的贡献为 $\{t_1^*(q), t_2^*(q)\}$，决策者收益和最终政策为 $\{U^*(\theta), q^*(\theta)\}$，而且当 $t_i^{*''}(q) < \beta + 1$，$i = 1, 2$，$H_i(U, q, \lambda_i(\theta), \theta)$ 是以 $q$ 为自变量的凹函数。

证明：一旦企业按均衡状态提供游说贡献 $t_i^*(q)$，可以明显看出 Hamiltonian 是以 $q$ 为自变量的凹函数。

均衡状态下，存在分段连续函数 $\lambda_i(\theta)$，$p_i(\theta)$，常数 $\varepsilon_k \geq 0$，$k = 1, \cdots, n$，满足下列方程：

$$\overset{\&}{U}(\theta) = \beta(q(\theta) - \theta) \qquad (D-9)$$

$$\dfrac{\partial H_i}{\partial q}(U, q, \lambda_i, \theta) = 0, \quad \theta \in \Theta \qquad (D-10)$$

$$\overset{\&}{\lambda_i}(\theta) = \dfrac{1}{2\delta} - p_i(\theta), \quad \theta \in \Theta \qquad (D-11)$$

$$p_i(\theta)(U(\theta) - U_{-i}(\theta)) = 0, \quad p_i(\theta) \geq 0, \quad U(\theta) \geq U_{-i}(\theta) \qquad (D-12)$$

$$\lambda_i(-\delta) = \lambda_i(\delta) = 0 \qquad (D-13)$$

而且，$\tau_k$ 为 $\lambda_i(*)$ 的非连续断点

$$\lambda_i(\tau_k^-) - \lambda_i(\tau_k^+) = \varepsilon_k \geq 0 \qquad (D-14)$$

$$\varepsilon_k = 0 \begin{cases} a) \ U(\tau_k) \geq U_{-i}(\tau_k) \\ b) \ U(\tau_k) = U_{-i}(\tau_k) \ \text{且} \ q(\theta) \ \text{在点} \ \tau_k \ \text{非连续} \end{cases} \qquad (D-15)$$

我们运用上诉条件推导出均衡政策的特性。

均衡政策的特性：假设决策目标函数严格为凹，代理人（决策者）行为相应的一阶约束条件为：

$$\sum_{i=1}^{2} t'_i(q(\theta)) = \beta(q(\theta) - \theta) \qquad (D-16)$$

根据方程（D-10），可得：

$$-(\beta+1)q(\theta) + a_i + \beta\theta + t^{*'}_{-i}(q(\theta)) + 2\lambda_i(\theta)\beta\delta = 0 \qquad (D-17)$$

运用方程（A-16）、方程（A-17），可得均衡政策函数

$$q(\theta) = \frac{\beta\theta + a_1 + a_2 + 2(\lambda_1(\theta) + \lambda_2(\theta))\beta\delta}{\beta+2}, \quad \theta \in \Theta \qquad (D-18)$$

命题 6.8 的证明：假定 $t^*_2(q) = 0$，则 $U_2(\theta) = 0$，根据方程（D-17），$P_1$ 为获得理想政策 $q$ 的最优反应为

$$-(\beta+1)q(\theta) + a_1 + \beta\theta + 2\lambda_1(\theta)\beta\delta = 0$$

当 $\lambda_1(\theta) = \dfrac{\theta - a_1}{2\beta\delta}$ 时，决策者采取 $q(\theta) = \theta$ 最优，根据方程（D-11），可得

当且仅当 $\beta \geqslant 1$ 时，$p_1(\theta) = \dfrac{\beta-1}{2\beta\delta}$；所以，$U(\theta) = U_2(\theta) = 0$，$\theta \in \Theta$。

最后，我们结合方程（A-14）给出的端点不连续性，对方程（D-13）的横截性条件进行检查。

注意，当且仅当 $\delta \geqslant 1$，$\lambda_1(\delta^-) - \lambda_1(\delta^+) = \dfrac{\delta-1}{2\beta\delta} = \varepsilon \geqslant 0$

$$\lambda_1(-\delta^-) - \lambda_1(-\delta^+) = \frac{\delta+1}{2\beta\delta} = \varepsilon' \geqslant 0$$

因为对所有 $\theta \in \Theta$，$U(\theta) = U_2(\theta) = 0$，所以对所有 $q$，$t^*_1(q) = 0$。对 $P_2$ 的均衡策略可做同样的证明。证毕。

命题 6.9 的证明：当 $\theta$ 位于区间 $\Omega_0 = [-\tau, \tau]$，两个企业均不提供游说贡献，$U(\theta) = U_1(\theta) = U_2(\theta) = 0$，$q(\theta) = 0$。根据方程（A-17）和 $a_i = 1$ 的设定，可得

$$\lambda_1(\theta) = \frac{\theta-1}{2\beta\delta} \quad \theta \in \Omega_0 \qquad (D-19)$$

在 $\Omega_1 = [\tau, \delta]$ 区间，$U(\theta) = U_1(\theta) > U_2(\theta)$，据此，可推得在区间 $\Omega_1$，$p_1(\theta) = 0$。根据方程（D-11）、方程（D-13），可得

$$\lambda_1(\theta) = \frac{\theta-\delta}{2\delta} \quad \theta \in \Omega_1 \qquad (D-20)$$

由 $\lambda(\cdot)$ 在点 $\tau$ 上连续，可得 $\tau = \dfrac{\beta\delta-1}{\beta-1}$，根据 $\tau \in [0, \delta]$，推得 $\delta < 1 < \beta\delta$。

最后，将方程（D-20）的 $\lambda_1(\cdot)$ 代入方程（D-17），并运用 $t^{*'}_2(q(\theta))$，$\theta \in$

$\Omega_1$，我们推得

$$q(\theta) = \frac{2\beta\theta + 1 - \beta\delta}{\beta + 1} \qquad \theta \in \Omega_1 \qquad\qquad (D-21)$$

当 $\theta \in \Omega_2 = [-\delta, -\tau]$，同理可推导出相似结果，为求出在 $\Omega_1$ 的均衡贡献，首先给出信息租金收益

$$\overset{\&}{U}(\theta) = \beta(q(\theta) - \theta) = \frac{\beta(\beta-1)\theta + 1 - \beta\delta}{\beta + 1} \qquad \theta \in \Omega$$

根据上面的方程，可求得

$$U(\theta) = \frac{\beta(\beta-1)}{2(\beta+1)}\theta^2 + \frac{\beta(1 - \beta\delta)}{\beta + 1}\theta + c_1$$

由 $U(\tau) = 0$，可求得 $c_1$ 常数为 $c_1 = \frac{\beta(\beta\delta - 1)^2}{2(\beta - 1)(\beta + 1)}$

根据 $U(\theta)$ 的表达式，可得贡献函数为

$$t_1(q(\theta)) = U(\theta) + \frac{\beta}{2}(q(\theta) - \theta)^2$$

同理可得 $\Omega_1$ 区间的 $t_2(q(\theta))$。

命题 6.10 的证明：两个委托人（国内企业）在区间 $\Omega_0 = [-\tau, \tau]$ 对称地提供非负贡献，在该区间，$U(\theta) \geqslant \max\{U_1(\theta), U_2(\theta)\}$，而且，在点 $-\tau$，$U(\theta) = U_1(\theta)$，在点 $\tau$，$U(\theta) = U_2(\theta)$。

在区间 $(-\tau, \delta]$，$p(\theta) = 0$，运用方程（A-13）的横截性条件，结合方程（A-11），得出

$$\lambda_1(\theta) = \frac{\theta - \delta}{2\delta} \qquad \theta \in (-\tau, \delta) \qquad\qquad (D-22)$$

同样，在区间 $[-\delta, \tau)$，有 $p_2(\theta) = 0$，可得

$$\lambda_2(\theta) = \frac{\theta + \delta}{2\delta} \qquad \theta \in [-\delta, \tau) \qquad\qquad (D-23)$$

运用方程（A-17）、方程（A-18），得出

$$-(1+\beta)q(\theta) + 1 + \beta\theta + t_2^{*'}(q(\theta)) + \beta(\theta - \delta) = 0 \qquad \theta \in (-\tau, \delta]$$
$$\qquad\qquad (D-24)$$

同理，根据方程（A-17）、方程（A-18），可得

$$-(1+\beta)q(\theta) - 1 + \beta\theta + t_1^{*'}(q(\theta)) + \beta(\theta + \delta) = 0 \qquad \theta \in [-\delta, \tau)$$
$$\qquad\qquad (D-25)$$

对方程（D-24）、方程（D-25）求和，根据代理人的一阶条件，得

$$q(\theta) = \frac{3\beta\theta}{\beta + 2} \qquad \theta \in (-\tau, \tau) \qquad\qquad (D-26)$$

运用方程（D-24），根据在 $\Omega_1$ 区间内 $t_2^{*'}(q(\theta)) = 0$，得

$$q(\theta) = \frac{2\beta\theta + 1 - \beta\delta}{\beta + 1} \quad \theta \in [\tau, \delta]$$

当 $\dfrac{2\beta\tau + 1 - \beta\delta}{\beta + 1} = \dfrac{3\beta\tau}{\beta + 2}$，$\lambda_2(.)$ 在点 $\tau$ 连续，或当 $\tau = \dfrac{(\beta + 2)(1 - \beta\delta)}{\beta(\beta - 1)}$ 时为连续函数。

如果 $\beta > 1$，当 $\beta\delta < 1 \leqslant \dfrac{\beta(2\beta + 1)}{\beta + 2}\delta$，$\tau$ 属于 $(0, \delta]$

当 $\theta \in \Omega_0$，运用方程（D-25），求得均衡贡献 $t_1^*(q)$ 应满足：

$$t_1^{*\,\prime}(q) = \begin{cases} 0 & q \leqslant \dfrac{-3\beta\tau}{2 + \beta} \\[2mm] \dfrac{\beta(\beta - 1)}{\beta + 2}\tau + \dfrac{(\beta - 1)}{3}q & q \in \left[\dfrac{-3\beta\tau}{2 + \beta}, \dfrac{3\beta\tau}{2 + \beta}\right] \\[2mm] \beta(\beta - 1)\left(q + \dfrac{\tau}{\beta + 2}\right) & q \geqslant \dfrac{3\beta\tau}{2 + \beta} \end{cases}$$

由于 $U(-\tau) = U_2(-\tau)$，可得 $t_1(q(-\tau)) = 0$。当 $q(\tau) = \dfrac{3\beta\tau}{2 + \beta}$ 时，$t_1(.) = 0$ 连续，且 $U^*(.)$ 为分段可导的凸函数。

$$U^*(\theta) = \begin{cases} \dfrac{\beta(\beta - 1)}{\beta + 1}\left(\theta - \dfrac{\tau\beta}{\beta + 2}\right) & \theta \leqslant -\tau \\[2mm] \dfrac{2\beta(\beta - 1)}{\beta + 2}\theta & \theta \in [-\tau, \tau] \\[2mm] \dfrac{\beta(\beta - 1)}{\beta + 1}\left(\theta - \dfrac{\tau\beta}{\beta + 2}\right) & \theta \geqslant \tau \end{cases}$$

当 $U^*(0) = \dfrac{3\gamma^2}{\beta - 1} > 0$ 时，$U^*(.)$ 取得最小值 0。

# 附录 E

## 应对反倾销的会计协调机制评价
## 体系研究的问卷调查

请您按照附表 E1 的规则对附表 E2～附表 E7 矩阵中各因素的相对重要性予以评价。

**附表 E1**                判断矩阵标度及其含义

| 标度 | 含义 |
|---|---|
| 1 | 表示两个因素相比，具有同样重要性 |
| 3 | 表示两个因素相比，一个因素比另一个稍微重要 |
| 5 | 表示两个因素相比，一个因素比另一个明显重要 |
| 7 | 表示两个因素相比，一个因素比另一个强烈重要 |
| 9 | 表示两个因素相比，一个因素比另一个极端重要 |
| 2，4，6，8 | 介于以上两相邻判断的中值 |
| 倒数 | 指标 $B_i$ 与 $B_j$ 相比得判断 $\lambda_{ij}$，则 $B_j$ 与 $B_i$ 比较得判断 $\lambda_{ji} = 1/\lambda_{ij}$ |

**附表 E2**                协调子机制两两判断矩阵

| | 应对反倾销的行业<br>协会应诉协调 | 应对反倾销的<br>政府引导协调 | 应对反倾销的<br>战略制衡机制 |
|---|---|---|---|
| 应对反倾销的行业协会应诉协调 | | | |
| 应对反倾销的政府引导协调 | | | |
| 应对反倾销的战略制衡机制 | | | |

注：应对反倾销的行业协会应诉协调机制是指为克服企业应诉反倾销的合作困境，提高应诉率和应诉力度，由政府设立基金资助，行业协会对企业应诉反倾销的活动予以组织、协调的运作模式。

应对反倾销的政府引导协调机制是指政府通过法规、制度、政策等各种手段与方法，整合各应对主体的会计资源，实现立体化的会计信息支持；引领、指导企业、行业协会和政府各相关部门，对其具体的应对职责作出安排，实现反倾销的协调应对。

应对反倾销的战略制衡机制是指国家从战略层面，通过制定反倾销法、提高WTO 争端机制运用能力、完善相关的制度体系，如反倾销法、会计准则、汇率形成机制等，增强我国应对反倾销和对外反倾销的能力，从而有效遏制频繁发起的对华反倾销。

**附表 E3**　　　　　　　　会计协调机制一级评价指标两两判断矩阵

| | 应对反倾销的行业协会应诉协调 | 应对反倾销的政府引导协调 | 应对反倾销的战略制衡机制 | 应对反倾销的总体协调效果 |
|---|---|---|---|---|
| 应对反倾销的行业协会应诉协调 | | | | |
| 应对反倾销的政府引导协调 | | | | |
| 应对反倾销的战略制衡机制 | | | | |
| 应对反倾销的总体协调效果 | | | | |

**附表 E4**　　　　　应对反倾销行业协会应诉协调二级评价指标两两判断矩阵

| | 行业应对反倾销预警系统建设情况 | 行业协会组织企业应诉反倾销情况 | 行业协会协调功能情况 |
|---|---|---|---|
| 行业应对反倾销预警系统建设情况 | | | |
| 行业协会组织企业应诉反倾销情况 | | | |
| 行业协会协调功能情况 | | | |

注：行业应对反倾销预警系统建设指行业协会收集本行业企业预警信息、境外相关预警信息，进行分析、整理，建设预警信息库的情况。

行业协会组织企业应诉反倾销是指在反倾销发起时，行业协会积极发动企业应诉，筹集应诉经费，向政府申请应诉资助和政策支持，克服企业"搭便车"行为，有效组织应诉。

行业协会协调功能是指行业协会通过实时监控境外反倾销动态，规范本行业企业出口，做到分工合作、投放有序、价格自律、有进有退。

**附表 E5**　　　　　应对反倾销政府引导协调二级评价指标两两判断矩阵

| | 国家应对反倾销预警系统建设情况 | 企业应对反倾销导向的会计基础工作情况 | 应对反倾销的内部控制建设情况 | 应对反倾销的审计制度安排情况 | 应对反倾销的政策制定与执行情况 |
|---|---|---|---|---|---|
| 国家应对反倾销预警系统建设情况 | | | | | |
| 企业应对反倾销导向的会计基础工作情况 | | | | | |
| 应对反倾销的内部控制建设情况 | | | | | |

续表

|  | 国家应对反倾销预警系统建设情况 | 企业应对反倾销导向的会计基础工作情况 | 应对反倾销的内部控制建设情况 | 应对反倾销的审计制度安排情况 | 应对反倾销的政策制定与执行情况 |
|---|---|---|---|---|---|
| 应对反倾销的审计制度安排情况 |  |  |  |  |  |
| 应对反倾销的政策制定与执行情况 |  |  |  |  |  |

注：国家应对反倾销预警系统建设是指政府建设全国范围的预警信息库，不但收集国内企业出口信息，还要收集国外相关信息资料，进行加工、整理、分析，为本国企业提供及时的预警支持，便于本国企业早做准备。

应对反倾销导向的会计基础工作，具体包括：会计资料的重新归类、生产成本的合理计算、正常价格的适当选择、会计方法有目的的调整等，其中最重要的是成本核算，要从生产成本、销售成本、环境成本和差异化成本上做好管理、核算。

应对反倾销的内部控制是指引入风险管理和价值链管理，在保障企业内部各个部门（乃至企业外部价值链中其他企业）团结一致、通力配合的同时，与政府相关部门和行业协会以及中介机构进行有效沟通、协作的全面控制协调系统。该系统整合分散在企业、行业协会和政府的会计资源，从相关性、可靠性、可比性、可采信四个方面提高会计质量，从内控五要素出发全面增强企业应对反倾销能力，是企业应对反倾销协调机制的有力保障。

应对反倾销的审计制度安排是指一种合理的制度安排，它不但能保证企业按国际通用会计准则进行独立审计，还能通过"以一定概率派出第二个审计师"的双重审计来确保审计的可靠性，从而提升会计举证的可信度。

应对反倾销的政策包括产业升级、汇率形成机制、出口退税等。

**附表 E6　　应对反倾销的战略制衡机制二级评价指标两两判断矩阵**

|  | 反倾销法建设情况 | WTO 争端解决机制运用情况 | 会计准则国际趋同的建设情况 | 引导跨国投资规避状况 |
|---|---|---|---|---|
| 反倾销法建设情况 |  |  |  |  |
| WTO 争端解决机制运用情况 |  |  |  |  |
| 会计准则国家级趋同的建设情况 |  |  |  |  |
| 引导跨国投资规避状况 |  |  |  |  |

**附表 E7**　　　　应对反倾销的总体协调效果二级评价指标两两判断矩阵

|  | 反倾销的<br>发起情况 | 企业、行业协会和政府的<br>协调配合情况 | 反倾销的<br>裁定情况 |
|---|---|---|---|
| 反倾销的发起情况 |  |  |  |
| 企业、行业协会和政府的协调配合情况 |  |  |  |
| 反倾销的裁定情况 |  |  |  |

请在您认同的选项后面打"√"。

**附表 E8**　　　　　　我国应对反倾销会计协调机制评价指标的现状

| 一级指标 | 二级指标 | 优 | 良 | 中 | 差 | 很差 |
|---|---|---|---|---|---|---|
| 应对反倾销行业协会应诉协调评价指标 | 行业应对反倾销预警系统建设情况 |  |  |  |  |  |
|  | 行业协会组织企业应诉反倾销情况 |  |  |  |  |  |
|  | 行业协会协调功能情况 |  |  |  |  |  |
| 应对反倾销政府引导协调评价指标 | 国家应对反倾销预警系统建设情况 |  |  |  |  |  |
|  | 企业应对反倾销导向的会计基础工作情况 |  |  |  |  |  |
|  | 应对反倾销的内部控制建设情况 |  |  |  |  |  |
|  | 应对反倾销的审计制度安排情况 |  |  |  |  |  |
|  | 应对反倾销导向的政策制定与执行情况 |  |  |  |  |  |
| 应对反倾销的战略制衡机制评价指标 | 反倾销法建设情况 |  |  |  |  |  |
|  | WTO 争端解决机制运用情况 |  |  |  |  |  |
|  | 应对反倾销导向的会计准则 |  |  |  |  |  |
|  | 引导跨国投资规避状况 |  |  |  |  |  |
| 应对反倾销的总体协调效果指标 | 反倾销的发起情况 |  |  |  |  |  |
|  | 企业、行业协会和政府的协调配合情况 |  |  |  |  |  |
|  | 反倾销的裁定情况 |  |  |  |  |  |

非常感谢您的支持和参与，衷心祝福您万事如意！

# 附录 F

对命题 8.4 中（2）的证明

把"审计师被告知其先后顺序"称为事件 $S$，"没被告知"称为事件 $NS$。如前所述，被选派的审计师顺序为 $A_1$（第一个审计师）的概率为 $P(1) = \dfrac{1}{1+\beta\gamma}$，顺序为 $A_2$（第二个审计师）的概率为 $P(2) = \dfrac{\beta\gamma}{1+\beta\gamma}$。$P(A_1 \mid NS)$ 和 $P(A_2 \mid NS)$ 分别表示审计师为 $A_1$ 与 $A_2$ 未被告知其派出先后顺序时的条件概率，利用贝叶斯法则可计算得

$$P(A_1 \mid NS) = \frac{P(A_1 \times NS)}{P(NS)} = \frac{P(1)}{P(1)+P(2)(1-\xi)} = \frac{1}{1+\beta\gamma(1-\xi)}$$

$$P(A_2 \mid NS) = 1 - P(A_1 \mid NS) = \frac{\beta\gamma(1-\xi)}{1+\beta\gamma(1-\xi)}$$

当审计师拒绝贿赂时，其期望审计成本为

$$ECr = P(A_1 \mid NS)C_L + P(A_2 \mid NS)(C_L - R) = C_L - \frac{R\beta\gamma(1-\xi)}{1+\beta\gamma(1-\xi)} \qquad (F-1)$$

当审计师接受贿赂时其期望审计成本为

$$ECa = P(A_1 \mid NS)\{C_L + l - (1-\gamma)B + \gamma(1-\xi)[-\beta B + (1-\beta)}$$
$$(K-B)] + \gamma\xi(P-B)\} + P(A_2 \mid NS)(C_L + l - B) \qquad (F-2)$$

上式在式（7-2）基础上进一步考虑了委托人是否告知审计师先后顺序的情况，与式（7-2）含义相同。由于 $B_1 = B_2 = B < R$，审计师 $A_2$ 将不会和经营者合谋，将 $P(A_1 \mid NS)$ 和 $P(A_2 \mid NS)$ 代入上式后，计算可得

$$ECa = C_L + l - B + \frac{\gamma K[1-\beta(1-\xi)]}{1+\gamma\beta(1-\xi)} \qquad (F-3)$$

未被告知顺序的审计师不与经营者合谋（$\beta = 0$），要求 $ECa \mid_{\beta=0} \geqslant ECr \mid_{\beta=0}$，得 $K > \dfrac{B-l}{\gamma}$；未被告知顺序的审计师与经营者合谋（$\beta = 1$），要求 $ECa \mid_{\beta=1} \leqslant ECr \mid_{\beta=1}$，可得

$$\gamma(1-\xi)R \leqslant (B-l)[1+\gamma(1-\xi)] - K\gamma\xi \qquad (F-4)$$

整理可得

$$K \leqslant \frac{(B-l)[1+\gamma(1-\xi)]}{\gamma\xi} - \frac{R(1-\xi)}{\xi}$$

所以，为防止未告知顺序的审计师与经营者合谋，需要 $K >$

$$\frac{(B-l)[1+\gamma(1-\xi)]}{\gamma\xi}-\frac{R(1-\xi)}{\xi}。$$

故当 $K > \max\left\{\dfrac{B-l}{\gamma},\ \dfrac{(B-l)[1+\gamma(1-\xi)]}{\gamma\xi}-\dfrac{R(1-\xi)}{\xi}\right\}$ 时，审计师与经营者合谋能被阻止。

由式（D-4）也可知，审计师与经营者合谋时所愿接受最小贿赂额

$$B_{\min}=\frac{\gamma(1-\xi)R+K\gamma\xi}{1+\gamma(1-\xi)}+l$$

审计师 $A_2$ 被告知其顺序（概率为 $\gamma\xi$）时，由条件 $B_2 < R + l$ 可知，他将选择不与经营者合谋，$A_1$ 可能会面临惩罚 $K$，经营者可能会失去信息租金，经营者新的个人理性约束为

$$B[1+\gamma(1-\xi)]\leq\eta_i(1-\gamma\xi)$$

由此可知经营者愿意支付的最大贿赂额为

$$B_{\max}=\frac{\eta_i(1-\gamma\xi)}{1+\gamma(1-\xi)}$$

阻止未被告知其顺序的审计师与经营者合谋的条件为 $B_{\max} < B_{\min}$，代入 $B_{\max}$ 与 $B_{\min}$ 整理得

$$R>\frac{\eta_i-(\eta_i+K)\xi\gamma-l[1+\gamma(1-\xi)]}{\gamma(1-\xi)}$$

# 参 考 文 献

[1] 蔡庆辉. 欧盟对华反倾销案例研究——以机械冶金类产品为例 [M]. 厦门：厦门大学出版社，2006.

[2] 陈森. 我国企业应对反倾销的会计证据问题研究 [D]. 中南大学硕士论文，2009.

[3] 出口产品反倾销案件应诉规定. 中华人民共和国国务院公报，2007 - 09 - 10.

[4] 戴亦一，潘越，马舒. 中国慈善捐赠是一种政治献金吗？——来自市委书记更替的证据 [J]. 经济研究，2014 (2)：74 - 86.

[5] 冯巨章. 企业合作困境与商会规避机理——以反倾销为例 [M]. 北京：中国社会科学出版社，2010.

[6] 冯宗宪，向洪金，柯孔林. 出口反倾销立案申请预警：基于面板数据 logit 模型的研究 [J]. 世界经济，2008 (9)：19 - 29.

[7] 顾振华，沈瑶. 利益集团影响下的中国贸易保护政策——基于产业分工的视角 [J]. 南开经济研究，2015，2：74 - 93.

[8] 胡麦秀，高健. 外生性的反倾销壁垒与对外直接投资——作用机理与市场进入方式选择 [M]. 西安：西安交通大学出版社，2008.

[9] 姜栋，郝刚. 欧盟对华反倾销案例研究（化工医药类）[M]. 北京：中国医药科技出版社，2007.

[10] 井辉，席酉民. 组织协调理论研究回顾与展望 [J]. 管理评论，2002 (6)：50 - 56.

[11] 柯武刚，史漫飞. 制度经济学——社会秩序与公共政策[M]. 北京：商务印书馆，2000.

[12] 李文锋. 国外对华反倾销的背景及对策 [J]. 经济管理，2001 (8)：10 - 12.

[13] 李小北，[池本幸生]. 反倾销案例——中国在对外贸易中如何应对棘手的问题 [M]. 北京：经济管理出版社，2008.

[14] 梁俊伟，王中华. 中国反倾销动因——基于计数面板模型的实证研究 [J]. 当代财经，2014 (7)：86 - 98.

[15] 梁耀文，黄永智，蔡镇顺. 企业如何应对反倾销——规则与案例评析 [M]. 上海：中山大学出版社，2007.

[16] 刘爱东，蔡建平. 我国机械冶金企业应诉欧盟反倾销案例分析 [J]. 国际经贸探索，2007 (10)：43 –49.

[17] 刘爱东，陈林荣. "三体联动"应对反倾销成效影响因素的实证研究 [J]. 国际贸易问题，2010 (2)：74 –82.

[18] 刘爱东，陈林荣. 我国企业应对反倾销的行业协会治理效应分析 [J]. 国际经贸探索，2009 (10)：62 –66.

[19] 刘爱东，刘锦芳. 反倾销税率优化的信号博弈分析 [J]. 系统工程，2009 (3)：53 –57.

[20] 刘爱东. 我国企业应对反倾销的会计理论体系 [J]. 上海立信会计学院学报，2007 (5)：16 –22.

[21] 刘丁有. 强化"四体联动"应诉机制是应对国外反倾销的根本途径 [J]. 理论导刊，2005 (3)：23 –25.

[22] 刘锦芳. 不完全信息下的反倾销审计政策优化分析 [J]. 经济科学，2012 (5)：55 –68.

[23] 刘锦芳. 不完全信息下的最优反倾销税率政策分析 [J]. 中央财经大学学报，2014 (12)：18 –28.

[24] 刘锦芳. 利用审计师"囚徒困境"阻止合谋的博弈分析 [J]. 经济科学，2009 (4)：95 –103.

[25] 刘锦芳. 阻止合谋的"囚徒困境"博弈分析：对国企监管的启示 [J]. 审计研究，2009 (5)：58 –64.

[26] 马忠法. 美国对中国反倾销案例研究——轻工业含家电、电子及纺织品类产品案例 [M]. 上海：复旦大学出版社，2009.

[27] 潘煜双. 面对反倾销调查：企业会计准备好了吗？——以美国为例的分析报告 [J]. 国际贸易问题，2005 (5)：61 –67.

[28] 彭立志，王领. 不完全信息、反倾销威胁与最优出口贸易政策 [J]. 经济研究，2006 (16)：70 –78.

[29] 漆鑫，朱彤. 不完全信息、反倾销威胁下的最优出口贸易政策——以审计政策为信息甄别工具 [J]. 国际经贸探索，2009 (4)：71 –75.

[30] 深圳市世界贸易组织事务中心. 深圳市应对国外反倾销案例精选 [M]. 北京：社会科学文献出版社，2005.

[31] 孙芳城. 基于反倾销应对的企业内部控制研究 [M]. 大连：东北财经大学出版社，2009.

[32] 孙芳城，杨兴龙. 反倾销视角下出口企业内部控制改进研究 [J]. 商

业经济与管理，2008（12）：63 – 68.

　　[33] 王慧. 独立审计信用监管机制研究 [D]. 长沙：中南大学博士学位论文，2009.

　　[34] 王仲兵. 论应诉反倾销会计的理论框架 [J]. 中国注册会计师，2007（5）：76 – 80.

　　[35] 奚俊芳，唐宗明，钟根元. 垂直市场结构下继发性反倾销税率优化机制 [J]. 系统管理学报，2007（5）：483 – 486.

　　[36] 薛祯. 中国对外贸易政策的决策机制与影响因素：基于贸易政策政治经济学的理论与经验研究 [D]. 天津：南开大学博士论文，2011.

　　[37] 严光贤. 中国反倾销预警机制的建立和实际应用 [J]. 消费导刊，2008（1）：71.

　　[38] 姚敏，张森. 模糊一致矩阵及其在软科学中的应用 [J]. 系统工程，1997（15）：46 – 51.

　　[39] 余玉苗，田娟，朱业明. 审计合谋的一个博弈均衡分析框架 [J]. 管理科学学报，2007（4）：32 – 37.

　　[40] 袁磊. 中国企业应对反倾销会计问题研究——基于调查问卷和案例的分析 [D]. 上海：复旦大学博士论文，2003.

　　[41] 张亮. 美国对华反倾销案例研究——以化工、医药类产品为例 [M]. 南京：东南大学出版社，2007.

　　[42] 张文鹏. 我国应对国外反倾销投诉的对策探讨 [J]. 政法论丛，2008（8）：71 – 73.

　　[43] 钟根元，周斌，许源. 不完全信息动态博弈下反倾销税率优化模型 [J]. 哈尔滨工业大学学报，2006（1）：104 – 106.

　　[44] 朱宪辰，李玉连. 领导、追随和社群合作的集体行动——行业协会反倾销诉讼的案例分析 [J]. 经济学，2007，6（2）：581 – 596.

　　[45] Banks, J S and Sobel, J. Equilibrium selection in signaling games", Econometrica, 1987, 55（3）：647 – 661.

　　[46] Blonigen, Bruce A and Jee – Hyeong Park. Dynamic Pricing in the Presence of Antidumping Policy: Theory and Evidence [J]. The American Economic Review, 2004, 94（1）：134 – 154.

　　[47] Brander, J A and Spencer, B J. Tariff protection and imperfect competition [J]. In: kierzkowsky, H（Ed.）, Monopolistic Competition and International Trade, Clarendon, Oxford, 1984：194 – 206.

　　[48] Chan, K S, Mestelman, S, Moir, R and Muller, R A. Heterogeneity and the Voluntary Provision of Public Goods [J]. Experimental Economics, 1999（2）：5 – 301.

［49］Cho, I K and Kreps, D M. Signaling games and stable equilibria, Quarterly Journal of Economics, 1987, 102 (2): 179 - 221.

［50］Cho, I K and Sobel, J. Strategic stability and uniqueness in signaling games, Journal of Economic Theory, 1990, 50 (2): 381 - 413.

［51］Dayton, Johnson , Bardhan. Inequality and Conservation on the Local Commons : a Theoretical Exercise ［J］. The Economic Journal, 2001.

［52］Garolyn L Evans, Shane M. Sherlund, Are antidumping duties for sale? Case-level evidence on the grossman-helpman protection for sale model ［J］. Southern Economic Journal, 2011, 78 (2): 330 - 357.

［53］Gawande, K, Krishna, P, Olarreaga, M. Lobbying Competition over Trade Policy ［J］. NBER Working Paper, 2005, Vol. 11371.

［54］Gene M. Grossman, Elhanan Helpman. Protect for Sale ［J］. The American Economic Review. 1994 Vol. 84, No. 4 : 833 - 850.

［55］Goldberg, P, Maggi, G. Protection for Sale: an Empirical Investigation ［J］. American Economic Review, 1999, 89: 1135 - 1155.

［56］Grossman, G, Helpman, E. Protection for Sale ［J］. American Economic Review, 1994, 84: 833 - 850.

［57］Hwang, H. Optimum discriminatory tariffs under oligopolistic competition ［J］. Canadian Journal of Economics, 1991, 24 (3): 693 - 702.

［58］James A Brander, Paul Krugman. A "reciprocal dumping" model of international trade ［W］. NBER working paper, 1983.

［59］Katrak, H. Multi-national monopolies and commercial policy ［J］. Oxford Economic Papers, 1977, 29 (2): 283 - 291.

［60］Kishore Gawanda, Christopher Magee, Free riding and protection for sale ［J］. International Studies Quartely, 2012 (56): 735 - 747.

［61］Kishore Gawande, Pravin Krishna, Marcelo Olarreaga. Lobbying Competition over Trade Policy ［J］. International Economic Review. 2012, 53 (1): 115 - 132.

［62］Kofman F, Lawarree J. A prisoner' dilemma model of collusion deterrence ［J］. Journal of Public Economics, 1996, 59 (2): 117 - 136.

［63］Kofman F, Lawarree J. Collusion in hierarchical agency ［J］. Econometrica, 1993, 15 (6): 629 - 656.

［64］Kolev, D. Monotonic signaling games with double crossing ［J］. Mimeo, State University of New York - Stony Brook, 1995.

［65］Kreps, D M and Sobel, J Signaling, In: Aumann, R J, Hart, S. (Eds), Handbook of Game Theory, Vol. 2, North - Holland, Amsterdam, 1994:

849 - 867.

[66] Kreps, D M and Wilson, R. Sequential equilibrium [J]. Econometrica, 1982 (50): 863 - 894.

[67] Kroszner, R, Stratman, T. What Drives Deregulation? Economics and politics of the Relaxation of Bank Branching Restrictions [J]. Quarterly Journal of Economics 1999, 114: 1437 - 1467.

[68] Matilde Bombardini, Francesco Trebbi. Competition and Political Organization: Together or Alone in Lobbying for Trade Policy? [J]. Journal of International Economics, 2012, 87: 18 - 26.

[69] Morten Bennedsen, Sven E. Feldmann, Information lobbying and political contributions [J]. Journal of Public Economics, 2006 (90): 631 - 656.

[70] Philippe Kohler and Michael O Moore. Injury - Based Protection with Auditing under Imperfect Information [J]. Southern Economic Journal, 2001, 68 (1): 42 - 59.

[71] Shi - Jye Wu, Yang - Ming Chang and Hung - Yi Chen. Antidumping duties and price undertakings: A Welfare analysis [J]. International Review of Economics and Finance, 2014, 29: 97 - 107.

[72] Theo Eicher, Thomas Osang, Protection for sale: An empirical Investigation: Comment [J]. The American Economic Review, 2012, Vol. 92, No. 5: 1702 - 1710.

[73] Troy G Schmitz, James L and Seale, Jr. Countervailing Duties, Antidumping Tariffs, and the Byrd Amendment: A Welfare Analysis [J]. International Journal of Applied Economics, 2004, 1 (1): 65 - 80.

[74] Xenia Matschke and Anja Schttner. Antidumping as Strategic Trade Policy under Asymmetric Information [J]. Southern Economic Journal, 2013, 80 (1): 81 - 105.